1848

Rüdiger Hachtmann

1848

Revolution in Berlin

BeBra Verlag

Bibliografische Information der Deutschen Nationalbibliothek
Die Deutsche Nationalbibliothek verzeichnet diese Publikation
in der Deutschen Nationalbibliografie; detaillierte bibliografische
Daten sind im Internet über http://dnb.d-nb.de abrufbar.

Asternplatz 3, 12203 Berlin
post@bebraverlag.de
Lektorat: Traudl Kupfer, Berlin
Umschlag und Satz: typegerecht berlin
Schriften: Sofia, Minion
Druck und Bindung: GGP Media GmbH, Pößneck
ISBN 978-3-8148-0261-9

www.bebraverlag.de

Inhalt

»Zu den Waffen!«

In den frühen Vormittagsstunden des 18. März 1848 waren zahllose Berliner auf den Beinen. Das lag nicht an dem für diese Jahreszeit lauen Wetter. Erwartet wurden vielmehr weitere Zugeständnisse des Königs, nachdem dieser am 14. März bereits ein ›Patent wegen der beschleunigten Einberufung des Vereinigten Landtags‹ hatte plakatieren lassen. Darin verkündete Friedrich Wilhelm IV., er wolle schon bald die ›vereinigten‹ nach ständischen Prinzipien – nicht nach einem allgemeinen und gleichen Wahlrecht – zusammengesetzten Provinziallandtage ein zweites Mal in Berlin zusammenrufen, nachdem dieses vordemokratische Parlament am 26. Juni 1847 weitgehend ergebnislos auseinandergegangen war.

Von einer auch nur eingeschränkten Verantwortlichkeit der preußischen Regierung gegenüber diesem ›Landtag‹ oder gar von freien und gleichen Wahlen zu einem echten Parlament war in dem Patent vom 14. März nicht die Rede. Es war offensichtlich, dass der König Zeit gewinnen wollte. Viele Berliner ärgerten sich, dass – wie der Mediziner Rudolf Virchow formulierte – »der König solchen Zeiten gegenüber sein Volk immer noch wie eine Heerde kleiner Kinder behandelt u[nd] Dinge, welche so notwendig sind wie das tägliche Brot, z. B. Pressefreiheit, noch in weite Entfernung hinausrückt«. »Alle Welt« erwartete, so Victor von Unruh, der spätere Präsident der Preußischen Nationalversammlung, »einlenkende Schritte, erhebliche Konzessionen«. Aber »es geschah nichts«.[1] Der Druck stieg.

Am 17. März sah sich Friedrich Wilhelm IV. genötigt, ein weiteres ›Patent‹ zu verkünden, das nun – am 18. März – an den Straßenecken plakatiert war. Darin kündigte er eine »Änderung« des preußischen Ministeriums, die nationale Einigung und »eine constitutionelle Verfassung aller deutschen Länder« an – allerdings ohne konkreter zu werden. Daneben versprach er ›seinen‹ Berlinern die Bürgerbewaffnung und die Entfernung des Militärs aus dem Stadtbild der preußischen Hauptstadt –

ebenfalls in unverbindlichen Worten. In einer Audienz am frühen Morgen hatte der König einer Delegation der Stadtverordneten außerdem ein »Preßgesetz« in Aussicht gestellt.

Neugier und die Erwartung, konkreter erfahren zu können, was sich hinter den vagen Versprechungen verbarg, trieben Tausende von Berlinern auf den Schlossplatz. Einige ließen den König hochleben, andere waren nicht so euphorisch, sondern »erregt«, indes noch »keineswegs feindselig«. Ein wieder anderer Teil der vor dem Schloss Versammelten war dagegen von Anbeginn misstrauisch. Diese Berliner fürchteten, dass die ›Geschenke‹ des Monarchen bei erstbester Gelegenheit wieder zurückgenommen würden, wenn die revolutionäre ›Gefahr‹ in den Nachbarstaaten nur erst vorüber war. Sie wussten, dass erst die Revolutionswelle, die Europa erfasst hatte, den Monarchen auf dem Hohenzollernthron dazu veranlasst hatte, die (wie viele empfanden) lauen Zugeständnisse zu machen. Begonnen hatte die europäische Revolution in der Schweiz, mit dem kurzen Bürgerkrieg vom November 1847, in dem die liberaldemokratischen Kantone über die konservativ-katholischen gesiegt hatten. Im Januar 1848 war die Revolution im »Königreich der beiden Sizilien« mit der Hauptstadt Neapel gefolgt.

Erst mit der Pariser Februarrevolution, der Vertreibung des »Bürgerkönigs« Louis Philippe und der Ausrufung der Republik am 24. Februar 1848 wurde den Zeitgenossen bewusst, dass nun die Revolution einen erneuten Siegeszug durch ganz Europa angetreten hatte. Am 13. März war in Wien der lange Zeit allmächtig scheinende österreichische Staatskanzler Metternich gestürzt worden und ins englische Exil geflohen. Damit war auch die Habsburgermonarchie, nach dem zaristischen Russland der größte Flächenstaat Europas, – scheinbar – in das revolutionäre Lager übergeschwenkt. Erst nachdem die Nachrichten über die Ereignisse in Wien am 15. März Berlin erreicht hatten, wurde dem Hohenzollernhof der Ernst der Lage bewusst. Am 17. März war zudem eine Deputation aus dem Rheinland in Berlin eingetroffen. Sie hatte vorsichtig angedeutet, dass die in den Westprovinzen ohnehin starken Tendenzen einer Abspaltung ohne Zugeständnisse der preußischen Krone zum offenen Bruch führen könnten.

Am 18. März versammelten sich bis mittags etwa 10 000 Menschen auf dem Schlossplatz. Anfangs sahen Augenzeugen vor den Toren des

Schlosses »nur die besseren Stände, [...] nur Cylinderhüte und dunkle bürgerliche Anzüge, von Plebs und Janhagel keine Spur«.[2] Gegen 13.30 Uhr erschien der König auf einem der Balkone. Die Freude über sein Erscheinen schien zunächst ziemlich einhellig, jedenfalls unter den Bürgern im ›Vordergrund‹. Die Stimmung »ganz im Hintergrund, an den Ecken der auf den Platz mündenden Straßen«, war dagegen ganz anders. Hier sah ein Augenzeuge »Proletarier und Arbeiter stehen, [...] die, als sie die vergnügten Gesichter [der Bürger] ringsum sahen, sagten: das hilft uns armen Leuten noch alles nichts!«[3] Bereits am Mittag des 18. März waren die Einstellungen der Berliner also entlang der sozialen Scheidelinien zweigeteilt: Viele Bürger waren in Hochstimmung, weil sie ihre Forderungen erfüllt glaubten. In den Unterschichten war die Skepsis gegenüber den königlichen Zugeständnissen dagegen bereits zu diesem Zeitpunkt stark.

Zudem veränderte sich die Zusammensetzung der Menge, die vor dem Schloss der Dinge harrte, die da noch kommen würden. Die Zahl derjenigen, die den Platz verließen, wurde »mehr als ersetzt durch die Schaaren der neu Hinzuströmenden«. Die immer dichter zusammengedrängten Menschen kam dem Schlossportal näher. Sie sahen nun deutlicher die zahlreichen Soldaten innerhalb des Schlosses, ohne jedoch »ungebührlich zu werden oder [diese] zu beleidigen«.[4] Allerdings wurde nun die Forderung nach einem Rückzug des Militärs nachdrücklicher laut. Namentlich die Kavallerie hatte sich in der Woche vor der Märzrevolution keine Freunde gemacht, als sie Menschenansammlungen mit gezogenen Säbeln rücksichtslos auseinandergetrieben hatte. Verstärkt wurde das Misstrauen dadurch, dass am 17. März zusätzliche Truppen, 5 700 Mann, aus Potsdam in die Hauptstadt geholt und am Vormittag des 18. März im Schlosshof konzentriert worden waren. Im Berliner Stadtgebiet waren damit etwa 15 000 Soldaten präsent.

Statt den Aufforderungen nachzukommen, das Militär zurückzuziehen und so die aufgeheizte Stimmung zu beruhigen, glaubten die militärischen Befehlshaber, gegenüber der zahlenmäßig vielleicht bedrohlichen, jedoch unbewaffneten Menge Stärke zeigen zu sollen. Sie setzten auf die (wie das in der zweiten Hälfte des 20. Jahrhunderts dann genannt wurde) ›Leberwursttaktik‹: Von der Stechbahn her setzte sich ein Schwadron Dragoner in Bewegung und hieb mit blanken Säbeln auf die weiterhin dichtgedrängte Menge ein, um so die eine Seite des Schlossplatzes zu ›säubern‹. Kurz darauf marschierte eine Abteilung Infanterie aus dem nahe der Spree gelegenen zweiten Schlossportal heraus und stellte sich auf der anderen Seite (zwischen der Kurfürstenbrücke und der Breiten Straße) kampfbereit auf. Ungefähr zu diesem Zeitpunkt, kurz nach 14.30 Uhr, fielen dann die zwei Schüsse, die die Barrikadenkämpfe auslösten.

Kaum waren die Schüsse verhallt, stob das »Volk« wie »die Möwen vor dem Sturme« auseinander. Es floh in die angrenzenden Straßen hinein, »knirschend, bleich, athemlos«, »mit Entsetzen« und »zornglühenden Mienen gen Himmel Rache schreien[d]«. Allenthalben war der Ruf zu hören: »Verrat! Verrat! Man mordet das Volk! Zu den Waffen! Zu den Waffen!«. Angesichts des, so die Zeitschrift ›Der Publicist‹, maßlosen »Waffengebrauch[s] des Militairs an den vorangehenden Tagen kam […] eine andere Meinung gar nicht auf, als daß die Infanterie [am Mittag des 18. März] auf Befehl gefeuert hätte, und diese Meinung, mit unglaublicher Schnelle bis in die entlegensten Stadttheile verbreitet, versetzte die ganze Bevölkerung in eine unbeschreibliche Wuth«.

Während in der Bevölkerung die Empörung gegen die »Militärbarbarei« hochloderte, war der Schlossplatz, »eben noch überfüllt von Menschen, jetzt todtenstill«. Er wurde umgehend durch die im Schloss stationierten Truppen besetzt und sah nun ebenso wie die übrigen großen Plätze im Stadtzentrum »wie ausgefegt aus«.[5]

Schon bald aber türmte sich in den Straßen der preußischen Hauptstadt »eine Barrikade hinter der anderen« auf. Bis zum Abend »gab es in Berlin keine Straße, ja keine Gasse, die nicht doppelt und dreifach verrammelt gewesen wäre. Tausend und abertausend Hände waren hierbei mit einer unglaublichen Thätigkeit beschäftigt«. Droschken, Omnibus- und Postkutschen oder Brunnengehäuse wurden umgestürzt, Rinnsteinbrücken aufgerissen, Balken, Wollsäcke, Pflastersteine und andere Gegenstände als Baumaterial für die Verschanzungen herangeschleppt. Vor allem an den Straßenecken wurden oft ganze Häuser abgedeckt und die Ziegel oben aufgeschichtet, um gegen die anrückenden Truppen als Wurfgeschosse verwendet zu werden. »Berlin sah aus, als ob es von Grund auf zerstört werden sollte.«

Die Kämpfe begannen am späten Nachmittag. Während noch das »Krachen vom Aufbau der Barrikaden« tönte, konnte man erste Schüsse

Angriff auf die Demonstranten am Mittag des 18. März 1848. Holzstich nach einer Zeichnung von Johann Jacob Kirchhoff.

hören. Die Soldaten griffen die Barrikaden an. Es entwickelte sich »ein heftiges Tiraillierfeuer«, das »mit geringen Unterbrechungen die ganze Nacht« fortdauerte. In der Abenddämmerung begannen die Truppen auf der Königsstraße, einem breiten Boulevard, der heute am 1871 fertiggestellten ›Roten Rathaus‹ vorbeiführen würde, Artillerie einzusetzen. In deren Schutz sollte Infanterie vorrücken. Der »Donner der Kanonen ertönte in immer rascher folgenden Schlägen«, während sich gleichzeitig die Kämpfe auf die benachbarten Gassen ausweiteten. »Zerrissene Leichen liegen an den Straßenecken«, berichtete ein Zeitgenosse. Die Soldaten gingen mit bis dahin ungekannter Brutalität vor – und steigerten die »auf das äußerste erregten Leidenschaften« der »Volkshaufen«, die ihnen auf den Barrikaden gegenüberstanden oder das Militär aus Wohnungsfenstern und von den Dächern mit Ziegeln ›bombardierten‹, zu »erbitterter Wuth«.[6]

Beleuchtet wurde das Geschehen durch den an einem wolkenlosen Himmel stehenden Vollmond. Mehrere Feuersäulen, die lichterloh brennenden Wagenhäuser der Artillerie an der Chaussee nach Oranienburg, die teilweise in Flammen stehende königliche Eisengießerei und eine von Revolutionären in Brand gesetzte Verkaufsbude auf dem Alexanderplatz sowie kleinere Feuer vor und hinter den Barrikaden erhellten die unwirklich anmutende Szenerie zusätzlich. Erfüllt wurde die Nacht zudem von einem dauerhaften ungeheuren Getöse, in dem sich Gewehrschüsse, Kanonendonner, Trommelwirbel und ein fortwährendes Sturmgeläut mischten, nachdem die Kirchenglocken, vom aufgebrachten ›Volk‹ in Bewegung gesetzt, seit dem frühen Nachmittag ununterbrochen Sturm läuteten – »eine schauerliche Musik!«[7]

»Die Stille, die zuweilen eintrat, und das Aufhören des Gewehrfeuers dünkte uns noch unheimlicher als der Lärm des Gewehrfeuers«, so erinnerte sich der bekannte Publizist Karl Frenzel, zum Zeitpunkt der Revolution 20 Jahre alt. Ihm und wohl allen schien es eine Ewigkeit zu dauern, bis »endlich der Morgen dämmerte«. »Selbst die französischen Revolutionen«, so schrieb ein anderer Augenzeuge, der damals 23-jährige Johann Gustav Dalchow, unter dem unmittelbaren Eindruck der Barrikadenkämpfe an seine Eltern, könnten im Vergleich zur Berliner Märzrevolution »nur Kinderei[en] gewesen seyn. Noch mehrere Tage hindurch summte mir das Glockengeläute und der Kanonendonner durch die Ohren und doch schien dieses schreckliche Ereigniß nur ein Traum gewesen zu seyn«. Wer Berlin zuvor besucht habe, erkenne es nun nicht wieder: »die Straßen schwimmen von Blut«.[8]

Eine Stadt im Aufbruch: Berlin im Vormärz

Die Ansicht, noch blutiger als in Berlin könne keine Revolution sein, erwies sich noch im selben Jahr als Trugschluss: Die Pariser Junischlacht von 1848 und die Wiener Oktoberrevolution, die Anfang November 1848 mit der Niederlage der demokratischen Bewegung endete, forderten aufseiten der Aufständischen noch weit mehr Opfer. In der französischen Hauptstadt starben mindestens 3000 und in der Metropole der Habsburgermonarchie mehr als 450 Revolutionäre, die ebenfalls weit überwiegend den Unterschichten angehörten.[1] Aber die tiefen Eindrücke, die die Märzrevolution bei den Zeitgenossen hinterließ, kamen mindestens dem Schock vom Oktober 1806 gleich, als die vernichtende Niederlage gegen Napoleon in der Doppelschlacht von Jena und Auerstedt in der preußischen Hauptstadt bekannt geworden war. Sie sind ansonsten nur mit der Erleichterung und dem Siegestaumel Ende Juni 1815 zu vergleichen, als man hier vom Ausgang der Schlacht bei Waterloo erfuhr.

»Ein Magnet, der die Armut anzieht«

Vor allem aber galt den Zeitgenossen von 1848 das Berlin Anfang des 19. Jahrhunderts als ein eher verschlafenes Provinznest – zu Recht: 1806 zählte die Stadt (ohne Militär) gerade einmal 150000 Einwohner. 15 Jahre später war Berlin kaum größer; 1820 lag die Einwohnerzahl bei 185829. Heinrich Heine, der 1821 nach Berlin gezogen war und hier bis 1823 blieb, lästerte 1822 über die preußische Hauptstadt: »Berlin ist gar keine Stadt, sondern Berlin giebt bloß den Ort dazu her, wo sich eine Menge Menschen […] versammeln, denen der Ort ganz gleichgültig ist.« Es seien »mehrere Flaschen Poesie nötig, wenn man in Berlin etwas anderes sehen will als tote Häuser und Berliner. Die Stadt enthält so wenig Altertümlichkeit, und ist so neu; und doch ist dieses Neue schon so alt, so welk und abgestorben.«[2]

Zwanzig Jahre später hatte sich Berlin von Grund auf verändert. Aus dem ›Nest‹ war eine ansehnliche Großstadt geworden: 1840 lebten hier bereits 315 380 Menschen; bis zum Revolutionsjahr 1848 sollte sie noch einmal um knapp 100 000 Einwohner wachsen. 1850 war Berlin mit 419 000 Einwohnern (einschließlich Militär) die sechstgrößte europäische Stadt, nach London (2 685 000), Paris (1 053 000), Petersburg (485 000), Neapel (449 000) und Wien (444 000) – weit vor Mailand (242 000), Rom (153 000) und Prag (118 000). Hamburg zählte 155 000, Köln und München jeweils 96 000 sowie Frankfurt a. M. 60 000 Einwohner.[3] Neu-Berliner äußerten sich bereits um 1840 entsprechend beeindruckt, etwa der berühmte Historiker Jacob Burckhardt, der 1839 aus dem beschaulichen Basel nach Berlin gekommen war, um bei Leopold von Ranke und Gustav Droysen Geschichte zu studieren. Ihm schien die preußische Hauptstadt »sehr groß«. Man könne »sich leicht verlaufen, so daß man weder Weg noch Steg weiß«, mokierte sich Burckhardt. Anderen, wie dem Publizisten Gustav Kühne im Jahr 1843, erschien Berlin gar bereits als »zweites Paris«.[4]

Während des Vormärz begann die preußische Hauptstadt ›aus allen Nähten zu platzen‹. Nicht einmal jeder zweite Berliner war in der Stadt selbst geboren. Mit dem rasanten Bevölkerungswachstum veränderte sich auch deren soziales Gesicht. Unter denjenigen, die in der Hoffnung zugewandert waren, hier ihr ›Glück‹ zu machen, zählten fast 95 Prozent zu den ärmeren Bevölkerungsschichten. Berlin war »ein Magnet, der die Armut anzieht«, so die Augsburger Allgemeine Zeitung am 9. März 1847.

Legt man die Daten der Berufszählungen von 1846 und 1849 zugrunde, besaß Berlin nur eine sehr schmale bürgerliche Schicht; sie stellte knapp fünf Prozent der Gesamtbevölkerung. Die eigentlichen Wirtschaftsbourgeois, also die größeren Kaufleute, »Fabrikanten« und Bankiers machten gerade einmal 0,6 Prozent sämtlicher Erwerbstätigen aus. Ironisch zugespitzt: Es gab in Berlin im Revolutionsjahr fast zehnmal so viele Schneider (Meister und Gesellen) wie ›echte Bourgeois‹. »Sind Millionäre überall selten, so mögen sie in Berlin (wenngleich es deren einige gibt) besonders sparsam gesäet sein«, konstatierte der Statistiker Carl Friedrich Wilhelm Dieterici lakonisch.[5] Die Mittelschichten (wohlhabende Meister, mittlere Kaufleute, Staats- und Kommunalbeamte auf den niedrigeren Hierarchiestufen, die damals als »Privatbeamte« bezeichneten Angestellten und andere) besaßen mit etwa zwölf Prozent Bevölkerungsanteil numerisch zwar ein deutlich stärkeres Gewicht. Gegenüber dem zahlenmäßig riesigen, intern wiederum vielfältig zerklüfteten ›milieu populaire‹, das zusammen fast 85 Prozent sämtlicher Erwerbstätiger stellte, bildeten jedoch auch sie eine kleine Minderheit.

Das Bürgerrecht – ein Privileg, das nur der erhielt, der ein jährliches Nettoeinkommen von mindestens 200 Talern oder Hausbesitz nachweisen konnte, und das zur Wahl der Stadtverordneten berechtigte – besaßen im Revolutionsjahr lediglich etwa 26 000 Einwohner der preußischen Hauptstadt. Das waren weniger als 20 Prozent der erwachsenen männlichen Einwohner und nicht einmal sämtliche der rund 30 000 Berliner, die nach der Erwerbsstatistik zum Bürgertum und zu den Mittelschichten zu rechnen waren. Oberbürgermeister und Magistrat repräsentierten also nur eine Minderheit der Einwohnerschaft. Wichtig ist außerdem, dass – vom Adel abgesehen – die sozialen Grenzen durchlässig waren. Dies hieß auch: Die Angst vor dem sozialen Abstieg war groß. Ebenso liegt auf der Hand, dass allein aufgrund der fast 350 000 Berliner, die »den unteren Volksklassen« angehörten, die Berliner Revolution von 1848 von den Unterschichten geprägt war.

Die schillernde Welt »der Vornehmheit und des Staatsglanzes« beschränke sich auf die Gegend »um das Brandenburger und das Potsdamer Thor herum«, so Heinrich Bettziech, der 1848 unter dem Pseudonym »Beta« als Verfasser zahlreicher satirischer Flugschriften weithin Bekanntheit erlangen sollte. »Nach den vielen entgegengesetzten Thoren hin breitet sich der viel umfangreichere Pol des Proletariats […] und der Armuth aus«. Bettziech verglich Berlin mit einer heruntergekommenen »Dame«: »Ihr Kostüm ist schäbig-gentil, hier und da äußerst kostbar und glänzend, aber wenn sie den Fuß hebt, kann man die zerrissenen Sohlen bemerken, und der feyne Strumpf könnte auch besser gestopft seyn.«[6]

Die ›Unterschicht‹ Berlins war in eine Vielzahl sozialer Gruppen aufgesplittert. Zwar hatte die Industrie in der preußischen Hauptstadt stärker Fuß gefasst als selbst in Wien, Paris sowie den meisten anderen europäischen Großstädten. Aber damals dominierten nicht moderne Leitsektoren wie der Maschinenbau oder gar die Elektroindustrie, sondern die klassischen Gewerbe, vor allem die Textil- und Bekleidungsbranchen – trotz früher Industriepioniere wie August Borsig. Dessen

Unternehmen zählte bei seiner Gründung 1837 fünfzig Beschäftigte, Ende der Vierzigerjahre dann 1200 Arbeitnehmer. Die Betriebe Franz Anton Egells und Friedrich Wöhlert zählten mit 800 und knapp 400 Arbeitnehmern Anfang 1849 gleichfalls zu den größten Maschinenbauunternehmen im deutschen Raum. Die elektrotechnische Industrie dagegen, die den Industrieraum Berlin ab den 1860er-Jahren entscheidend prägen sollte, steckte um die Jahrhundertmitte noch in den Kinderschuhen: 1848 beschäftigten die Pioniere dieser Branche, Werner Siemens und Johann Georg Halske, in ihrer »Telegraphen-Bau-Anstalt« gerade 18 Arbeitnehmer.

Obwohl ein Zentrum der Frühindustrialisierung, blieb Berlin lediglich »durchspickt von Industrie und Dampffabrikation« (Beta). Zahlenmäßig dominierten kleingewerbliche Kümmerexistenzen, vor allem Weber, Schneider und Schuhmacher. Gleichzeitig waren die Grenzen zwischen Selbstständigen und unselbstständig Beschäftigten, Meistern, Gesellen und Heimarbeitern fließend. Wie elend die Lage auch der meisten Handwerksmeister war, lässt sich daran ablesen, dass von ihnen 1847/48 etwa 80 Prozent von der Gewerbesteuer befreit waren.

Mitte der Vierzigerjahre war in Berlin zum nackten Überleben ein Einkommen von mindestens zehn Silbergroschen pro Tag notwendig.[7] Nach den von den sozialkritischen Schriftstellern Friedrich Saß und Ernst Dronke für 1845 ermittelten Löhnen mussten die Weber, Handschuhmacher und Korbmacher mit ihren Familien von sieben bis acht, Friseure und Barbiere von sechs Silbergroschen pro Tag leben. Weit niedriger war das Tageseinkommen weiblicher Arbeitskräfte: Zigarrenmacherinnen erhielten um 1845 lediglich drei Silbergroschen, Strickerinnen und Spulerinnen mit eineinhalb bis zweieinhalb noch weniger. Selbst der Begriff ›besseres Almosen‹ wäre für solche Hungerlöhne ein Euphemismus.

»Das Essen ist sehr schlecht […]; zum Glück hat man hier nicht halb so viel Appetit, und es gibt Tage, wo man wirklich nichts den Hals hinunterbringt.« Chronische Unterernährung gehörte für zahllose Familien in der preußischen Hauptstadt zum Alltag. Die Wohnverhältnisse in den Armenvierteln spotteten jeder Beschreibung. Nicht selten waren »Zimmer, wo zwei, ja selbst vier Parteien wohnen, dann spannt man Seile übers Kreuz, damit jeder weiß, in welchen Winkel er gehört.«[8] Und selbst das war in den Augen mancher noch Luxus. Die »größte Zahl der Proletarier« besaß in den Vierzigerjahren »überhaupt keine eigentliche Wohnung, sondern [hatte] entweder nur sogenannte Schlafstellen oder [war] ganz obdachlos«.[9] »Schlafstellen«, in denen dann die »große Menschenklasse« der »Arbeiter und Handwerksleute« nach getaner Arbeit »ihren müden Leib ausruhen« durfte, waren »enge Löcher«, die man häufig noch mit anderen teilen musste, »hoch unter dem Dache [oder] unter Treppenvorsprüngen«. Für nicht wenige dieser Schlafstellen hatten sich die Hausbesitzer ausbedungen, »daß die Mieter den ganzen Tag über, auch sonntags, nicht zurückkehren«.[10] Vielleicht nicht ›janz Berlin‹, aber doch der größte Teil der Armenbevölkerung war also gezwungenermaßen ständig ›auf der Straße‹ – auch während der Revolution von 1848.

Die Kartoffelrevolution

Soziales Elend ist sicherlich eine Voraussetzung für einen gesellschaftlichen Umsturz. Verelendung setzt jedoch keinen ›revolutionären Automatismus‹ in Gang. Denn dann hätte sie in Berlin – und vielen anderen europäischen Städten – nicht 1848, sondern bereits ein Jahr früher stattfinden müssen. Stattdessen kam es im Frühjahr 1847 ›nur‹ zu einer Hungerrebellion, die die irreführende Bezeichnung »Kartoffelrevolution« erhielt.

1846 lag in ganz Preußen – ähnlich wie auf dem gesamten europäischen Kontinent – der Ertrag an Getreide und Kartoffeln 30 bis 50 Prozent unter dem sonst Üblichen. Im Frühjahr 1847 reichten die Vorräte der Bäcker an Mehl zeitweilig nur für wenige Tage. Die Preise für Kartoffeln waren auf das Drei- bis Vierfache des gewöhnlichen Preises gestiegen. Am 21. April 1847 ließen dann überteuerte Kartoffeln, »die noch dazu klein wie Nüsse waren«, die angestaute Wut zum Ausbruch kommen. »Mehrere Weiber« fielen über eine Bäuerin her, die winzige Erdäpfel zu überzogenen Preisen anbot, »und prügelten sie durch«. Die wütenden Frauen »zerschnitten Säcke mit Kartoffeln« und »bemächtigten sich derselben«.[11]

Dieser Markttumult weitete sich rasch zu einer alle Berliner Stadtteile erfassenden Hungerrevolte aus, die sich vor allem gegen Bäckerläden richtete. »Jubelnd und singend« zogen »große Massen zerlumpten Gesindels« aus den Armenvierteln in das Zentrum der Stadt. Auch

Lokalitäten und Statussymbole der wohlhabenden Berliner Bürger gerieten ins Visier, »weil ihr Luxus Erbitterung erregte«. Die vornehmen Konditoreien Kranzler und Spargnapani sowie mehrere Hotels wurden angegriffen, die Scheiben des Opernhauses sowie einiger Kirchen gingen zu Bruch. Da außerdem einige Fenster des Palais des Prinzen von Preußen eingeworfen wurden, glaubten manche Zeitgenossen, es habe sich auch um »eine Demonstration« gegen den designierten Thronfolger gehandelt, weil Kronprinz Wilhelm »allgemein als Haupthindernis einer freien Verfassung gilt«. Auch wurden mehrere vornehme Kutschen angehalten und die darin Sitzenden »unter dem Hohngelächter der Menge« zum Aussteigen gezwungen.[12] An solchen Vorfällen war bereits zu erkennen, was 1848 eines der Kennzeichen der Revolution werden sollte: die Respektlosigkeit der Berliner Unterschichten vornehmen Leuten gegenüber.

Am 22. April 1847 abends wurde Kavallerie zur Unterdrückung der Rebellion herangeholt, weil die Gendarmen dem spontanen Aufruhr nicht gewachsen waren. Auch dies ist für die Ereignisse ein knappes Jahr später wichtig: Der Einsatz von Truppen verstärkte den Argwohn in den Unterschichten gegenüber jeglichem Auftreten des Militärs. Es entstand eine gegenseitige Reizbarkeit. ›Missverständnissen‹, wie sie dann am 18. März 1848 infolge der zwei Schüsse auf dem Berliner Schlossplatz entstehen sollten, war ein fruchtbarer Boden bereitet.

Die Brot- und Kartoffelpreise gingen in der Folgezeit nur langsam zurück. Die Semmeln blieben so klein, dass sie (wie in einer zeitgenössischen Flugschrift ironisch formuliert wurde) »einer Mücke in die Augen fliegen können.« »[A]n allen Straßenecken, auf allen Spaziergängen in- und außerhalb der Stadt [sah man] magere, zerlumpte Gestalten mit den blassen Gesichtern, die meistentheils nicht einmal den Muth des Bettelns haben«. Im Sommer 1847 lebten »5/8 der Arbeiterfamilien in so dürftigen Umständen […], daß sie nur ihr nacktes Leben durchzubringen im Stande [sind] und nichts besitzen, was Gegenstand einer gerichtlichen Abpfändung sein könnte.«[13]

Die Revoltierenden vom Frühjahr 1847 wollten in erster Linie billiges Brot und kein anderes politisches System – noch nicht. Für einen politischen und gesellschaftlichen Umsturz mussten weitere Faktoren hinzukommen. Einer dieser Faktoren war ein damals revolutionäres Verkehrs-

Sturm auf die Kartoffelstände in Berlin, April 1847.
Lithografie von Vinzenz Katzler.

mittel: die Eisenbahn. Ende 1838 wurde die Eisenbahnlinie zwischen Berlin und Potsdam eröffnet, 1844 bis Magdeburg verlängert und damit der Weg in die westlichen Provinzen Preußens wesentlich verkürzt. Die 1841 fertiggestellte Eisenbahnlinie nach Anhalt stellte die Verbindung mit Sachsen her. Ein Jahr später konnte die Eisenbahnstrecke nach Frankfurt an der Oder eröffnet werden. Sie wurde 1846 nach Breslau verlängert und erhielt ein Jahr darauf Anschluss an die österreichische Nordbahn, sodass bereits vor der Revolution Wien mit der Eisenbahn zu erreichen war. 1843 folgte die Strecke nach Stettin und 1846 die nach Hamburg. 1847 und 1848 kamen auf allen Berliner Bahnhöfen jeweils knapp eineinhalb Millionen Eisenbahnreisende an.

Das hatte Folgen: Man wusste bereits nach zwei, drei Tagen, was in Wien und Berlin geschah. Zudem war es kein Zufall, dass die Knotenpunkte des Eisenbahnnetzes zu Zentren der Revolution wurden. Dort entstanden demokratische Bewegungen besonders früh und konnten sich in breiten Teilen der Bevölkerung verankern.

Trotz der Verteilung der Reisenden auf drei Klassen ließ die Eisenbahn die sozialen Schichten zusammenrücken. Wenn Berlin früh zu einem Zentrum des entstehenden europäischen Eisenbahnnetzes wurde, dann trug dies dazu bei, dass die städtisch-ständische Gesellschaft hier früher infrage gestellt wurde und sich rascher als andernorts auch tatsächlich aufzulösen begann. Allein aufgrund ihrer im Vergleich zu den traditionellen Transportmitteln erheblichen Geschwindigkeit erweiterte die Eisenbahn außerdem den Horizont der Zeitgenossen geografisch und damit auch buchstäblich weltanschaulich. Die Eisenbahnreisenden entwickelten ein Gefühl für ganz ›Deutschland‹ und, mindestens in Ansätzen, darüber hinaus für Europa. Anders formuliert: In weiten Teilen der Berliner Bevölkerung verlor das Denken den provinziellen Charakter.

Die Berliner Universität

Berlin vereinigte die sozialen Gegensätze der frühen Industrialisierung und einer unkontrollierten Urbanisierung auf engstem Raum – und es entwickelte bereits im Vormärz ein reges intellektuelles Leben, trotz Zensur und Versammlungsverbot. Obwohl die Gründung (offen) politischer Vereine verboten war, kursierten die jeweils neuesten, von der radikalen Aufklärung beeinflussten und den linken ›Jüngern‹ des berühmten Berliner Philosophieprofessors Georg Wilhelm Friedrich Hegel heiß diskutierten Ideen und Weltanschauungen. Der junge Friedrich Engels rühmte die Berliner Universität 1842 mit den Worten, dass »keine so sehr wie sie in der Gedankenbewegung der Zeit steht und sich so zur Arena der geistigen Kämpfe gemacht hat.«[14] Bis in die erste Hälfte der Vierzigerjahre entfalteten sich hier die »geistigen Capacitäten der Hegelschen Schüler«, die mit ihrer in den Augen der Obrigkeit ›maßlosen Kritik‹ in weiten Kreisen der Bevölkerung der preußischen Hauptstadt »den Boden für die Einflüsse der französischen Februar-Revolution« bereiteten. Allerdings war dies erst möglich, so merkte Robert Springer – ein demokratischer Journalist, der es 1848/49 zu einiger Bekanntheit bringen sollte – ironisch an, nachdem das Hegel'sche Kauderwelsch durch die Berliner aus der »verrenkten Sprache« hegelianischer Philosophie in den »Styl der Bierstuben« ›übersetzt‹ worden war.[15]

Der große Einfluss, der den Junghegelianern im Rückblick zugeschrieben wird, sollte freilich nicht dazu führen, die Rolle der 1809 als

Reformuniversität gegründeten heutigen Humboldt- und damaligen Friedrich-Wilhelms-Universität – oder gar der noch sehr viel kleineren Berliner Bauakademie und der Gewerbeschule, Vorläufern der heutigen Technischen Universität – überzubewerten. Staatliches Misstrauen und sich seit 1843 häufende Eingriffe der außeruniversitären Obrigkeit schufen in den letzten Jahren vor der Revolution schließlich eine Atmosphäre, die für fruchtbare innerwissenschaftliche Auseinandersetzungen kaum Raum ließ. Staat und Universitätsleitung hätten (so klagte Ernst Dronke Mitte der Vierzigerjahre) aus der Berliner Universität »ein Treibhaus für gehorsame Staatsprinzipien gemacht, eine Pflanzschule für schweigenden Glauben an die Autorität der Politik und Religion.«[16]

Die Gesamtzahl der Berliner Studenten ging von durchschnittlich gut 1 700 in den Dreißigerjahren auf etwa 1 400 in den Vierzigerjahren zurück; das waren prozentual zur gesamten Einwohnerschaft um 1848 mit 0,34 Prozent weit weniger als heute mit 5,46 Prozent (2021/22). Etwa 40 Prozent von ihnen waren im Jahrzehnt vor der Märzrevolution in den Rechtswissenschaften eingeschrieben. Deutlich niedriger war das Gewicht der drei übrigen Fakultäten: Knapp 20 Prozent studierten Medizin und Theologie, etwa jeder vierte Philosophie. Mit dem großen quantitativen Gewicht der juristischen und theologischen Fakultät schlug ein konservativer Monarchismus an der Universität tiefe Wurzeln – und behielt diese auch 1848. Nur wenige Studenten wie Gustav Adolf Schlöffel und Paul Boerner sollten sich im Revolutionsjahr aufseiten der radikalen Demokratie und des linken Liberalismus engagieren.

Die Dissidentenbewegungen

Wenn das zahlenmäßige Gewicht der im Fach Theologie – als der vierten Fakultät – eingeschriebenen Studenten seit den Dreißigerjahren stark rückläufig war, dann spiegelt dies die Krise wider, in die die protestantische Amtskirche im Vormärz geriet. Anders als heute war die Bedeutung von Religion und Kirche im Europa des Vormärz noch sehr groß. Oppositionelle Bewegungen nahmen häufig von theologisch-philosophischen Kontroversen ihren Ausgang und politisierten sich erst sukzessive. Zudem wurden infolge der scharfen Restriktionen des Vereins- und Versammlungsrechts politische Forderungen zwar nicht generell, aber doch in manchen Fällen »religiös vermummt«, politischer »Tatendrang als

Lichtfreundlichkeit verkleidet«.[17] Dieses Zitat des damals bekannten Religions- und Kirchenkritikers Bruno Bauer zielte auf eine den Ideen der Spätaufklärung verpflichtete religiöse Dissidentenbewegung, die wegen ihres häufigen Gebrauchs der Metapher des Lichts diese Bezeichnung erhalten hatte und in dem nominell zu mehr als 93 Prozent protestantischen Berlin viele Anhänger besaß. In katholischen und gemischt-konfessionellen Regionen Preußens wiederum waren die ›Deutschkatholiken‹ stark, die (wie ihr Name zum Ausdruck bringt) sich nicht mehr an ›Rom‹ orientieren wollten.

Konflikte in der und um die Kirche sowie die Existenz von religiösen Dissidentenbewegungen wurden infolgedessen wiederholt zum Auslöser auch politischer Protestbewegungen. Das galt besonders in Berlin, weil hier die Aktivitäten der Lichtfreunde früher als in den Provinzen von der Krone erschwert wurden. Nach verschiedenen Konflikten verfasste sogar der ›gemäßigte‹, liberalkonservativ geprägte Magistrat eine Petition an Friedrich Wilhelm IV., die am 22. August 1845 der Öffentlichkeit vorgestellt wurde. In dieser Adresse ergriff die Stadtregierung, wie sie betonte, »auf Drängen der Bürgerschaft« Partei für die Lichtfreunde. Sie beschwerte sich beim König »über den Mangel an Gewissensfreiheit, über den Rückschritt in religiöser Beziehung« und ganz allgemein über die protestantische Neoorthodoxie als »finstere kirchliche Richtung«.[18] »Heuchlerische Anmaßung und Herrschsucht«, die Versuche des Staates, die Religion zum ›instrumentum regni‹ zu machen, sowie die religiösen Auseinandersetzungen versetzten große Teile der Berliner Bevölkerung in dauerhafte Erregung. Gleichzeitig verstärkte sich die Ablehnung der mit der Kamarilla am Hohenzollernhof eng verbundenen offiziellen Kirche.

Unterdrückte Meinungs- und Vereinigungsfreiheit

Die Unterdrückung demokratischer Regungen durch die preußische Krone erwies sich nicht nur religions- und kirchenpolitisch als Fehlschlag. Trotz des obrigkeitlichen Verbots der Gründung politischer Vereinigungen entstand in der preußischen Hauptstadt in den Jahren vor 1848 eine Vielzahl an Geselligkeits- und Bildungsvereinen. Und es gründeten sich berufsständische Organisationen, die fortschrittlichen Ideen gegenüber aufgeschlossen waren. Zu ihnen gehörte der 1840 gegründete

»Gesellige Lehrerverein«, der über gute Kontakte und personelle Querverbindungen zum Diesterweg'schen Lehrerseminar verfügte und sich einiger Resonanz in der Berliner Lehrerschaft erfreute.

Dem eigenen Selbstverständnis nach eigentlich unpolitische Vereine liefen freilich ständig Gefahr, aufgelöst zu werden. Das war das Schicksal einer nach den Vorbildern in anderen Städten Ende 1846 gegründeten liberalen Bürgergesellschaft, in der Vorträge vor allem zu kommunalen Themen gehalten wurden. Argwohn erregte diese Vereinigung, weil die zahlreichen Zuhörer danach, wie ein Polizeispitzel notierte, »plaudernd und rauchend in den Zimmern umher[gingen]« und sich unkontrolliert über politische und weltanschauliche Themen sowie die ›soziale Frage‹ unterhielten. Der »Trieb nach freier Assoziation«, der sich in der Bürgergesellschaft Bahn brach und der große Zuspruch, auf den er stieß, waren dem Polizeipräsidenten höchst suspekt.[19] Nach wenigen Wochen verbot er den Verein. Dessen Gründer und Mitglieder reagierten indes flexibel – und hielten bis Anfang 1848 stattdessen regelmäßig offene Bürgerversammlungen ab, mit 400 und mehr Zuhörern.

Die mit Abstand größte Berliner Vereinigung während des Vormärz war freilich nicht bürgerlich, sondern stark handwerklich-proletarisch geprägt. Die ›Großer Handwerkerverein‹ genannte Gesellschaft entstand 1844. Sie zählte im Frühjahr 1845 1 500 und wuchs bis Herbst 1847 auf etwa 3 000 Mitglieder. Das waren mehr als doppelt so viele, wie die Berliner Universität Studenten zählte.

Die übergroße Mehrheit der Mitglieder waren Gesellen; hinzu kamen einige Fabrikarbeiter sowie wenige Meister. Der Anteil wandernder Gesellen an den Vereinsmitgliedern war sehr groß.[20] Diese hohe Fluktuation und der Tatbestand, dass das – eigene – Haus des Handwerkervereins für Gesellen auf der Walz die erste Adresse war, die sie aufsuchten, wenn sie in Berlin ankamen, waren von erheblicher Bedeutung für die Entwicklung der weltanschaulichen und politischen Einstellungen der Berliner Unterschichten überhaupt. Denn viele der Gesellen kamen weit herum und hatten sich länger in der Schweiz, in Frankreich (vor allem Paris) oder auch in Belgien aufgehalten. Sie hatten im Ausland neue, radikalaufklärerische sowie nicht zuletzt frühsozialistische Ideen kennengelernt und brachten »Schriften, welche Aufruhr predigten«, mit.[21] Die zirkulierten dann in der Mitgliedschaft des Handwerkervereins, der zudem eine umfängliche Bibliothek mit politischen und philosophischen Schriften der Zeit besaß.

All dies prädestinierte den Handwerkerverein dazu, zur Keimzelle der frühen, in Berlin besonders starken sozialistischen Arbeiterbewegung zu werden. Innenministerium, Provinzialregierung, Polizeipräsidium und Magistrat überlegten in den Monaten vor der Märzrevolution, den Handwerkerverein zu verbieten. Sie zögerten damit jedoch. Ein Verbot hätte, so wussten sie, zu einem großen Eklat geführt, in einer Atmosphäre, die ohnehin zunehmend spannungsgeladen war.

Unabhängig davon brauchte man, um politische Diskussionen zu führen, keine förmlichen Vereine. Neben mehr als 50 kommerziellen Bibliotheken, Lesezimmern und -hallen hielten auch die größeren der in der preußischen Landeshauptstadt außerordentlich zahlreichen Konditoreien und Cafés »fast alle beachtenswerthen Blätter des In- und Auslandes«. Sie waren deshalb für den typischen Berliner Bürger, der – wie Robert Springer spöttelte – »die Näschereien und die Lektüre« liebte, ein bevorzugter Aufenthaltsort.[22]

Ein Novum war die nach Pariser, Wiener und Hamburger Vorbildern durch den Journalisten und Verleger Gustav Julius im September 1846 gegründete »Berliner Zeitungshalle«. Dort konnte man die jeweils aktuellen Ausgaben von insgesamt fünfhundert Tages- und Wochenblättern einsehen. Die »Berliner Zeitungshalle« – eine Bezeichnung, die auch der von Julius zeitgleich gegründeten Tageszeitung den Namen gab, die 1848 zu den wichtigsten radikaldemokratischen Presseorganen im Deutschen Bund gehören sollte – war nicht nur eine Präsenzbibliothek. Ihr angegliedert war zudem ein Café. In den zahlreichen – verrauchten – Lesezimmern wurde intensiv diskutiert.

Aber nicht nur deshalb galt die »Berliner Zeitungshalle« der Obrigkeit in den Wochen vor der Märzrevolution als Kristallisationspunkt radikaldemokratischer Bestrebungen. Misstrauisch beäugt wurde sie außerdem, weil Julius alle wichtigen Zeitungen des außerpreußischen Deutschlands und ebenso die wichtigsten ausländischen Presseorgane abonniert hatte. Das war deshalb von eminenter Bedeutung, weil außerpreußische und ausländische Zeitungen und Zeitschriften in ihrer Berichterstattung und ihren Kommentaren durch die Pressezensur nicht so eingeschränkt waren wie die einheimischen.

Maulkorb für die Meinungsfreiheit – der »Denker-Club«.
Radierung, um 1820.

Zwar war die Zensur in der preußischen Landeshauptstadt seit 1842 immer weiter verschärft worden; »selbst die maßvollsten Aufsätze [seien] zurückgewiesen« worden, empörte sich der liberale Adlige Varnhagen von Ense.[23] Indes vermochten die Zensoren die Flut an verdeckt kritischen Zeitungsartikeln immer weniger zu bewältigen, von umfänglicheren Broschüren und Büchern ganz zu schweigen. Überdies ließen sich Zensurvorschriften leicht umgehen. Die deutsche Kleinstaaterei hatte auch ihre Vorteile: Publikationen etwa aus dem liberaleren Sachsen ließen sich ohne größere Schwierigkeiten beschaffen.

Die Zensur der preußischen Obrigkeit übte überdies einen eigenartigen Reiz aus. »Verbotene Schriften [wurden] vom Publikum weit lieber als nicht verbotene gekauft.« Man konnte während des Vormärz »trotz der Begierde, mit welcher offene und geheime Polizisten [nach den] Übertretern des Gesetzes fahndeten, in Berlin zu jeder Zeit jedes verbotene Buch erhalten.« Es gab dort Lesegesellschaften, die sich ausschließlich von »dieser beliebten Waare nährten«, wie der Demokrat und spätere erste Berlin-Historiker Adolph Streckfuß beobachtete.[24] Selbst unter Gymnasiasten »gingen die verbotenen Bücher von Hand zu Hand«.[25]

Unzufriedenheit mit der Zensur, dem Vereinigungs- und Versammlungsverbot sowie unabhängig davon wachsende soziale Spannungen in der Berliner Stadtgesellschaft begünstigten eine breite Politisierung der Berliner Bevölkerung. Die allerdings blieb bis 1848 noch relativ diffus. Mit seinen Restriktionen, so erfolglos sie im Einzelnen gewesen sein mögen, unterband der Staat ein Ausdifferenzieren der einzelnen Strömungen. Politische Scheidelinien konnten sich sichtbar erst seit dem 19. März 1848 herausbilden.

Daran änderte auch der vordemokratische Vereinigte Landtag nichts. Friedrich Wilhelm IV. hatte das 613 Mitglieder starke, von Adel und Wirtschaftsbürgertum geprägte Zwei-Kammer-Parlament zusammengerufen, weil die Verabschiedung neuer Steuern seit 1820 an die Zustimmung der ›Stände‹ gebunden war. Eine ernsthafte Mitsprache der Stände in Staatsgeschäften lehnte der König entschieden ab. In seiner Thronrede zur Eröffnung des Landtages am 11. April 1847 erklärte er, »daß es keiner Macht der Erde je gelingen soll, Mich zu bewegen, das natürliche […] Verhältnis zwischen Fürst und Volk in ein konventionelles, konstitutionelles zu wandeln«. Eine Verfassung verweigerte er mit den Worten, er werde es »nimmermehr zugeben, daß sich zwischen unseren Herr Gott im Himmel und dieses Land ein beschriebenes Blatt […] eindränge, um uns mit seinen Paragraphen zu regieren«. Friedrich Wilhelms IV. »gigantischer Trotz gegen die Zeit«,[26] der sein Handeln auch 1848 prägte, machte auch ›gemäßigten‹ Abgeordneten bewusst, dass grundlegende Reformen allein durch Verhandlungen mit dem widerwilligen Monarchen nicht durchzusetzen waren: »Wir kamen ganz konservativ hierher, aber man hat uns notgedrungen auf ein anderes Ziel geführt«, erklärte einer von ihnen.[27] Der Vereinigte Landtag ging Ende Juni 1847 ohne substanzielle Ergebnisse auseinander. Aber er politisierte und steigerte die allgemeine Unzufriedenheit.

Am Vorabend der Märzrevolution

Geradezu elektrisiert wurden breite Bevölkerungsschichten insbesondere in Berlin durch ein Ereignis, das meist nicht den europäischen Revolutionen von 1848/49 zugerechnet wird. Dabei stand es an deren Anfang und war überdies die einzige politische Umwälzung, aus der die liberaldemokratische Bewegung auf Dauer siegreich hervorging: der Schweizer Sonderbundskrieg vom 3. bis zum 29. November 1847. Am 12. September 1848 erhielten die Eidgenossen dann die fortschrittliche Verfassung, die das Gesicht der Schweiz bis heute prägt.

In diesen mit 150 Toten vergleichsweise glimpflichen Bürgerkrieg zwischen der Mehrheit der liberaldemokratischen Kantone und einer Minderheit von sechs konservativ-katholischen Kantonen war auch Preußen einbezogen. Denn Friedrich Wilhelm IV. war Landesherr des Kantons Neuenburg (Neuchâtel), der seit 1707 zur preußischen Krone gehörte. An der Spitze Neuenburgs stand einer der preußischen Ministerpräsidenten des Jahres 1848, General Ernst von Pfuel. Die Sympathien der Hohenzollernkrone waren aufseiten der konservativen Minorität. Offiziell verhielt sich der Kanton auf Anweisung der Berliner Regierung im Bürgerkrieg indes neutral. Das nützte nichts: Am 1. März 1848 sagten sich die Neuenburger formell von Preußen los und nahmen eine republikanische Verfassung an. Die wenigen preußischen Beamten mussten den Kanton verlassen.

Der Stolz Friedrich Wilhelms IV. wurde »auf das tiefste verletzt«. In Berlin erntete der König »Spott und Hohn«.[1] Die Niederlage der ›jesuitischen‹ Kantone befeuerte auch die Kritik an den politischen Verhältnissen in der Hohenzollernmonarchie. Über den ›Schweizer Umweg‹ wurden die Verhältnisse in Preußen selbst kritisiert – weit über intellektuelle und bildungsbürgerliche Schichten hinaus. So folgte Ende 1847 beispielsweise eine von 200 Gesellen besuchte Versammlung in einer Tischlerherberge gebannt den vordergründig »gegen den Jesuitismus«

Ironische Darstellung von Honoré Daumier zu den Auswirkungen der Pariser Julirevolution von 1830 auf Europa.

gerichteten Vorträgen und Gedichten und bedachte diese immer wieder mit frenetischem Beifall.

Gleichwohl wurde weder der Schweizer Sonderbundskrieg noch das »Revolutiönchen« (Paul Boerner) im Königreich der beiden Sizilien mitsamt dem »Schweif an Konstitutionen« (Friedrich Engels), den dieses in Mittel- und Norditalien nach sich zog, als Beginn einer europäischen Revolutionswelle gedeutet. Zwar berichtete die Presse über die Ereignisse in Palermo und Neapel. Auch die Entwicklungen in Südwestdeutschland wurden in Berlin breit diskutiert, etwa die von Gustav Struve und Friedrich Hecker initiierte und von knapp 1 000 Menschen besuchte Versammlung im badischen Offenburg vom 12. September 1847 oder die Tagung führender Liberaler im hessischen Heppenheim am 10. Oktober 1847, die anzeigten, dass es auch im Deutschen Bund kräftig rumorte. Sie lösten in Berlin jedoch keine eigenständige Bewegung aus. Erst die Nachrichten über die Pariser Februarrevolution wirkten (so eine häufig benutzte Metapher) »wie ein Blitz aus heiterem Himmel«.

Konflikte zwischen Volk und Militär

Seit dem 6. März fanden ›In den Zelten‹ Volksversammlungen statt. Das war eine – seit 1786 steinerne – Lokalität, die vor dem Brandenburger Tor im Tiergarten und damit außerhalb der unmittelbaren Reichweite des Berliner Polizeipräsidiums lag, ungefähr dort, wo heute das Bundeskanzleramt steht. Die Zusammenkünfte dort zogen eine rasch wachsende Zahl an Zuhörern an, schließlich Zehntausende »Männer der verschiedensten Stände und Bildungsstufen«, vereinzelt auch Frauen. Später führende Persönlichkeiten der Berliner Demokratie fanden hier ein erstes rhetorisches Übungsfeld. Die »sehr begreiflichen Anzüglichkeiten auf unsere politischen Zustände« wurden »jedesmal mit donnerndem Applaus aufgenommen«. Seit dem 13. März trauten sich auch einfache Handwerker und Arbeiter vor den Tausenden von Zuhörern zu sprechen. Sie ließen sich »nicht über Fragen der hohen Politik, sondern über Arbeit und Handwerk« aus – und über »die französische Bewegung«. Besonders faszinierte sie, dass in Paris seit der Ausrufung der Republik »ein ouvrier in der Regierung« war. Dem österreichischen Gesandten Trauttmansdorff fiel außerdem auf, was ein Kennzeichen der Berliner Revolution werden sollte: dass sich »kein eigentlicher Führer gezeigt« habe.[2] Die Revolutionsbewegung in der preußischen Hauptstadt blieb bis in den November 1848 hinein im Wortsinne ›antiautoritär‹.

Noch am 13. März glaubten allerdings die meisten Berliner »an alles, nur nicht an eine Erschütterung des preußischen Staates«, so der damals berühmte Schriftsteller Karl Gutzkow als Augenzeuge.[3] Das änderte sich mit der Wiener Märzrevolution. Danach entwickelten die Berliner, wenn man den Berichten des Polizeipräsidiums trauen darf, eine eigentümliche Art von Lokalpatriotismus. »Leider nicht mehr einzelne Wenige« sprachen von der »Schmach«, dass »rund um Preußen [...] Alles schon vorausgeeilt« sei und den Berlinern nun selbst »die Österreicher, sogar in Wien schon, den Rang abgelaufen« hätten. Es sei schandhaft, so die allgemeine Stimmung, dass man in der preußischen Hauptstadt »nichts als treue Anhänglichkeit und knechtischen Gehorsam zu rühmen weiß«.[4]

Die Krone goss weiter Öl ins Feuer, indem sie die ohnehin schon starke Garnison innerhalb der Berliner Stadtgrenzen um zusätzliche Truppen verstärkte. Auf den Straßen zeigten die Soldaten demonstrativ Präsenz – erreichten allerdings so das Gegenteil dessen, was die Militärführung beabsichtigte: Sie weckten »bei dem ohnehin necksüchtigen Charakter der Berliner Bevölkerung den Kitzel des Widerstandes.« Beide Seiten schaukelten sich gegenseitig hoch. Zwischen dem 13. und 16. März kam es zu blutigen Auseinandersetzungen zwischen kleineren Truppenabteilungen und dem »Pöbel«, wie die breiten Unterschichten von den hochnäsigen ›besseren Kreisen‹ verächtlich genannt wurden. Vorneweg in den Straßenscharmützeln mit dem berittenen Militär war »die löbliche Gassenjugend« dabei. Leidtragende waren in erster Linie »unschuldige Bürger«, die eher zufällig des Wegs kamen und von den wütenden Kürassieren statt der Gassenjugend, die inzwischen um die Ecken geflitzt war, zusammengehauen wurden. Das Resultat des »blutigen Schauspiels der Metzeleien«:[5] sieben Tote und zahlreiche Verletzte.

Die Empörung über das Benehmen der berittenen Soldaten erreichte infolgedessen auch die bürgerlichen, bis dahin den revolutionären Freiheitsbewegungen eher abgeneigten Bevölkerungsschichten Berlins. »Militär weg« wurde zur Hauptparole. Die Forderungen nach einem »zeitgemäßen Preßgesetz«, nach »Bürgerbewaffnung«, Aufhebung des Versammlungs- und Vereinsverbotes und einer parlamentarischen Vertretung waren in der Perspektive der Berliner inzwischen selbstverständlich geworden. Auch schwarz-rot-goldene Kokarden wurden in den letzten Tagen vor der Märzrevolution »in Massen« verkauft und getragen – statt des bis dahin gewohnten Schwarz-Weiß der Hohenzollern.

Aufsehen erregte eine »Adresse der Arbeiter«, die zwischen dem 10. und 13. März zirkulierte. Deren unbekannte Verfasser kamen vermutlich aus dem Großen Handwerkerverein. In dem recht kurzen Schriftstück wurde Friedrich Wilhelm IV. »um schleunige Abhilfe der jetzigen großen Noth und Arbeitslosigkeit« gebeten. »Wir werden von Capitalisten und Wucherern unterdrückt; die jetzigen bestehenden Gesetze sind nicht im Stande, uns vor ihnen zu schützen.« Gefordert wurde deshalb »ein Ministerium für Arbeiter, das aber nur [aus] Arbeitern und Arbeitgebern zusammengesetzt werden darf und dessen Mitglieder nur aus beider Mitte gewählt werden dürfen.« Lediglich ein solches Ministerium sei »im Stande, den wahren Grund der drückenden Lage des Volkes kennenzulernen, das Loos der Arbeiter zu verbessern [und] den Staat vor drohenden Gefahren zu schützen«.[6] Vorbilder für diese Forderungen fanden sich in der schon stark sozialistisch geprägten Pariser Februarrevolution. Dass in Frankreich einer ihresgleichen, der Knopfmacher Albert Martin, am 26. Februar 1848 an die Spitze eines »Ministeriums der Arbeiter« berufen worden war, hatte überhaupt in proletarischen »Kreisen am tiefsten und nachhaltigsten gewirkt«, so Paul Boerner in seinen posthum veröffentlichten ›Erinnerungen‹ aus dem Jahr 1850.

Die »Adresse der Arbeiter« war ein noch eher gemäßigter Ausdruck der Stimmung in den unteren Bevölkerungsschichten. »Viele Arbeiter« würden sich der Unterzeichnung von Adressen »verweigern, weil sie sich vom Petitioniren kein Heil erwarten«, so ein Berichterstatter der Mannheimer Abend-Zeitung. »Die Stimmung im Volke«, fasste er seine Eindrücke zusammen, sei »eine dumpfe, gewitterschwüle«. Unter den Arbeitern würde es, berichtete auch ein linksliberaler Stadtverordneter, »furchtbar gähren«.[7]

Dem Generalleutnant von Prittwitz, der am 18. März das Oberkommando über die in Berlin gegen die Revolutionsbewegung eingesetzten Truppen hatte, fiel gleichfalls das gesteigerte Selbstgefühl, »die veränderte, herausfordernde, beinahe freche Haltung [der] unteren Schichten der Einwohnerschaft, namentlich [der] Gehilfen des Handwerkerstandes« sowie deren »Haß gegen das Militär« auf.[8] Die Pariser Februarrevolution hatte ganz offensichtlich das Bewusstsein geschürt, dass ein Kampf gegen das Militär keineswegs zwangsläufig mit einer Niederlage enden musste.

Berlin glich einem Pulverfass. Die Lunte hatte die Obrigkeit mit überharten Militäreinsätzen in den Tagen vor der Märzrevolution selbst gelegt. Es nutzte der Krone nichts, am 17. und 18. März überstürzt einige – zudem halbherzige – Zugeständnisse zu machen, um die hochschlagenden Wellen der Empörung zu glätten. Die beiden berühmten Schüsse eines Infanteristen am Mittag des 18. März 1848 auf dem Schlossplatz waren versehentlich abgefeuert worden, wie ein offizieller Untersuchungsbericht einige Wochen später feststellte.[9] Allerdings wusste dies am 18. März niemand. Sie wurden unfreiwillig zum Signal für die Märzrevolution.

Die Barrikadenkämpfe

Am 18. März zwischen 16 und 17 Uhr begannen in Berlin die Kämpfe. Wie in Preußen bei größeren Unruhen im Innern üblich, setzte die Krone ausschließlich reguläre Truppen ein. Polizeikräfte für die ›Aufstandsbekämpfung‹ existierten Anfang 1848 noch nicht.

Ein »Strom von Blut«

Schon bei den Berliner Vormärz-Rebellionen hatte das Militär eine außergewöhnliche Brutalität an den Tag gelegt: während der viertägigen ›Schneider-Revolution‹ vom September 1830, einem späten Nachhall der Pariser Julirevolution, bei dem Handwerksgesellen auf kleinen Kundgebungen Freiheit und Gleichheit forderten, während der ›Feuerwerk-Revolution‹ im August 1835, einem unpolitischen Krawall gegen das Verbot, am Geburtstag des Königs Raketen und Kracher zu zünden, und bei der Niederschlagung der ›Kartoffelrevolution‹ vom April 1847. Waren bereits während dieser Ereignisse die Soldaten gegen Protestierende vorgegangen, als stünden sie einem äußeren Feind gegenüber, stellten die am 18. März 1848 eingesetzten insgesamt etwa 15 000 Soldaten an Brutalität alles bisher Bekannte weit in den Schatten. Ihnen gegenüber standen schätzungsweise 5 000 bis 6 000 Barrikadenkämpfer. Zahllose weitere Berliner wollten sich an den Kämpfen beteiligen. Sie mussten sich aufgrund anfangs fehlender Waffen und Munition zunächst jedoch mit einer passiven Rolle bescheiden.

Hier können nur wenige Schlaglichter auf die Barrikadenkämpfe geworfen werden. Denn die Fülle an oft noch im Jahr 1848 oder 1849 erschienenen Dokumentationen, Berichten und Erinnerungen ist schwer überschaubar. Insbesondere die einzigartige Revolutionschronik, in der Adolf Wolff nicht nur schriftliche Zeugnisse sammelte, sondern für die er außerdem in einer Art früher ›Oral History‹ zahllose Zeitzeugen interviewte, bietet eindrucksvolle Zeugnisse über die Barrikadenkämpfe und das völlig ungehemmte, gewalttätige Vorgehen der Soldateska. Den von häufig eigenen Erlebnissen erschütterten Verfassern schriftlicher Dokumente und den befragten Zeitzeugen, deren Aussagen der stellvertretende Chefredakteur der Tageszeitung »Berliner Zeitungshalle« Wolff und andere protokollierten, fiel es oft sichtlich schwer, das, was sie an enthemmter Gewalt erlebt hatten, überhaupt in Worte zu fassen.

Ein weiterer Journalist, Adalbert Roerdansz, der selbst an den Kämpfen beteiligt war und bereits 1848 zahllose Zeitzeugnisse publizierte, sprach davon, dass die Soldaten eine »thierische, kaum formell gebändigte Rohheit« an den Tag gelegt hätten, die einer »widerlich absichtlichen Verhöhnung aller Menschlichkeit und Natur« gleichgekommen sei. In Häuser geflüchtete Barrikadenkämpfer wurden »ganz ohne Gegenwehr mit dem Bayonett [ge]mordet, und die Kugeln nur für diejenigen [ge-]braucht, die, da kein Pardon gegeben wurde, sich durch die Flucht zu retten suchten.«[1] Selbst der spätere preußische Generalfeldmarschall Alfred Graf von Waldersee, der am 18. März 1848 als junger Offizier an den Kämpfen beteiligt war, musste zugeben, dass die Soldaten in einer Reihe von Fällen keine Gefangenen gemacht hätten, sondern über die Gegenwehr der Berliner »so erbittert [gewesen seien], daß sie lieber kurzen Prozeß machten.«[2] Ein Graf Lüttichau erklärte in seinen kurze Zeit später zu Papier gebrachten ›Erinnerungen‹, dass von den von ihm kommandierten Füsilieren »alles niedergeschossen und gestochen wurde, was sich zum Widerstande bereit zeigte«. Ihr »Eifer für die gute Sache u.s.w. war ohne Maaß«. Diese enthemmte Brutalität, aber auch das oft ungezielte Feuer der Soldaten und viele Querschläger, die häufig Unbeteiligte trafen, erklären wesentlich die hohe Zahl von insgesamt 283 getöteten Barrikadenkämpfern.

Ein unkonventionelles Äußeres steigerte in vielen Fällen die Aggressivität der Soldaten. Beim Jura-Studenten Hermann von Holtzendorff reichte ein Bart – »als ob dieser Bart besonders verdächtig sei«. Er wurde »mit rohem Ungestüm hinweg« geschleppt und später getötet.[3] Im Vergleich zu Holtzendorff hatte der Seidenwirkergeselle A. Hintze Glück im Unglück, als ihn »fluchende Soldaten« entdeckten: »Mit den Worten: ›hier ist ein Langhaariger‹ ward ich bei den Haaren ergriffen und bald hier bald dorthin geschleudert. Man warf mich die Treppe hinab, die Soldaten folgten. ›Schlagt den Hund tot!‹ meinte einer, ›Stecht ihn nieder!‹

riefen andere. Unter solchen Drohungen erhielt ich einen Kolbenschlag auf den Kopf, daß das Blut hervorspritzte und ich bewußtlos niedersank. Als ich wieder zur Besinnung kam, befand ich mich eine Treppe tiefer; wie ich heruntergekommen bin, weiß ich nicht. Nun wurde beraten, was mit mir geschehen sollte, und fast einstimmig meinte man, ich müsse über das Treppengeländer geworfen werden; doch man begnügte sich, mich mit diversen Kolben- und Bajonetstößen die Treppe hinunterzutransportiren und ich wurde einem Soldaten des 1. Garde-Regiments übergeben. Dieser ließ an mir Halbtoten seine ganze Wuth aus, indem er mir unzählige Kolbenstöße in Kreuz und Nacken versetzte. Nun mußte ich durch die in der Königstraße stehenden Soldaten hindurch, von denen Jeder das Seinige mit Kolben und Fäusten an mir that.«[4]

Ein ähnliches Spießrutenlaufen mussten viele der insgesamt etwa 1 000 Gefangenen über sich ergehen lassen, die ins Stadtschloss gebracht und dort in einem engen Raum »stehend oder zusammengekauert auf dem modrigen Steinboden« zusammengepfercht wurden. Gut 700, überwiegend »mit fürchterlichen Kopfwunden und das Gesicht mit Blut bedeckt«, wurden »schlimmer als ein Stück Vieh« und ständig »mit Stößen und Schlägen traktiert« nach Spandau getrieben (wo sie erst am späten Nachmittag des 19. März freigelassen wurden).

Warum diese brutale Behandlung, warum diese grenzenlose Wut der Soldaten? Begleitet wurde der Gefangenenzug von zwei Bataillonen des »Stettiner« Regiments. Entgegen der Bezeichnung kamen die einfachen Rekruten dieses Regiments allerdings nicht aus der pommerschen Hauptstadt, sondern aus den ländlichen Gebieten der preußischen Provinz. Wenn die Soldaten die Gefangenen nicht nur schikanierten und quälten, sondern außerdem mit »gemeinsten Schimpfwörtern, wie: Berliner Taugenichts, Hund und [überhaupt] den rohesten Hohnreden« bedachten, dann stand dahinter auch ein tiefer Gegensatz zwischen Großstadt und Land, der für die Revolution in weiten Teilen Preußens typisch sein sollte.

Für die Offiziere wiederum war die Niederlage des preußischen Militärs gegen die Berliner Revolutionsbewegung eine Schmach ohnegleichen. Insbesondere die »junkerschaftlichen Häuptlinge der Armee« (Varnhagen von Ense) wollten nicht wahrhaben, dass sie gegenüber dem »Janhagel« und »Mordbrennern«, wie schriftstellernde Offiziere die Barrikadenkämpfer nannten, den Kürzeren gezogen hatten.

Der Verlauf der Kämpfe

Der 18. März 1848 ist ein herausragendes Beispiel dafür, dass Häuserkämpfe von gewöhnlichem Militär nur schwer zu gewinnen sind. Zwar hatten die Truppen in den frühen Abendstunden den innerstädtischen Bereich zwischen Brandenburger Tor und Alexanderplatz relativ rasch ›erobern‹ können, weil sie auf den breiten Boulevards Artillerie wirkungsvoll einsetzen konnten. Zudem hatten die im Barrikadenbau noch unerfahrenen Berliner die ersten Hindernisse gegen das Militär nur schwach befestigen können und überdies ›falsch‹ platziert: nämlich unmittelbar an den Straßenecken und nicht etwas zurückgezogen, sodass die anrückende Infanterie mit Dachziegeln ›bombardiert‹ werden konnte.

Dennoch erreichten die Soldaten erst gegen 23.30 Uhr den Alexanderplatz. Hier war für sie Schluss. Eine riesige Barrikade hinderte sie am weiteren Vorrücken. Sie wurde nicht nur von Berlinern, die inzwischen mit Flinten bewaffnet waren, aufopferungsvoll verteidigt und immer stärker befestigt. Auf dem Platz selbst hatten die Barrikadenkämpfer außerdem eine größere hölzerne »Bude« angezündet; »der Brand begünstigte die hinter der Barrikade liegenden Schützen sehr«, die Soldaten gaben leichte Ziele ab. Das Gewehrfeuer der dahinter gut gedeckten Barrikadenkämpfer trieb »Vorposten« des Militärs wiederholt zurück. Ähnlich entwickelten sich die Kämpfe auch in der Rosenthaler Vorstadt – dem damals bekanntesten Berliner Elendsviertel – und vor den »benachbarten Thoren«, die von den dort wohnenden Berlinern inzwischen ebenfalls allesamt verrammelt und verriegelt worden waren. »Angriffe der Cavallerie« konnten so leicht »von der hinter der Barrikade stehenden Bevölkerung zurückgewiesen« werden.[5]

Bis zwei Uhr morgens versuchten die Truppen am Alexanderplatz vorzurücken. »Inzwischen war jedoch die Vertheidigung der großen Barrikade durch drei aus dem Schützenhause entnommene Böller verstärkt und diese Geschütze mit Flintenkugeln, Eisenstücken und sogenannten Murmeln geladen worden.« Zusätzlich war das »Eckhaus an der Neuen Königsstraße in allen Etagen mit bürgerlichen Schützen besetzt und das rasch und sicher erhaltene Feuer derselben hinderte jedes Debouchiren [Durchbrechen] der Truppen«. Als kleine Einheiten dies dennoch versuchten, empfing sie »lebhaftes Feuer« und sie mussten »sich abermals zurückziehen«.

Angriff auf die Barrikade am Alexanderplatz am 18. März 1848. Zeitgenössische Kreidelitografie.

Realistische Chancen, weiter vorzudringen, hatte das Militär nicht. Denn die engen, proletarisch geprägten Vorstädte, die sich hinter dem Alexanderplatz wie ein nicht geschlossener Ring um den Innenstadtbezirk legten, waren mit insgesamt knapp 1 000 Barrikaden zu einem faktisch undurchdringlichen städtischen Dschungel geworden.

Hier hatte man Zeit, »vollkommene«, zum Teil dreistöckige, also bis an die Dächer der umstehenden Häuser reichende »Meisterwerke dieser in den Hauptstädten modisch gewordenen Architektonik« fertigzustellen, ergänzt durch teilweise metertiefe Gräben, die die Straßen unpassierbar machten.[6] Überdies konnte, anders als auf den breiten Boulevards der Stadtmitte, die Artillerie in den schmalen, teilweise verwinkelten Gassen der Armenviertel, dem »wahren Terrain der Berliner Revolution« (Paul Boerner),[7] ihre Wirkung nicht entfalten.

Zudem hatten die Kämpfe am Alexanderplatz gezeigt, wie sehr es den Barrikadenkämpfern inzwischen gelungen war, sich immer besser zu bewaffnen und ausreichend mit Munition zu versorgen. Bereits in den

Barrikade vor dem Köllnischen Rathaus in der Nacht vom 18. zum 19. März 1848. Zeitgenössische Kreidelitografie.

frühen Abendstunden hatten Aufständische das Zeughaus der Landwehr sowie mehrere Wachen gestürmt. Zinngießer sollten überdies während der Nacht Tausende Kugeln gießen. Auch an Pulver fehlte es nicht mehr, nachdem die Kaufleute ihre Vorräte herausgegeben hatten und außerdem einige Pulverkästen des Militärs an der Stadtmauer erobert worden waren. Vor allem aber verfügten die Revolutionäre über ein scheinbar unerschöpfliches Reservoir an Kämpfern, die nur darauf warteten, eingesetzt zu werden. Zur potenziell numerischen Überlegenheit kam die ›Moral‹, das Bewusstsein am Morgen des 19. März, das scheinbar unbesiegbare preußische Militär in die Schranken gewiesen zu haben.

Rückzug des Militärs

Dagegen waren die Soldaten am sehr kühlen frühen Morgen des 19. März, so der Sohn des Kronprinzen und spätere 99-Tage-Kaiser Friedrich, »sehr ermüdet« und, wie der General von Wussow zugeben musste, »zu erschöpft, um den Kampf, wie am vorigen Tage, fortzusetzen.«

Kugelgießer hinter einer Barrikade. Holzstich nach einer Zeichnung von Robert Kretschmer.

Während die Barrikadenkämpfer mit frischen Getränken und Speisen versorgt wurden, hatten die Truppen nach den Angaben ihres Oberkommandierenden, des Generalleutnants von Prittwitz, »in den letzten 36 bis 48 Stunden nur etwas Brot und Branntwein erhalten.« Überhaupt würden, so der General weiter, »die Truppen bei ihrem weiteren Vordringen unfehlbar immer größere Schwierigkeiten gefunden haben«. Nachschub an Nahrungsmitteln wie an Truppen war schwer zu organisieren, da Bürger in Berlin wie auch in anderen Orten Preußens begonnen hatten, die Schienenstränge aufzureißen. Über logistische Probleme hinaus mochte Prittwitz selbst Fraternisierungen nicht ausschließen, da die Soldaten »nicht einem fremden Eroberer […], sondern den eigenen Vätern und Brüdern gegenüberstand[en]«.[8] Allein deshalb war der Rückzug der Truppen aus der preußischen Hauptstadt, nur in militärischen Kategorien gedacht, letztlich unvermeidlich.

Hinzu kam, dass sich in vielen Städten der näheren und weiteren Umgebung, etwa in Luckenwalde, Frankfurt an der Oder, Magdeburg,

Stettin und Breslau, Bürger bewaffnet hatten, um »mit dem nächsten Extra-Eisenbahnzuge« den aufständischen »Bewohnern Berlins zur Hülfe zu eilen«.[9] In all diesen und weiteren Städten hatte die Märzbewegung in den Tagen zuvor die Oberhand gewonnen. Bei einem Andauern der militärischen Auseinandersetzungen in der Hauptstadt drohte die Ausweitung des Kampfes auf das ganze Land.

Besonders stark waren die demokratischen, linksliberalen und auch frühsozialistischen Strömungen in der Rheinprovinz. Hier und ebenso in Westfalen hätte sich die Bevölkerung bei anhaltenden Kämpfen im Zentrum Preußens von der bei vielen ohnehin ungeliebten Hohenzollernkrone ab- und dem revolutionären Frankreich zugewandt. Aber auch anderer Provinzen konnten sich Friedrich Wilhelm IV. und seine Berater keineswegs sicher sein. Ähnlich wie 1806 hätte Preußen vor dem Zusammenbruch gestanden – wären die Truppen am 19. März nicht aus Berlin abgezogen worden.

Es ist unklar, ob der König den Befehl, die Soldaten aus Berlin zurückzuziehen, aus einer momentanen Stimmungslage heraus gab, oder – gegen den Ratschlag seines jüngeren Bruders, des Kronprinzen und späteren deutschen Kaisers – aus politischem Kalkül. Retrospektiv jedenfalls war dies ein geschickter Schachzug.

Das vorübergehende Zurückweichen der Armee verschaffte Friedrich Wilhelm IV. eine Atempause sowie – weit wichtiger – eine Popularität, wie er sie in den Jahren zuvor, von den ersten Monaten nach seiner Thronbesteigung 1840 vielleicht abgesehen, niemals besessen hatte. Die in breiten Bevölkerungsschichten verwurzelte Fiktion vom ›guten König‹, der nur durch ›schlechte Berater‹ irregeleitet worden sei, ließ sich dadurch sowie durch die Berufung eines liberalen Ministeriums Ende des Monats neu begründen. Selbst der spätere Präsident des besonders radikalen Demokratischen Klubs, Rudolf Schramm, nannte Friedrich Wilhelm IV. unmittelbar nach der Märzrevolution einen »hochherzigen Mann«, der »nur auf unwürdige Weise von Elenden getäuscht worden [sei], die sich in ihren Stellen und Gehältern um jeden Preis, selbst um den Preis, ihren königlichen Herren zu verderben, behaupten wollen«.[10]

Verschwörungstheorien als treibende Elemente

Der Groll am Hohenzollernhof und in der preußischen Militärführung war groß. Hier fühlte man sich verraten und glaubte, das bis 1848 als französische Nationaleigenschaft angesehene »Revolutioniren« könne in Berlin nur durch eine Verschwörung ausgelöst worden sein.

Verschwörungstheorien sind kein Phänomen des 20. und 21. Jahrhunderts. Sie sind, zusammen mit Fake-News und Gerüchten, in Krisen, Kriegen und Revolutionen ein normales Phänomen. Oft werden sie gezielt in die Welt gesetzt. Das war 1848 nicht anders. Es war der König selbst, von dem die Fama einer Verschwörung ausging – als er in der Nacht vom 18. auf den 19. März seinen berühmten Aufruf »An meine lieben Berliner« zu Papier brachte. »Eine Rotte von Bösewichtern, meist aus Fremden bestehend«, erklärte er dort, habe »im Sinne ihrer argen Pläne« die »treue Gesinnung« des Königs seinen Untertanen gegenüber »durch augenscheinliche Lüge verdreht und die erhitzten Gemüther von vielen meiner treuen und lieben Berliner mit Rache-Gedanken« erfüllt. Mit seiner Behauptung einer planmäßigen Entfesselung der Revolution durch eine kleine Gruppe radikaler Verschwörer spielte er auf den ›französischen Erbfeind‹ an, der vielen Einwohnern der Hauptstadt aufgrund der nicht einmal 40 Jahre zurückliegenden napoleonischen Herrschaft präsent war.

Die Anspielung auf »fremde Bösewichte« war offenbar kalkuliert. Der König hoffte, dass Frankreich als das europäische ›Mutterland der Revolution‹ – das es im 19. Jahrhundert war – ›seinen Berlinern‹, wie Friedrich Wilhelm IV. in paternalistischem Tonfall formulierte, als Feindbild präsent geblieben und abschreckend genug war, um auch die Märzforderungen und -bewegungen zu diskreditieren. Mit der Behauptung, *ausländische* ›Emissäre‹ hätten die Revolution ausgelöst, ließen sich innenpolitische Konflikte vorzüglich außenpolitisch ›ableiten‹.

Obwohl die Rede von den »fremden Bösewichten« haltlos war – und die politische Polizei in den ersten Märzwochen 1848 geradezu krampfhaft nach ›auswärtigen Emissären‹ gesucht hatte –, wurde sie von den in Berlin akkreditierten ausländischen Diplomaten sowie allen schriftstellernden Offizieren übernommen. Es gab kaum einen Konservativen, der diese durch keinerlei handfeste Indizien zu belegende Behauptung später nicht in seine Autobiografie übernahm. Wie heute führte die offensichtli-

»Die schreckliche Verschwörung der rothen Republikaner«: Titelblatt einer zeitgenössischen Satireschrift, 1849.

che Absurdität von Verschwörungsthesen auch damals keineswegs dazu, dass sie nicht geglaubt wurden.

Auch an den Gründen für Verschwörungsmythen und Spekulationen über Geheimbünde und »Actionspläne« hat sich wenig verändert: Sie zeugten und zeugen von der Unfähigkeit oder dem Unwillen, die sozial- und politisch-strukturellen Ursachen von Rebellionen und Revolutionen in den Blick zu nehmen, geschweige denn zu analysieren. Bis in das 20. Jahrhundert hinein stand dahinter die Sichtweise des ständisch herausgehobenen Adels, aber auch vieler Bürger, dass das ›einfache Volk‹ nur außengeleitet handeln könne, als willenloses Werkzeug von ›Demagogen‹. Der ›Pöbel‹ – eine abfällige Bezeichnung, die Gesellen, arme Meister, qualifizierte Arbeiter und marginalisierte Sozialgruppen zusammenfasste – galt als unfähig, als zu dumm, eigenständig zu denken und aus eigenem Antrieb heraus zu handeln. Zugleich war die These von der Verschwörung gerade 1848 ein verzweifelter Versuch, sich das Bild von der alten, vorrevolutionären ›heilen Welt‹ nicht nehmen zu lassen.

Gerüchte als Nachrichtenersatz

Gepaart waren Verschwörungsbehauptungen mit Gerüchten, keineswegs nur im Aufruf Friedrich Wilhelms IV. an »seine« Berliner vom 19. März. Generell kursieren in »Phasen politischer Erhitzung«, zugespitzt in sozialökonomischen Krisen und Kriegen, weit mehr Gerüchte als zu ›normalen‹ Zeiten – und sie finden schneller Glauben. Während Revolutionen wird die »erhitzte Atmosphäre« zum Dauerzustand.[11] Schon die Jahre vor der Revolution waren Zeiten für Gerüchte gewesen, da offiziellen Verlautbarungen nicht zu trauen war.

Gerüchte waren *Nachrichtenersatz* – und Ausdruck des Phänomens, dass das Jahr 1848 in subjektiver Perspektive eine *beschleunigte Zeit* war. Sie hielt für den Einzelnen weit mehr Ereignisse und Überraschungen bereit als ›normale Zeiten‹. Diese subjektive ›Verdichtung‹ von Zeit führte dazu, dass die Gerüchte buchstäblich unzählig wurden. Sie vorzustellen, würde ein eigenes Buch füllen. Gewiss kursierten Gerüchte nicht nur in Berlin, aber hier besonders, und zwar auf allen Seiten – auch aufseiten der demokratischen Bewegung und des »Volks«.[12] Dass es am 18. März überhaupt zu einem blutigen Barrikadenkampf kam, war sowohl Folge älterer Gerüchte als auch Resultat eines ›spontanen Gerüchts‹ – vom »Verrat« der Militärpartei mit dem Prinzen von Preußen (überhaupt ein beliebtes Objekt von Gerüchten) an der Spitze.

Gleichzeitig waren Gerüchte meist auch eine *Interpretation* bestimmter Ereignisse und Entwicklungen. Sie waren infolgedessen auch weniger vor der Verwendung gängiger Stereotype gefeit als um sachliche Information bemühte Zeitungsberichte. Verschwörungstheorien – auch das erklärt ihre Verbreitung – waren und sind schließlich herrschaftsstrategisch funktional. Aufseiten der Krone wurden Gerüchte in der Revolution mehrfach zur Basis der Politik – und ebenso die ihnen vorausgehenden wie durch sie scheinbar bestätigten Verschwörungstheorien und Feindbild-Stereotypen. Sie (das ist ebenfalls nichts Neues) geben nicht zuletzt ausgezeichnete Begründungen dafür ab, gesetzliche Verbote einzuführen, zu verschärfen sowie den Polizei- und Militärapparat auszubauen. 1848 diente die Fama, Revolutionen seien durch ausländische Bösewichte angezettelt worden, nicht zuletzt dazu, die innere Geschlossenheit des Militärs als die entscheidende Stütze des monarchistischen Staates zu erhalten.

Wer stand auf den Barrikaden?

›Ausländer‹ fanden sich, bis auf einen Schweizer, indes weder unter den Märzgefallenen noch unter denjenigen, die als Schwerverletzte in die Krankenhäuser kamen und deren Namen deshalb bekannt sind, noch unter den etwa 700 namentlich bekannten Gefangenen, die am frühen Morgen nach Spandau abgeführt wurden. Die überlieferten Berufsbezeichnungen aller drei Gruppen, die hier zusammengefasst als ›Märzkämpfer‹ bezeichnet werden, erlauben Aufschluss darüber, wer am 18. März auf den Barrikaden stand.

Im Vergleich zu ihrem ohnehin schon sehr hohen Anteil an der Gesamtbevölkerung waren Angehörige der Unterschichten unter allen Märzkämpfern überdurchschnittlich vertreten, unter ihnen wiederum vor allem Handwerksgesellen und Lehrlinge. Auffällig ist, dass Bürgertum und Mittelschichten unter den Märzgefallenen und -verletzten mit jeweils etwa 8 bis 10 Prozent weit weniger vertreten waren als unter den Gefangenen mit knapp 16 Prozent.

	Märzgefallene	Märzverletzte	Märzgefangene
Bürgertum	2,9 %	4,0 %	3,7 %
Mittelschichten	6,8 %	4,0 %	11,7 %
Unterschichten	86,7 %	92,0 %	84,4 %
Übrige	3,6 %	-	0,2 %
Gesamtzahl	283	58	536

Sozialstruktur der Berliner Barrikadenkämpfer[13]

Zu vermuten ist, dass Proletarier in ihrer häufig abgerissenen Kleidung wie in ihrem Habitus den Vorstellungen der Militärs vom ›Umstürzler‹ eher entsprachen – und damit die Hemmschwelle niedriger war, sie umstandslos niederzumachen. Vor den meist besser gekleideten Angehörigen der bürgerlichen Schichten dürften die Soldaten dagegen einen gewissen Respekt gehabt haben, der sie am sofortigen Töten hinderte. Hinzu kommt, dass die Bereitschaft, Risiken einzugehen und gegebenenfalls den eigenen Körper einzusetzen, bei vielen Angehörigen der Unterschichten anscheinend stärker ausgeprägt war. Zahlreiche Schilderungen, in denen die Tapferkeit und der Todesmut junger ›Proletarier‹ während der Barrikadenkämpfe heroisiert wurden, legen davon Zeugnis ab.

Weil die ›Mittelschichten‹ und vor allem das Bürgertum im engeren Sinne unter den getöteten, verletzten und gefangenen Barrikadenkämpfern deutlich unterrepräsentiert waren, könnte man die Märzrevolution mit einiger Berechtigung als ›proletarische Revolution‹ bezeichnen. Als politisches Kennzeichen wäre ein solches Etikett sicherlich verfehlt, da die Berliner nicht für ein bestimmtes Programm auf die Barrikaden gingen und das Verlangen nach ›Märzfreiheiten‹ nicht an eine bestimmte Schicht gebunden war. Gleichwohl kann bereits die soziale Zusammensetzung der Märzkämpfer – und ähnlich auch der getöteten Revolutionäre während der späteren Kämpfe in Paris, Wien und anderen Orten – als erster Hinweis genommen werden, dass die Forderungen, Ereignisse und Entwicklungen mindestens der städtischen Bewegungen nicht im Etikett ›bürgerliche Revolution‹ aufgehen. Der weitere Verlauf der Revolution, in dem soziale Forderungen und Konflikte zunehmend in den Vordergrund traten, sollte dies noch eindrücklich zeigen.

Die Märzrevolution wurde durch die Unterschichten geprägt – und durch die Jugend. Dass es vor allem Jugendliche auf die Barrikaden treibt, war schon 1789 so (und gilt bis heute). Das berühmte Gemälde von Eugène Delacroix bringt dies eindrucksvoll zum Ausdruck: Neben der legendären Marianne, die alle Blicke auf sich zieht und ungeachtet der mörderischen Gewalt königstreuer Soldaten vorwärtsstürmt, steht ein Jugendlicher, vielleicht 15 Jahre alt, sowie links davon zwei »junge Erwachsene«. Diese vier verhelfen, so die Suggestion der stilisierten Darstellung, allen Gefahren trotzend der Revolution zum Sieg.

1848 war das nicht wesentlich anders. Ernst Zinna und Heinrich Glasewalk, die beiden legendären jugendlichen Revolutionäre, die die Barrikade an der Ecke Jäger-/Friedrichstraße verteidigten und dafür mit dem Leben büßen mussten, waren nicht die Einzigen. Mehr als ein Drittel, fast 37 Prozent, aller Berliner »Märzkämpfer« war nach damaligen Vorstellungen noch nicht ›volljährig‹, d. h. 24 Jahre oder jünger.

Tatsächlich war die Beteiligung Jugendlicher und junger Erwachsener an den Barrikadenkämpfen noch weit höher, als sich an den Daten zu den Märzkämpfern ablesen lässt: Ältere Menschen sind nicht so flink wie jüngere. Sie wurden am 18. März von den Soldaten deshalb eher und oft ›unschuldig‹ attackiert. Darüber hinaus war die Berliner Gassenjugend im ›Straßenkampf trainiert‹. Sie hatte sich in der Woche vor der Berliner

	Märzgefallene	Märzgefangene
unter 20 Jahre	7,9 %	14,3 %
20 bis 29 Jahre	42,7 %	52,6 %
30 bis 39 Jahre	24,4 %	21,3 %
40 bis 44 Jahre	17,8 %	8,0 %
50 Jahre und älter	7,2 %	3,8 %
Gesamtzahl	283	536

Märzkämpfer nach Alterskohorten[14]

Märzrevolution einen Spaß daraus gemacht, die nervös gewordenen Kavallerieeinheiten zur Weißglut zu reizen und mit ihnen Katz und Maus zu spielen. Leidtragende waren schon vor dem 18. März ältere Bürger gewesen, die zufällig oder von Neugier getrieben, des Wegs kamen und nicht so schnell verschwinden konnten.

Aktiv dabei: »Frauen der niedrigsten Volksklasse«

Jugendliche aus den Unterschichten – das schloss damals selbstverständlich auch junge Frauen und Mädchen ein. Die maskulinen Begriffe Barrikaden- oder Märzkämpfer lassen übersehen, dass an den Auseinandersetzungen nicht wenige Frauen beteiligt waren – offensichtlich weit mehr, als die Zahl von insgesamt acht während der Barrikadenkämpfe getöteten Frauen zum Ausdruck bringt. Eine größere Zahl von »Frauen der niedrigsten Volksklasse«, so berichteten der Sympathie für die Revolution unverdächtige Zeitgenossen, trug »ganze Steinladungen« in großen Körben in die oberen Stockwerke der Häuser. Sie bewegten sich »ungeachtet der dicht fallenden Kugeln« an den Barrikaden »zwischen den Schützen«, um ihnen »Erfrischungen [zu] bringen, neue Munition herbei[zu]schaffen, die Verwundeten in die Häuser« zu transportieren und dort zu versorgen.[15] Eine junge Frau aus dem »Volke« soll, nach Angaben einer radikaldemokratischen Zeitschrift, sogar »eine große Menge Arbeiter befehligt und zum Bau der Barrikaden angehalten« haben.[16] In den von den Kämpfen unberührten, ›proletarischen‹ Stadtteilen Berlins »verlangten« Frauen von den Männern, diese sollten »ihnen zeigen wie man Barrikaden baue«, empörte sich ein konservativer Stadtrat.[17] Wieder andere verhalfen bedrängten Barrikadenkämpfern listenreich zur Flucht.

Die Verluste der Truppen

Im Vergleich zur Zahl der getöteten Zivilisten waren die Verluste der Truppen niedrig – auch wenn mit einiger Wahrscheinlichkeit mehr Soldaten als die amtlich festgestellten 24 Soldaten ums Leben kamen. Der in Berlin akkreditierte bayerische Gesandte Graf Lerchenfeld berichtete nach München, dass viele Verwundete und vermutlich auch Tote »nicht angemeldet«, also nicht in die Militärkirchenbücher eingetragen, sondern anonym verscharrt worden seien.[18] Von anderen, so erzählte man sich später in Berlin, sei von militäroffizieller Seite fälschlicherweise behauptet worden, sie seien im Anfang April 1848 begonnenen Krieg mit Dänemark um Schleswig-Holstein gefallen. Die offiziellen Angaben waren zweifelsohne zu niedrig. Gerüchte, die von 1 000 bis 2 000 gefallenen Soldaten wissen wollten, waren jedoch viel zu hoch gegriffen. Die Gesamtzahl der während der Barrikadenkämpfe getöteten Militärs dürfte nicht wesentlich höher gelegen haben, als dies Ernst von Bodelschwingh angab. Der Innenminister, der kurz vor der Märzrevolution zurücktrat, jedoch weiterhin gut informiert blieb, sprach Anfang April von sieben getöteten Offizieren und 56 getöteten einfachen Soldaten.[19]

Plausibel ist diese relativ niedrige Zahl, weil die Barrikadenkämpfer zu Beginn der Auseinandersetzungen nur über wenige, zudem lediglich begrenzt funktionstüchtige Gewehre verfügten und die zunächst mangels echter Bleikugeln benutzten Spielzeugkugeln aus Marmor keine Durchschlagskraft besaßen, sondern nur blaue Flecke verursachten. Auch Steinwürfe, mit denen sich die kämpfende Bevölkerung in Ermangelung echter Waffen zu Wehr setzte, wirkten in den seltensten Fällen tödlich. Hinzu kommt, dass die Soldaten durch ihre Uniformen (Pickelhaube, Lederzeug, Mantelrolle) besser geschützt waren als das in seiner Alltagskleidung kämpfende ›Volk‹.

Die ersten Tage nach der Märzrevolution

Den Zeitgenossen galt die Märzrevolution, wie Varnhagen von Ense stellvertretend für viele in der Augsburger Allgemeinen Zeitung am 25. März 1848 formulierte, als »ein Kapitel der Weltgeschichte, das schwerer wiegen dürfte als manches Jahrzehnt!«[1] Die Erschütterung über das Blutbad, das die preußischen Truppen angerichtet hatten, endete nicht mit deren Rückzug aus der Hauptstadt. Dessen Dimension wurde vielmehr den Berlinern erst am 19. März so richtig bewusst.

19. März: Die Aufbahrung der Toten

Bereits am Vormittag strömen aus allen Teilen der preußischen Hauptstadt Menschen Richtung Stadtschloss. Auf den mitgeführten Leiterwagen sind mehr als 150 Leichen der zum Teil schlimm entstellten Barrikadenkämpfer gebettet, geschmückt mit grünen Zweigen und Blumen. Schließlich stehen Zehntausende Demonstranten und Schaulustige dichtgedrängt auf dem Schlossplatz.

Kurz nach 14 Uhr betritt Friedrich Wilhelm IV. mit aschfahlem Gesicht einen Balkon. Zunächst Totenstille. Dann erst vereinzelte, schließlich zahlreiche wütende Rufe, die an das blutige Geschehen der vergangenen Nacht erinnern. Als die Menge vehement und lautstark den erschütterten Monarchen auffordert, seine Kopfbedeckung abzunehmen, entblößt dieser tatsächlich sein Haupt und verneigt sich vor den zahlreichen Leichen, die direkt unter dem Balkon platziert sind. Eine Geste, die Hof und Offizierskorps der Demokratiebewegung als tiefe Demütigung nicht verzeihen sollten.

Der König selbst glaubt, nun stehe Berlin eine Zeit bevor wie Paris während der Jakobinerherrschaft. Die »vor Angst und Entsetzen bleiche« Königin habe (so beobachteten Augenzeugen) laut ausgerufen: »Nun fehlt bloß noch die Guillotine!«[2] Ganz anders sind die Gemütsbewegungen der zahllosen Demonstranten zu Füßen des Königs. Sie stimmen tief bewegt das Lied »Jesus meine Zuversicht« an. Derweil ziehen dunkle Wolken auf. Als die ersten Regentropfen fallen, werden die Toten zum Dom getragen und dort aufgebahrt.

Die meisten Berliner gehen in dem Glauben nach Hause, dass, so erklärte einer von ihnen dem Chronisten der Berliner Revolution Adolf Wolff, »das Herz des Königs gebrochen und einem Läuterungsfeuer übergeben [wurde], aus welchem dasselbe zu [des Volkes] und des Königs Heil wiedergeboren hervorgegangen« sei.[3] Das »preußische Volk« habe Friedrich Wilhelm IV. nach dem Barrikadenkampf ein zweites Mal »zum Herrscher erwählt«, da man ihm »die Geistes- und Charaktereigenschaften zutraut, deren das Oberhaupt eines constitutionellen Staates bedarf«, glaubte auch der gemäßigte Demokrat Adolph Streckfuß.[4]

Außerhalb Preußens und des Deutschen Bundes konnten viele Beobachter über so viel politische Naivität nur den Kopf schütteln. Der Schweizer Weber und Kleinbauer Johann Ulrich Furrer, der freilich auch niemals eines Monarchen Untertan war, notierte in seinem Tagebuch, bei den Berlinern sei es »mit dem, was man Verstand nennt, noch nicht weit her, das beweisen die Lebehoche für den König. In der Schweiz, glaube ich, hätte man es anders gemacht: Einen Mann, der vor wenigen Augenblicken noch Befehl gab, das Volk niederzuhauen, würde man nicht mit Vivetrufen, sondern mit Kugeln berauschen. Aber die einfältigen Leute glauben, dass die ganze Welt zugrunde ginge, wenn keine solchen Herren von Gottes Gnaden existieren würden.«[5]

Statt des Königs machten die Berliner den designierten Thronfolger Wilhelm I. zum Buhmann. Dessen besonders reaktionäre Ansichten und enge Verbindungen zum konservativen Militär waren allgemein bekannt. Der Bruder des Monarchen wurde zum »Gegenstand des allgemeinen Abscheu's« und des »grimmigsten Hasses«. Ihm gab man für alles Blutvergießen die Schuld.[6] Wenige Stunden, nachdem der König seine Mütze vor den trauernden Berlinern gezogen hatte, lief (so ein Augenzeuge) »ein Haufe dicht vor dem Schlosse einer königl[ichen] Equipage nach mit dem Rufe: ›Haltet ihn, schlagt ihn todt‹, weil man glaubte, der Prinz von Preußen sitze in dem Wagen, der zum Glücke leer war.«[7] Tatsächlich hatte sich der Kopf der ›Militärpartei‹ am Hohenzollernhofe schon im Morgengrauen still und heimlich aus dem Staub gemacht und war – wie zuvor der österreichische Staatskanzler Metternich – nach England geflohen.

Das Palais des Prinzen von Preußen am 20. März 1848. Holzstich aus einer zeitgenössischen Chronik.

Wie sehr man den designierten Thronfolger und militärischen ›Falken‹ fürchtete, zeigte sich einen Tag später, am Abend des 20. März, als ein Gerücht allerorten für Aufregung sorgte: »Verrat!, der Prinz von Preußen ist da!« In den Straßen »tönte der Ruf: ›zu den Waffen!‹« In kurzer Zeit waren »unzählige Bewaffnete« auf den Beinen, errichteten Barrikaden und bereiteten die Verteidigung der Stadt vor. »Die Stadt tobte wie ein brausendes Meer«[8] – bis sich herausstellte, dass man lediglich einer Falschmeldung aufgesessen war.

Statt des Kronprinzen wurde dessen Palais in der Nähe des Schlosses symbolisch in Besitz genommen und mit der an die Außenmauer gepinselten Aufschrift »Nationaleigentum« versehen. Dieser vermeintlich antimonarchische Frevel war freilich nicht der »Anfang der Confiskation der Güter des königlichen Hauses Seitens des Volks«, sondern im Gegenteil eine Art Schutzmaßnahme. Das Palais wurde auf diese Weise, so der kritische Kommentar eines anonymen Autors Ende 1848, »unter der Maske des Nationaleigenthums bis in die Zeit hinübergeschmuggelt, wo der Prinz mit seiner Familie wieder die verlassenen Gemächer beziehen konnte.«

Dieser inkonsequente Umgang mit dem entschiedenen Feind der Revolution und der Demokratie spiegelte, so ein unbekannter Kommentator, einen tiefergehenden »sophistische[n] Doppelsinn, der im Grundwesen der Berliner Revolution überhaupt nicht wegzuleugnen ist.«[9]

20. März: Gelebter Völkerfrühling

Konsequent war dagegen die Befreiung der polnischen Freiheitskämpfer, die seit August 1847 im damals modernsten Gefängnis Preußens in Moabit einsaßen, durch das Berliner ›Volk‹. Sie zeigt, wie stark der »Völkerfrühling« in der Anfangsphase der Revolution gerade auch die Berliner ergriffen hatte.

Ende November 1847 waren von den insgesamt 254 angeklagten politischen Gefangenen, denen vorgeworfen wurde sich mit dem Ziel verschworen zu haben, das seit Ende des 18. Jahrhunderts zwischen Russland, Preußen und Österreich aufgeteilte Polen wiederherzustellen, acht zum Tode, 24 zu lebenslangem Zuchthaus und weitere 50 zu vielen Jahren Zuchthaus verurteilt worden. Die Berliner hatten diesen Prozess aufmerksam verfolgt. Wo die Sympathien der meisten von ihnen lagen, war klar: Sie unterstützten den Freiheitskampf der Polen.

Zwei Tage nach der Märzrevolution musste die preußische Krone dem Druck der Berliner Öffentlichkeit nachgeben. Gegen 13 Uhr öffneten sich die Gefängnistore. Eine riesige Menschenmenge empfing die politischen Gefangenen mit »großem Jubel«. Der prominenteste unter den freiheitsliebenden Polen, Ludwig von Mieroslawski, und einige andere von ihnen stiegen auf einen »zum Triumphwagen umgeschaffenen Fiaker«, an dem eine polnische und eine deutsche Fahne befestigt waren. Die übrigen folgten zu Fuß.

»Auf dem ganzen Wege«, den der Zug nun nahm, »flatterten aus allen Fenstern Tücher und Fahnen, flogen Blumenkränze den Befreiten zu«. Eine »unermeßliche Menge«, nach Schätzungen »mindestens einmal hunderttausend Menschen«, folgte dem »Freudenzuge«. Vor dem Stadtschloss angekommen, erklärte Mieroslawski, dass er und die anderen Polen nicht durch einen »großherzigen Akt königlicher Verzeihung« freigekommen seien, wie die Krone Glauben machen wollte. »Ihr seid es

Triumphzug der Polen durch Berlin am 20. März 1848. Holzstich nach einer Zeichnung von Johann Jakob Kirchhoff.

[…], das heldenmüthige Berliner Volk ist es, welchem wir unsere Freiheit verdanken.«[10]

Mieroslawski und seine Freunde reisten in den nächsten Tagen in das preußische Großherzogtum Posen ab. In dem von ihnen wenig später begonnenen Aufstand musste die polnische Revolutionsbewegung nach zwei Monaten schließlich die Waffen strecken. Der von der preußischen Krone zunächst erneut festgesetzte, auf Intervention des revolutionären Frankreich jedoch wieder freigelassene Mieroslawski ging als Revolutionsgeneral Anfang 1849 zunächst nach Italien, um die dortige demokratische Nationalbewegung zu unterstützen. Nach deren Niederlage übernahm der Mitte des 19. Jahrhunderts neben Garibaldi wohl berühmteste General aufseiten der europäischen Freiheitsbewegungen im Juni 1849 den Oberbefehl über die Revolutionsarmee der badischen Republik. Wie viele andere Polen, jedoch so prominent wie kaum ein anderer, personifiziert Mieroslawski die europäische Dimension der Revolution von 1848/49.

21. März: »Ein großer politischer Streich«

Der Völkerfrühling und die Grenzenlosigkeit der demokratischen Märzbewegung markieren die eine Seite des Janusgesichts, das die Revolution von 1848/49 besaß. Spätestens seit Sommer 1848 schlug der Völkerfrühling vielerorts in Europa in Völkerhass, imperiale Phantasien und einen repressiven Umgang mit nationalen Minderheiten um. Die Dynastien nutzten den Stimmungswandel, um ihre Macht und Einflusssphären wieder zu festigen. Die preußische Monarchie zeigte in dieser Hinsicht keinerlei Scheu. Indem sie den Posener Aufstand mit Brachialgewalt niederschlug, brachte die Hohenzollernkrone unmissverständlich zum Ausdruck, dass für sie die Wiederherstellung eines eigenen polnischen Staates, gar eines demokratischen Polen völlig undenkbar war.

Dem widersprach nur scheinbar, dass sich Friedrich Wilhelm IV. den nationalen Einigungswünschen der Deutschen einen Tag, nachdem die freiheitsliebenden Polen aus dem Moabiter Gefängnis befreit worden waren, scheinbar öffnete. Am 21. März begab sich der Monarch mit kleinem Gefolge an die Öffentlichkeit und ritt durch die Straßen in der Nähe des Stadtschlosses – ostentativ unter den »alten deutschen Farben« Schwarz-Rot-Gold. Was er damit bezweckte, ließ der König in einer Proklamation ›An Mein Volk und an die deutsche Nation‹ vom selben Tage mitteilen. Die Erklärung, er habe »für die Tage der Gefahr« die Leitung »der deutschen Fürsten und Völker« übernommen, gipfelte in der Formel: »Preußen geht fortan in Deutschland auf«.

In kurzen Reden während seines Umrittes betonte der Hohenzollernmonarch, er wolle »keinen Fürsten vom Throne stürzen« und die Kaiserkrone auch nicht von einem Parlament angetragen bekommen. Er habe vielmehr »nur getan, was in der deutschen Geschichte schon oft geschehen ist, daß mächtige Fürsten und Herzöge, wenn die Ordnung niedergetreten war, das Banner ergriffen und sich an die Spitze des deutschen Volkes gestellt haben«.[11]

Obgleich sowohl die Reden des Königs als auch der Wortlaut seiner Proklamationen eindeutig waren, schürten sie bei den meisten Liberalen und vielen Demokraten die Illusion, Friedrich Wilhelm IV. würde sich einer parlamentarischen Monarchie in ganz Deutschland zumindest nicht entgegenstemmen. Privatim nahm der König freilich kein Blatt vor den Mund. So schrieb er beispielsweise am 22. März seinem jüngeren

Umritt Friedrich Wilhelms IV. am 21. März 1848. Holzstich aus einer zeitgenössischen Chronik.

Bruder Wilhelm, dem nach England geflüchteten designierten Thronfolger und späteren ›Kartätschenprinzen‹: »Die Reichsfarben mußte ich gestern freiwillig aufstecken, um Alles zu retten. Ist der Wurf gelungen [...], so lege ich sie wieder ab.«[12]

Nur wenige Zeitgenossen durchschauten, dass der Umritt des Königs eine Inszenierung war. Rudolf Virchow, der 1849 wegen seines radikaldemokratischen Engagements in Preußen einige Jahre Berufsverbot erhielt und erst 1856 nach Berlin zurückkehrte, nannte die ›nationale Demonstration‹ des Königs »einen großen politischen Streich« – gedacht zur Beruhigung der aufgeregten Gemüter.[13] Virchow und wenige andere hellsichtige Beobachter blieben im März eine Minderheit. Welchen politischen Vorstellungen der »Romantiker auf dem Hohenzollernthron« (wie er bis heute gern verniedlichend genannt wird) tatsächlich folgte, wurde den meisten Menschen im Deutschen Bund erst im Herbst 1848 bewusst, als die revolutionäre Bewegung längst die Kraft verloren hatte, sich seinen antidemokratischen Vorstellungen entgegenzustellen.

22. März: Ein »Staatsbegräbnis von unten«[14]

In den Vormittagsstunden des folgenden Tages begann sich eine riesige Menschenmenge auf dem Gendarmenmarkt, zwischen Französischem und Deutschem Dom, sowie in den benachbarten Straßenzügen zu versammeln. Immer dichter füllte sich der Platz. »Auf den Fronttreppen beider Kirchen wimmelten die Menschenmassen«. Im Hintergrund dieses »wogenden Meeres von Menschen stieg das düstere Gerüst mit seinen [insgesamt 183] Särgen empor, die im Schmuck des Grüns und der Kränze aufgestellt, mitten in der tiefen Trauer die sanfteren Empfindungen des Trostes und der Hoffnung erregten.« Trotzdem herrschte, so berichtete die Vossische Zeitung vom nächsten Tag weiter, »eine Ordnung, eine Ruhe, ja fast eine tiefe Stille, die einen heiligenden [sic!] Eindruck machte. Man vernahm kein lautes Wort, auf jedem Antlitz prägte sich der schwere Ernst des Tages aus«.

Kaum jemand in Berlin mochte sich vom Trauerzug ausschließen. Selbst die Ältesten der Berliner Kaufmannschaft, die sich wenig später als entschiedene Gegner der Märzrevolution entpuppten, fehlten nicht. Die Stadtverordneten und der Magistrat erschienen »im Festornat mit der goldenen Kette«, die »Schützengilde in ihren reichen Uniformen«. Selbstverständlich hatten sich bis auf wenige Ausnahmen auch die Geistlichen aller Konfessionen sowie »alle Beamte der verschiedenen Dikasterien [Richterkollegien] der Feier angeschlossen«.[15] Die Berliner Honoratioren standen wie selbstverständlich vorn. Hinter ihnen zahlreiche Deputationen aus anderen Städten, dahinter die Maschinenbauarbeiter in geschlossenen Formationen, an ihrer Spitze August Borsig, sowie die Mitglieder des Handwerkervereins. Die Schätzungen darüber, wie viele Menschen dem Trauerzug folgten, reichten von »fast hunderttausend« bis »wohl zweimalhundert Tausend« Menschen.

Frauen waren an der Demonstration ebenfalls beteiligt, allerdings in einer für die damalige Zeit typischen ›dekorativen‹ Rolle: »Den Särgen voraus« gingen »Jungfrauen mit schwarzen Kleidern, auf Atlaskissen tragen sie Lorbeerkränze.« Weitere Frauen waren erst weiter hinten zu sehen, dort wo sich die zahllosen Angehörigen der Unterschichten dem Demonstrationszug angeschlossen hatten: In den unterbürgerlichen »Classen« war es damals noch üblich, dass auch auf Demonstrationen nicht zwischen Männern und Frauen getrennt wurde.

Trauerzug mit den Särgen der Märzgefallenen vor dem Stadtschloss, 22. März 1848. Litographie aus dem Neuruppiner Bilderbogen.

Gegen Mittag setzte sich, wie der jüdische Demokrat Sigismund Stern formulierte, »jener großartigste Zug, den die Stadt jemals in ihren Mauern gesehen hat«, langsam Richtung Stadtschloss in Bewegung. Bemerkenswert ist, dass keineswegs nur ›deutsche Farben‹ getragen wurden. Bewusst brachten die Demonstranten zum Ausdruck, dass es ihnen auch um die Rechte unterdrückter Nationen ging. Sie wollten ein demokratisches Europa gleicher Nationen: Vorn »zwischen den Särgen wehen die Fahnen fremder, wie wir soeben befreiter Völker, die grün-rot-weiße der Italiener und die rot-weiße Polens.«[16]

Als die Spitze des Trauerzugs das zweite Portal des Stadtschlosses erreichte, schien sich die Szene vom 19. März zu wiederholen. Friedrich Wilhelm IV. trat, umgeben von Ministern und Adjutanten, heraus auf den Balkon und »begrüßte die Todten, indem er den Helm abnahm und blieb entblößten Hauptes, bis die Särge vorüber waren. – Dieselben wurden in Abteilungen getragen; bei jeder Abtheilung erschien der König wieder, und brachte denselben Gruß dar.«[17] Die Szenen waren unerhört.

Denn damit wurden die traditionellen Rollen von Monarch und ›Volk‹ vertauscht: Nicht der König nahm die Huldigung ›seiner‹ Berliner Untertanen entgegen. Er musste umgekehrt den von seinen Truppen getöteten Barrikadenkämpfern und damit dem revolutionär bewegten Volk seine Reverenz erweisen – widerwillig und diese Demütigung niemals vergessend. Anschließend bewegte sich der riesige Demonstrationszug zum Friedrichshain.

Warum aber wurde ein Teilstück des 1846 als erste Berliner Grünanlage eingerichteten Friedrichshain als Friedhof für die Märzgefallenen ausgewählt? Der Park lag unmittelbar vor dem Stadtgebiet Berlins, in der Nähe des damaligen Landsberger Tores, und war leicht zu erreichen. Dass er nicht innerhalb der ›Stadtmauern‹ eingerichtet wurde, entsprach den Vorschriften des »Allgemeinen Preußischen Landrechtes« von 1794 – eine Art frühes ›Bürgerliches Gesetzbuch‹ für Preußen. Dort war festgelegt worden, dass »in bewohnten Gegenden der Städte keine Leichen beerdigt werden sollten«. Neu angelegt werden musste der Friedhof, weil er interkonfessionell war, also Protestanten, Katholiken und Juden dort gemeinsam beerdigt wurden. Eine Alternative zum Friedrichshain wäre der Tiergarten gewesen, der ebenso außerhalb des Stadtgebietes lag. Allerdings wollten Stadtverordnete und Magistrat eine ›Belästigung‹ des Königs vermeiden und den Friedhof für die gefallenen Barrikadenkämpfer nicht an die heutige ›Straße des 17. Juni‹ verlegen, die vom König und seinem Hof meist benutzt wurde, um nach Charlottenburg und Potsdam zu gelangen.

Die Platzierung des Friedhof der Märzgefallenen dort, wo er heute noch zu besichtigen ist, hatte noch einen weiteren Vorteil: Er war zu einer Zeit, in der der Friedrichshain noch keine Trümmerberge kannte, weithin sichtbar, als höchste Erhebung in der näheren Umgebung.[18] Zu sehen war das künftige Bestattungsfeld von der unübersehbaren Menschenmenge, die sich am frühen Nachmittag vom Gendarmenmarkt und Stadtschloss in Bewegung setzte, mithin schon lange bevor diese das aufgeschüttete Gräberfeld erreichte.

An den Gräbern der Märzgefallenen hielt Karl Sydow die Hauptrede. Als zwar konservativ-königstreuer, aber vergleichsweise politisch moderater Geistlicher war Sydow ein Außenseiter unter seinen hochkonservativen protestantischen Amtskollegen. Er setzte auf Tradition und

Kontinuität. Nach seiner Lesart war die Märzrevolution lediglich ein ›Mißverständnis‹. Es habe sich eine »schwüle Wolke […] zwischen den König und sein Volk« gelegt, die nun durch den »erfrischenden, rollenden Donner Jehova's« vertrieben worden sei. Ihm ging es allerdings nicht nur um »Aussöhnung« und eine möglichst rasche Beendigung der ja gerade erst begonnenen revolutionären Umwälzung. Darüber hinaus forderte er die Ausgrenzung derjenigen, die aus angeblich »eigensüchtigen Zwecken unwürdigen Parthei-Leidenschaften fröhnen«. Wie ›sein‹ König mobilisierte Sydow antifranzösische Ressentiments: Preußen müsse »bewahrt bleiben vor den Zuständen eines Nachbarvolkes, welches vielleicht in diesen Augenblicken schon sich in brudermörderischem Kampfe zerfleischt.« Nicht die preußische Armeeführung und die Soldaten, die »im Gedanken der Pflicht gestritten« hätten, seien der Gegner – sondern diejenigen, die eine grundlegende freiheitliche Veränderung der Gesellschaft wollten. Diese seien einem »schleichenden und schürenden Geiste« verfallen und würden »das Wohl aller Klassen der Gesellschaft und des besonnenen Ordnens auf das Spiel setz[en]«.

Nach Segenssprüchen des katholischen Geistlichen und des Rabbiners Michael Sachs hielt der spätere Vorsitzende des demokratischen Klubs Georg Jung abschließend die zweite zentrale Rede. Sie kontrastierte auffällig mit der Sydows. Jung wollte keine Versöhnung um jeden Preis. Er erinnerte daran, dass die errungenen Freiheitsrechte trotz Märzrevolution noch keineswegs selbstverständlich seien. Es sei das Vermächtnis der Märzgefallenen, stets daran zu erinnern, dass »es keinen Pöbel, keinen rohen Haufen, kein Gesindel mehr [gebe]; denn wir, so sprechen die Todten, haben mit unserm Blute euern Bürger- und Freiheitsbrief besiegelt. So vermachen wir denen, so spricht das Testament [der gefallenen Barrikadenkämpfer], auch Allen gleiche Rechte, gleiches Gesetz, gleiches Gericht, gleiche Theilnahme an der Gesetzgebung. Frei mögt ihr reden und schreiben, frei euch vereinigen.«

Die neue Freiheit sei bisher nicht gesichert. Die »Rose der Freiheit und Verbrüderung« beginne gerade erst zu »keimen und man erwartet sehnsuchtsvoll ihre Blüte. – Noch sind euch die wichtigsten Rechte, wie das allgemeine Wahlrecht, Sicherheit der Person vor der Gewalt der Polizei, freie Vereinigung, freie Versammlung nicht gewährt, noch sind Leute eure gesetzlichen Vertreter, die nicht euer Wille, sondern ihr Privilegium, der zufällige Umstand ihrer Geburt, ihres Besitzes und ihrer Handtirung dazu machten.«

Im Gegensatz zu Sydow verschwieg Jung auch nicht die »wilde Wuth« der »fanatisirten Soldaten«, die »nur eine dunkle Macht [kannten], welche aus unerreichbarer Höhe unabänderliche Befehle giebt [und] statt des Rechtes [blinden] Gehorsam« verlangte.[19] Für den Demokraten verkörperten die toten Revolutionäre symbolisch den Bruch mit dem alten System der Unfreiheit. Insofern legte Jung mit seiner Rede auch das Fundament für die spätere mythische Überhöhung der Märzrevolution und die Heroisierung der Barrikadenkämpfer.

Wie unsicher die demokratischen Freiheiten auch nach der Märzrevolution geblieben waren, zeigte sich auch daran, dass Jung nach dem Willen der Stadtoberen als ›Aufrührer‹ an den Gräbern der Märzgefallenen eigentlich gar nicht hatte sprechen sollen. Mitglieder des Magistrats hatten Jung zuvor vergeblich am Reden zu hindern versucht und sollen sogar überlegt haben, ihn festnehmen zu lassen. Diese Absicht ließen sie freilich rasch fallen, angesichts des absehbar großen Aufsehens, das eine solche Verhaftung hervorgerufen hätte.[20]

Dass der Magistrat und die Majorität der nur von einer Minderheit der männlichen Bevölkerung Berlins gewählten Stadtverordnetenversammlung die Märzrevolution ebenso wie Sydow für ein ›Missverständnis‹ hielten und so schnell wie möglich in die gewohnten Bahnen zurückkehren wollten, hatten sie im Vorfeld der Bestattung der gefallenen Revolutionäre im Friedrichshain noch in anderer Hinsicht offen zum Ausdruck gebracht. Am 21. März hatte die Stadtverordnetenversammlung beschlossen, die gefallenen Barrikadenkämpfer sollten gemeinsam mit den am 18. und 19. März ums Leben gekommenen Soldaten bestattet werden.

Wenn dieser Beschluss nicht verwirklicht wurde, dann war dies darauf zurückzuführen, dass die in Berlin verbliebene Armeeführung das vehement ablehnte: Sie wollten das Militär politisch intakt und militärisch aktionsfähig halten. Eine gemeinsame Beerdigung der am 18. und 19. März getöteten Zivilisten und Soldaten hätte den Eindruck hervorrufen können, als habe sich die Armee auf den Boden der ihr verhassten Revolution gestellt. Infolgedessen wurden die am 18. März im »verhängnißvollen Kampf« gefallenen Militärs – bzw. genauer: ein Teil von ihnen – zwei Tage nach der Bestattung der getöteten Revolutionäre auf dem Invalidenfriedhof separat beerdigt. In seiner Rede an den Gräbern knüpfte der Garnisonprediger Ziehe an die Worte Sydows an und überhöhte »Gehorsam«, »Treue und Dienstpflicht« gegenüber dem »König und Herrn« zu hohen ethischen Tugenden, die er auch den zivilen Untertanen des Hohenzollernkönigs anempfahl.[21]

Die skizzierten Ereignisse der ersten Woche nach der Märzrevolution markieren nur den Ausgangspunkt der gesellschaftlichen Veränderungen, die Berlin vom Frühjahr bis in den Herbst 1848 hinein von Grund auf wandelten. Weit darüber hinaus ›revolutionierte‹ sich der ›Alltag‹ der Berliner, ihr Lebensgefühl und Selbstbild.

Im Revolutionsrausch

Bereits das äußere Erscheinungsbild der preußischen Landeshauptstadt veränderte sich seit dem 19. März grundlegend. Nicht nur, dass an den Straßenecken von nun an bis Mitte November eine Unzahl von ohne Erlaubnis der Behörden verfasster und gedruckter Bekanntmachungen und Erklärungen angeschlagen wurden. Die Stadt hatte mit »rapider Geschwindigkeit« ein, wie Rudolf Virchow empfand, »außerordentlich buntes und belebtes Aussehen gewonnen«. Überall gab es »schwarz-rot-goldene Uhrbänder, Spazierstocktroddeln, Notizbücher, Zigarrentaschen, Tuchnadeln; vor den Bürgerwehrwachen wurden die Schilderhäuser, Trommelböcke und Gewehrständer in diesen Farben gestrichen, und jeder mußte wenigstens einen Gegenstand, und sei es auch nur eine Papierkokarde in diesen Farben tragen.«

Überdies hatte die Märzrevolution die Straßen Berlins zu einer Art Touristenattraktion werden lassen: »Von allen Seiten kommen die Leute in hellen Haufen angefahren, um den Schauplatz der Kämpfe zu sehen; ganze Deputationen von Städten u[nd] Corporationen erscheinen. Die Berliner sind natürlich voll Siegesstolz u[nd] jeder Straßenjunge thut, als ob er mehrere Soldaten getroffen hätte.« Das Militär war verschwunden: »keine Gardeofficiere, bei Kranzler Eis essend, [die] ihre Füße über das Eisengitter des Balkons streckten.«[1]

Berlin hatte sich revolutionär verjüngt und den Staub der vergangenen Jahrzehnte abgeschüttelt. Die Erleichterung darüber lässt sich in den Worten des Journalisten und Schriftstellers Robert Springer gleichsam mit Händen greifen, wenn dieser schrieb, dass 1848 endlich »durch die ungehinderte Bewegung des Volks eine Annäherung zu wahrhaft großstädtischem Leben hervorgebracht« worden sei.[2] »Ungehinderte Bewegung des Volkes« – diese Bemerkung schloss viele Ebenen ein. Auf den Straßen hatten sich die Gesellen, Arbeiter und »Eckensteher«, wie die auf Gelegenheitsarbeiten wartenden ungelernten Arbeitskräfte in der preußischen Hauptstadt genannt wurden, ›immer schon‹ aufhalten müssen. Aufgrund enger Schlafstellen waren sie schon zuvor gezwungen gewesen, sich in ihrer ›freien Zeit‹ auf öffentlichen Plätzen herumzutreiben. Wenig anders war dies bei den Bewohnern der slumähnlichen Rosenthaler Vorstadt; die völlig überbelegten Wohnräume trieben die dort lebenden Kinder und Jugendlichen auf die Straße.

Nach der Märzrevolution hatten sich die bisherigen Machtverhältnisse auf den Berliner Straßen ins Gegenteil verkehrt: Die 220 Gendarmen, die zuvor strenge Autorität ausgestrahlt und etwa das strikte Verbot des Rauchens auf öffentlichen Plätzen penibel durchgesetzt hatten, waren weitgehend verschwunden. Allerorten genoss ›das Volk‹ die neuen Freiheiten und ließ die Zigarren nicht mehr ausgehen. Nicht zuletzt eroberten die ›einfachen Leute‹ die berühmten ›Linden‹, die am Stadtschloss, dem Kronprinzenpalais, dem Lustgarten, der Universität vorbei zum Brandenburger Tor führten und mit ihren vornehmen Cafés und Konditoreien bis dahin eine Domäne der ›besseren Stände‹ gewesen waren. Vor allem an schönen Frühlings- und Sommerabenden wimmelten Tausende von Menschen über die ›Linden‹ und die anderen Boulevards in Berlins Mitte.

Viele konservative Bürger wurden erst jetzt gewahr, dass sie innerhalb ›ihrer‹ Stadt während des Vormärz zur kleinen Minderheit geworden waren – und reagierten mit Schrecken auf den durch die Märzrevolution selbstbewusst gewordenen ›Pöbel‹. Manche suchten in der Mark Brandenburg ein vorübergehendes Exil. In den ersten Tagen nach dem 18. März flohen »ganze Karawanenzüge« von adligen und vermögenden bürgerlichen »Emigranten mit Allem, was sie nur in der Eile von ihrer Habe erraffen konnten«, aus der Stadt. Namentlich in dem von Truppen noch wohlbehüteten Potsdam nahmen die vornehmeren Gasthöfe »das Ansehen der Arche Noah« an. Diese ›politischen Flüchtlinge‹ waren freilich von niemandem vertrieben worden, wie auch der Berliner Magistrat in öffentlichen Erklärungen mehrfach betonte. Sie waren Opfer eingebildeter Ängste geworden. Niemand bedrohte sie. Zwar stand »vielen Armen« weiterhin »der Hunger auf dem Gesicht geschrieben«. Tatsächlich jedoch war in Berlin »die Sicherheit der Person und des Eigenthums« zu keinem Zeitpunkt ernsthaft gefährdet.[3]

Die Angehörigen der besseren Stände, die in Berlin geblieben waren, trieb denn auch schon bald die sprichwörtliche (und standes- und klassenübergreifende) Berliner Neugier wieder auf die öffentlichen Plätze. Vom »Glanz des Hofes und der vornehmen Welt« war allerdings kaum noch etwas zu sehen. Adlige löschten »die Wappen von den Wagenschlägen«. Auch »alle die Schilder fehlten, welche vor wenigen Wochen so stolz mit dem Titel ›Hoflieferant‹ geprangt hatten.« Statussymbole verschwanden. Es dominierte ein Outfit, das der ›Neuen Zeit‹ angepasst war. Wer bis zum 18. März auf ein vornehmes Äußeres Wert gelegt hatte, hielt es nun »für gerathen, in möglichst schäbigen Kleidern und abgetragenen Hüten und Mützen« oder zumindest in »saloppen Anzügen zu Fuß« einherzugehen.[4]

Die große Politisierung

Man promenierte und disputierte allerorten. Die Revolutionsmonate waren die Zeit einer beispiellosen, geradezu schwindelerregenden Fundamentalpolitisierung. Da Berlin seit 1848 zur ›roten Hochburg‹ wurde, ist präziser von einer Fundamental*demokratisierung* zu sprechen, die vor allem in den heterogenen Unterschichten vielfach einen geradezu euphorischen Charakter erhielt, während weite Teile des ›großen‹ wie des ›kleinen‹ Bürgertums gegenüber dieser Entwicklung eher distanziert blieben. Fundamentaldemokratisierung hieß, dass man seine politischen und weltanschaulichen Ansichten frank und frei aussprach – und das Diskutieren kein Ende nahm. Fundamentalpolitisierung hieß außerdem, dass sich die eigenen Vorstellungen nicht auf die klassischen ›bürgerlichen‹ Freiheiten beschränkten, sondern daneben eine sozialstaatliche Umgestaltung, wenn nicht gar ein sozialistischer Umbau der Gesellschaft zunehmend in das Zentrum des städtischen Diskurses rückte.

In den von der ärmeren Bevölkerung bewohnten Berliner ›Kiezen‹ war der politische Aufbruch allerorten zu beobachten, wie der Berichterstatter eines bürgerlichen Blattes beobachtete, als er am 21. März durch Berlin »wanderte«: »In den Vorstädten debattirten die Leute über die Vorzüge der Republik, über die Notwendigkeit der Organisation der Arbeit, über die Zukunft der Brüderlichkeit und Gleichheit. In den gewöhnlichen Kneipen höre ich einen Ton der Unterhaltung, höre ich in gewandter Sprache Doktrinen vortragen, wie ich sie kaum in Salons vernommen. Alles ist bewaffnet. Ein kriegerischer Geist weht durch die Arbeiter.« Offenbar stimuliert durch die Pariser Februarrevolution »ge-

Menschenansammlung vor dem Schönhauser Tor, 26. März 1848. Holzstich, um 1880, nach einer zeitgenössischer Darstellung.

wahrte ich die bestimmtesten Forderungen nach socialen Umgestaltungen, die nicht mehr zurückzuhalten sind, ferner ein stolzes Bewußtsein, hervorgerufen durch den Heldentag des unsterblichen 18. März. Pöbelhaftigkeiten gewahrte ich nirgends, nirgends einen Betrunkenen.«[5]

Auffällig an der Berliner Revolution von 1848 ist im Rückblick zudem, dass namentlich die Unterschichten keine herausragenden Wortführer, keine Helden brauchten. Sozialpopulistische Demagogen wie Friedrich Wilhelm Held mit seiner Zeitschrift »Locomotive« fanden zwar zeitweilig relativ zahlreiche Anhänger. Sie wurden aber auch und gerade in den unterbürgerlichen Schichten belächelt und bespöttelt; Held musste noch vor dem Ende der Berliner Revolution wegen seines »blasierten Sarkasmus«, »äußerlichen Gepränges« als »politischer Jongleur« von der politischen Bühne abtreten.[6] Zeitweilige Resonanz fanden ›Volkstribunen‹ vor allem wegen ihrer oft derben Sprache. Eine ›volksnahe‹ Rhetorik war die Voraussetzung dafür, dass man an den Straßenecken, den Treffpunkten der einfachen Berliner, eine größere Zuhörerschaft fand.

Der Lindenklub und andere ›politische Ecken‹

Zu besonderer Prominenz brachten es ›Vater Karbe‹ und Linden-Müller. Ihre Reden waren, wie Robert Springer formuliert hat, »populär wie Knoblauchwürste und berauschend wie feiner Kümmelschnaps«.[7] ›Vater Karbe‹, ein ehemaliger Volksschullehrer und Erziehungsinspektor einer Anstalt für ›sittlich verwahrloste‹ Kinder, erhielt auf Volksversammlungen viel Applaus. ›Linden-Müller‹ wurde der ehemalige Kaufmann Gustav Müller genannt, weil er mit seinen Ansprachen auf dem Boulevard ›Unter den Linden‹ zum wohl volkstümlichsten Redner avancierte, der während der Revolutionsmonate in Berlins Mitte seine Stimme erhob.

Müller avancierte zum ›Präsidenten‹ des ›Linden-Klubs‹. Seine Versammlungen hielt dieser merkwürdige Klub nicht in einem Vereinslokal ab, sondern unter freiem Himmel – bevorzugt an der Ecke Friedrichstraße/Unter den Linden, und zwar dort, wo sich damals das 1825 eröffnete Café Kranzler befand (das ab den 1950er-Jahren mit seiner 1932 eröffneten Filiale an der Ecke Ku'damm und Joachimsthaler Straße zu einem markanten Highlight West-Berlins werden sollte). Damals war diese Ecke – heute ein Touristenmagnet – der bekannteste Treffpunkt für Berliner, die das Neueste erfahren und darüber ›politisieren‹ wollten.

Auch sonst glich dieser ›Klub‹ in keinerlei Hinsicht denjenigen politischen Vereinen, die im nächsten Kapitel vorgestellt werden. Er gab sich keine Satzung und feste Tagesordnung. Niemand führte eine Mitgliederliste. Von »parlamentarischer Form und eigentlicher Debatte« konnte beim Lindenklub »natürlich nicht die Rede sein«. Die Anknüpfungspunkte der Reden Linden-Müllers waren »aus dem gemeinsten Leben gegriffen«. Er benutzte Begriffe, die alle »wirklich begreifen konnten«. Müller reichte dem ›Volk‹ »die Politik in verdaulichen Brocken, nachdem er sie in die kräftige Berliner Witzbrühe getaucht hatte.« Meist endeten die Sitzungen dieses eigenartigen Klubs »mit einem guten und drastischen Witz, nach dem Alles in lautem Gelächter und deshalb befriedigt auseinanderging.«[8]

Der Lindenklub war lediglich die prominenteste ›politische Ecke‹, an der die »ohne Verabredung sich ansammelnden Menschen« Plakate lasen. »War nun irgendwo ein besonders starker Menschenknäuel entstanden und hatte Jemand etwas auf dem Herzen, so benutzte er die Gelegenheit, erhob seine Stimme mit der Anrede ›Bürger‹ – und die Sitzung, in der aber alle standen, war eröffnet.« Linden-Müller, Vater Karbe und andere Redner, die an ›politischen Ecken‹ auftraten, waren keine Rädelsführer. Man hörte ihnen gern zu. Eine – vielleicht gar blinde – Gefolgschaft wurde daraus aber nicht. Um sich von irgendjemanden ›führen‹ zu lassen, war das ›Volk‹ der preußischen Hauptstadt zu selbstbewusst.

Dennoch – oder gerade deshalb – sollte der Lindenklub im Hochsommer 1848 kurzzeitig im Zentrum des Berliner Revolutionsgeschehens stehen. Am 31. Juli waren die letzten 900 von insgesamt 2000 Schutzmännern oder auch »Konstablern« vereidigt worden. Dabei handelte es sich um eine moderne Polizeitruppe, die seit Sommerbeginn 1848 nach Londoner Vorbild aufgebaut worden war – in der Hoffnung, mit ihnen effizienter als mit den bisherigen völlig überforderten Gendarmen in der Stadt Ruhe und Ordnung herstellen zu können. Heraus kam das Gegenteil. Dass der Polizeipräsident per Bekanntmachung »Versammlungen unter den Linden, namentlich an der Ecke der Linden und Friedrichstraße«, also dort, wo der Lindenklub seinen Standort hatte, verboten hatte, galt dessen ›Mitgliedern‹ als ›Kriegserklärung‹. Krawalle waren vorprogrammiert.

Am letzten Julitag zeigten Hunderte von Konstablern demonstrativ und provokativ Präsenz. Deren Aufforderung auseinanderzugehen wurde von der gleichfalls Hunderte, wenn nicht Tausende zählenden Menschenmenge mit »Verhöhnungen« beantwortet. »Das Volk stand in dichten Massen zusammen, schrie, tobte […]. Die Konstabler standen in geschlossenen Reihen kompagnieweise dem Volk gegenüber und schritten immer erst dann ein, wenn sich bedeutende Volksmassen gesammelt hatten. Diese stoben bei dem ersten Angriff unter Schreien, Pfeifen, Lachen und Singen auseinander, liefen an den Reihen der Konstabler vorbei und sammelten sich hinter denselben wieder. So gab es eine fortwährende, höchst komische Jagd, bei welcher sich das Volk […] vortrefflich amüsierte«.[9]

Diese »Neckereien« waren ein Jux, ein chaotisches ›Straßenfest‹. Sie boten den Unterschichten Gelegenheit, der Obrigkeit zu zeigen, dass man sich von den seit Ende des Frühjahrs 1848 einsetzenden Restriktionen nicht einschüchtern ließ. Bis in die zweite Augusthälfte hinein wiederholten sich die »komischen Jagden«. Danach wurde es um den Lindenklub ruhiger.

Volkspresse und Straßenliteratur

Die ›Ecken‹ des Lindenklubs und anderer Straßen-›Vereine‹ waren »politische Börsen für die unteren Volksklassen und Bummler«.[10] ›Brandbeschleuniger‹ einer breiten, ›janz Berlin‹ erfassenden Fundamentaldemokratisierung war die jedenfalls anfangs unbeschränkte Meinungsfreiheit. Sie ließ einen Zeitungsmarkt entstehen, der in einem bis dahin kaum vorstellbaren Ausmaß boomte, technisch befördert durch die etwa gleichzeitige allgemeine Einführung der Schnellpresse. Nicht zuletzt in der preußischen Hauptstadt entstanden zahllose Zeitungen, von denen freilich nur die wenigsten die erneute scharfe Zensur und Presserestriktionen seit Ende 1848 überlebten. Satirische Blätter fanden reißenden Absatz; unter ihnen waren der »Kladderadatsch« und der »Krakehler« nur die bekanntesten. Als ›überparteilich‹ und ›parteipolitisch unabhängig‹ firmierten damals nur wenige Zeitungen: Herausgeber und Journalisten schämten sich nicht, ›Partei zu ergreifen‹, aus ihrem politischen Engagement, zumeist für die Demokratie, keinen Hehl zu machen.

Eine regelmäßige Zeitungslektüre zu Hause oder in den Cafés gehörte auch im Revolutionsjahr für die meisten Berliner nicht zum Alltag. Viele waren nur rudimentär alphabetisiert; den allermeisten fehlte überdies das Geld für den Kauf einer Tageszeitung. Sie blieben jedoch keineswegs von der öffentlichen Meinungsbildung und dem allgemeinen Informationsfluss ausgeschlossen. Die Aufhebung der Zensur brachte neben vielen Zeitungen eine unüberschaubare Fülle von Flugblättern und öffentlichen Anschlägen hervor. Die gut 2 000 nachgewiesenen Nummern dieser ›Volkspresse‹, etwa zehn Neuerscheinungen täglich (und eine vermutlich weit höhere Dunkelziffer), waren von einer immensen thematischen Vielfalt. Neben den weiterhin plakatierten Bekanntmachungen der Obrigkeit wandten sich die zahlreichen politischen Vereine sowie seltener auch die Gesellen- und Arbeitervereine, außerdem ungezählte politisierende, meist anonyme Einzelpersonen mit ihren Forderungen und Vorstellungen an die Straßenöffentlichkeit. Dabei konnten sich zwischen den verschiedenen politischen Richtungen untereinander oder mit den städtischen bzw. staatlichen Institutionen in einem Frage-Antwort-Spiel über manchmal ziemlich lange Zeiträume öffentliche Dialoge entwickeln, buchstäblich vor aller Augen.

Vertrieben wurden Flugblätter und kleinere Broschüren durch das

»wie durch Zauberschlag hervorgerufene Institut der fliegenden Buchhändler«. Diese ›Buchhändler‹, überwiegend »Knaben von zehn bis fünfzehn Jahren«, boten ihre Flugschriften auf Volksversammlungen, Demonstrationen, Kundgebungen wie überhaupt »an allen Straßenecken mit lärmendem Geschrei den Vorübergehenden feil«. Die ›Straßenecken-Literatur‹ gab Argumente an die Hand, bot Artikulationshilfen und erlaubte, auf Kundgebungen und Volksversammlungen gehaltene Reden noch einmal in aller Ruhe nachzulesen. Die satirischen Flugblätter eines Aujust Buddelmeier, Isaac Moses Hersch oder Ullo Bohmhammel, und wie die Pseudonyme sonst noch lauten mochten, vermittelten zusätzlich ein ironisches Überlegenheitsgefühl, da sie zumeist die respektheischende Obrigkeit zum Gegenstand des Spottes machten. Die Gesamtauflage der Flugschriften lässt sich nicht einmal ansatzweise abschätzen; einzelne brachten es zu Auflagen von mehreren Zehntausend Exemplaren. Adolf Wolff spricht in seiner Revolutionschronik von einer regelrechten »Industrie von Flugblattschreibern«.

Die unzähligen Flugschriften und Maueranschläge machten ›die Straße‹ zum politischen Raum. Ihr Inhalt rief, so ein liberaler Zeitgenosse, »stets lebhafte Diskussionen innerhalb der besonders an einzelnen Punkten sich sammelnden Gruppen hervor, so daß die [sich] Geisteserzeugnisse Einzelner aus dem Volke sofort zum allgemeinsten Eigenthume desselben« entwickelten, und zwar »auf diese Weise wirklich im Fluge«.[11]

Zwischen allen Stühlen: die Bürgerwehr

Im Kreuzfeuer der öffentlichen Auseinandersetzungen stand nicht zuletzt die Bürgerwehr. Sie war keine revolutionäre Errungenschaft. Ins Leben gerufen wurde sie im Gegenteil am 19. März auf Initiative des Berliner Polizeipräsidenten Julius Freiherr von Minutoli, mit gnädigem Einverständnis der Krone. Mindestens zu Anfang passte sie überhaupt nicht in das bunte Bild des revolutionären Berlins.

Entstanden war sie spontan, als konservative Bewegung gegen ein angeblich drohendes revolutionäres Chaos. Nach dem Abzug der Truppen in den frühen Morgenstunden des 19. März wollten Bürger, die um ihr Eigentum fürchteten, die Stadt nicht »schutzlos der Gnade des entfesselten Pöbels preisgeben«. Sie bewaffneten sich »so gut, als es ging«, berichtete einer von ihnen, und übernahmen die von den Truppen verlassenen Wachtlokale, »um von da aus zur Herstellung der Ordnung zu wirken«.[12] In den Nachmittagsstunden wurde die spontane Bildung der ehrenamtlich-kommunalen Miliz durch das Dekret Minutolis nachträglich legitimiert. Der Polizeipräsident spekulierte darauf, dass die Bürgerwehr als im Gegensatz zum verhassten Militär politisch nicht vorbelastete Institution leichter Ruhe und Ordnung würde durchsetzen können. Sie sollte »der Armee den unerfreulichen Beruf abnehmen, fortwährend und von vornherein die exekutive Polizei zu übernehmen«.[13]

Mitglied in der neuen kommunalen Miliz durften »nur die eigentlichen Bürger und die sonst zuverlässigen Personen [werden], nicht aber die ungebundene Masse der besitzlosen, untersten Klassen«. Die Bürgerwehr wurde als Ordnungsmacht der Obrigkeit aufgestellt. Diese suchte das dadurch sicherzustellen, dass sie – wie sie in einem Erlass vom 20. März 1848 verlautbaren ließ – »die Herren Directoren der hiesigen Königlichen Behörden ersuch[te] […], die Beamten ihres Ressorts anweisen zu wollen, sich, so viel es der Dienst gestattet, der Bürger-Garde anzuschließen.« In den ersten Wochen nach der Revolution konnte man infolgedessen »viele Räthe und Geheime Räthe« als ›Offiziere‹ der neuen Miliz die einfachen Bürgerwehrmänner »auf den Wachen und bei anderen Zusammenkünften eifrig belehren« hören; »wer aufmerksam war, dem schallte aus jeder Rede heraus ›mit Gott für König und Vaterland‹«.[14]

Ende März gehörten mehr als 15 000, eine Woche später bereits 24 000 Bürger der städtischen Miliz an. Mitte Juli waren es nominell schließlich 30 000 Wehrmänner.[15] Ihre Stärke konnte freilich »immer nur annäherungsweise« festgestellt werden, wie der spätere Bürgerwehrkommandeur Otto Rimpler klagte. Die Fluktuation war enorm. Zudem wurden viele Abgänge nicht ordnungsgemäß verzeichnet.

Überhaupt war es um ihre Einsatzfähigkeit und Disziplin ausgesprochen schlecht bestellt: Die übergroße Mehrheit der Mannschaften war (so ihr späterer Kommandeur Rimpler) weder »in den Waffen geübt [noch] mit den Grundsätzen militairischer Disziplin und Ordnung bekannt gemacht worden«. Weniger wegen häufiger Unfälle mit den – insgesamt wenigen – Gewehren, von denen einige tödlich ausgingen, sondern vor allem, weil viele Bürgerwehrmänner ihre Dienstpflichten locker nahmen, wurde die kommunale Miliz zum Gegenstand von Kritik und Spott. Allzu häufig, klagte Rimpler, kam es vor, »daß Patrouillen und

»Hurr – jes – Schon wieder Generalmarsch!!!« Mitglied der Bürgerwehr in einer zeitgenössischen Karikatur. Lithographie.

Ablösungen Abends in Bierhäusern einkehrten, Schildwachen sich auf die Stühle setzten und gemüthlich die Cigarre rauchten«.[16] Oder sie kamen erst gar nicht aus dem Bett, um den unbezahlten Dienst anzutreten. Bei Generalmärschen oder Teilmobilisierungen erschien meist nur eine Minderheit der alarmierten Bürgergardisten auf der Bildfläche.

Gleichzeitig begann sich die soziale und damit politische Zusammensetzung der Bürgerwehr im Laufe der Revolutionsmonate zu verändern. »Räthe« sowie »speckbäuchige Börsenmänner«, die zu Beginn »mit der Muskete Schildwache standen«,[17] wurden durch Angehörige proletaroider Gewerbe ersetzt. Mit diesen zog in viele Bataillone ein rebellischer Geist ein. Gleichwohl blieb das Prinzip der sozialen Abschottung nach unten erhalten. Die Bürgerwehr war kein Organ der Berliner Revolution.

Zeit ihrer Existenz brachte die im sozialkategorialen Sinne bürgerliche Miliz die vom ›Pöbel‹ geprägte Straßenöffentlichkeit immer wieder ins Wallen, besonders nach dem Sturm auf das Berliner Zeughaus Mitte Juni 1848, bei dem Mitglieder der kommunalen Freiwilligenmiliz zwei

Unterschichtsangehörige erschossen hatten. Anfang Juli schilderte ein Major a. D., der zum Köllnischen Rathaus gegangen war, »um Placate zu lesen«, darüber Folgendes: Vor einem der großformatigen Anschläge, in denen über die Rolle der Bürgerwehr gestritten wurde, standen »etwa 15 Menschen aus dem Volke, und einer erklärte den Umstehenden, daß es jetzt klar sey, man wolle sie – die Arbeiter – wieder in Knechtschaft bringen. Die Armen sollen als Mörder bestraft werden, wenn sie auf die Bürger schießen, dem Bürger [als Mitglied der Bürgerwehr, R. H.] aber ist es erlaubt, sie ohne Strafe zu tödten«.

Ein Sprecher der spontanen Diskussionsrunde erklärte, »wir wollen« den Kommandeur der Bürgerwehr »bei der nächsten Gelegenheit unter den Linden an einem Laternenmast aufhängen.« Der konservative Offizier mischte sich ein und verteidigte den Bürgerwehrkommandeur. Daraufhin, so der Major, »stellten sich diese Menschen in eine drohende Haltung gegen mich«. Erst »mein Fortgehen schien sie zu beruhigen«.[18]

Bis zum Ende der Revolution befand sich die kommunale Freiwilligenmiliz von militärisch mindestens zweifelhaftem Wert in einer eigenartigen Zwischenstellung. Seit Sommerbeginn mauserte sie sich freilich zunehmend zu einem Bündnispartner der gemäßigt-demokratischen Bewegung. Dies zeigt sich daran, dass die Politisierung mit dem bereits Mitte April gegründeten Bürgerwehrklub, dem Anfang September entstandenen ›Demokratischen Bürgerwehrverein‹ sowie einem ›Bürgerwehr-Artillerie-Verein‹ auch in der Bürgerwehr ›moderne‹ organisatorische Formen annahm, die die Berliner Revolution generell prägen sollten.

»Clubs, so zahlreich, wie das Jahr Tage hat«

Nach der Märzrevolution schossen Klubs wie Pilze während eines feuchten Herbstes aus dem Boden. Überall in Europa entstand im Frühjahr 1848 ein breitgefächertes Spektrum an politischen Vereinen, die in ihrem Selbstverständnis und ihrem organisatorischen Aufbau bereits beträchtliche Ähnlichkeiten mit den heutigen Parteien zeigten. Allein in Paris existierten mehr als 200 Klubs unterschiedlichster Färbung, in Berlin – nicht einmal halb so groß wie Paris – gab es 150. In den Jahren 1848 und 1849 waren, so ist geschätzt worden, in den politischen Vereinen der deutschen Staaten prozentual doppelt bis dreimal so viele (männliche) Erwachsene organisiert wie heute in den ›Volksparteien‹.

Sie gliederten sich in fünf Grundströmungen: Demokraten, Liberale, Konservative, politischer Katholizismus und sozialistisch geprägte Arbeiterbewegung. Mit Abstand am meisten Mitglieder zählten die Demokraten, Ende 1848/Anfang 1849 etwa 750 000. Ihnen folgten – von den moderaten Demokraten schwer abzugrenzen – die intern wiederum heterogenen Liberalen mit etwa 100 000 bis 150 000 Mitgliedern. Zahlenmäßig etwas schwächer waren der organisierte Konservativismus und der in den Piusvereinen entstehende politische Katholizismus (der im nominell damals fast ausschließlich protestantischen Berlin keinerlei Rolle spielte). Die numerische Größe der auf die Städte konzentrierten und mit der demokratischen Bewegung eng verwobenen frühsozialistischen Arbeiterbewegung ist noch schwerer abzuschätzen; die Zahl ihrer aktiven Mitglieder dürfte im Herbst 1848 bei ungefähr 50 000 gelegen haben.

Die demokratischen Vereine

In Berlin waren die demokratischen Vereine mit Abstand am stärksten. Dem radikalen Demokratischen Klub, der zunächst als »Politischer Klub« gegründet worden war, gehörten weit über 1 000 – männliche –

Mitglieder an. Neben diesem Klub, der Zehntausende ›Sympathisanten‹ mobilisieren konnte, gab es eine Reihe weiterer großer Vereinigungen, die sich ebenfalls ausdrücklich zur »Demokratie« bekannten. Obwohl sie die größten Säle der Stadt anmieteten, war der Andrang häufig »so groß, daß kaum Zutritt zu [den] Sitzungen zu erhalten« war. Mitunter mussten »mehrere hundert« Besucher »zurückgewiesen werden, weil das Lokal schon überfüllt war.«[1]

Links orientiert und gleichfalls mitgliederstark waren außerdem der Demokratische Bürgerwehr-Verein sowie zwei Landwehr-Vereine und schließlich eine Reihe größerer landsmannschaftlicher Vereinigungen von Berlinern, die aus ›der Provinz‹ stammten; größere Bedeutung erlangten der ›Demokratische Verein der Rheinländer und Westfalen‹ sowie der ebenfalls demokratische ›Sachsen-Verein‹. Die Mobilisierungsfähigkeit der Berliner Linken war enorm: Für eine Demonstration am 4. Juni 1848 zum Gedenken an den 18. März brachten die demokratischen Vereine nach unterschiedlichen Angaben zwischen 100 000 und 250 000 Menschen auf die Straße.

Tonangebend waren in allen demokratischen Vereinen materiell zumeist schlecht gestellte Journalisten, »Privatgelehrte« und »Schriftsteller« sowie vereinzelt auch Studenten. In den Vorständen dominierte eine Art ›freischwebende Intelligenz‹ oder ›akademisches Proletariat‹. Verankert waren Berlins organisierte Demokraten vor allem in den Unterschichten. Obrigkeit und liberalkonservative Presse mussten zu ihrem Erstaunen und Erschrecken feststellen, dass Arbeiter und Gesellen »zu Hunderten« die Sitzungen der demokratischen Vereine besuchten. Namentlich der besonders radikale Demokratische Klub würde, beobachtete der Polizeipräsident besorgt, »einen ebenso großen wie nachtheiligen Einfluß auf die niederen Schichten der Gesellschaft« ausüben. In dem Maße wiederum, wie der Verein in den proletarischen Schichten an Resonanz gewann, geriet er in bürgerlichen Kreisen »in Mißcredit«. Die Säle in den gutbürgerlichen Stadtteilen Berlins, die dem Demokratischen Klub im Frühjahr und Frühsommer als Versammlungslokale gedient hatten, wurden ihm seit Anfang Juli »von den Eigenthümern verwehrt«. Der Klub habe deshalb seine Sitzungen in das »Voigtland«, also in das damals berüchtigtste Armenviertel der preußischen Hauptstadt, und dort in das »Vergnügungslocal Eldorado« verlegen müssen. Dort habe er nun, wie der Polizeipräsident im Hochsommer gegenüber dem preußischen Innenminister anmerkte, »Gelegenheit, die in jener Gegend zahlreich wohnenden ärmeren Classen um sich zu sammeln.«[2]

Liberale und konservative Vereine

Während die demokratischen Klubs aufblühten, fristeten die liberalen Vereinigungen in der preußischen Hauptstadt ein eher kümmerliches Dasein. Dabei schienen die Startbedingungen für den organisierten Liberalismus gut. Ausgangspunkt war der Konstitutionelle Klub. Er entstand noch Ende März und zählte anfangs kaum weniger Mitglieder als seine linke Konkurrenz, der Demokratische Klub. Nach Sigismund Stern, dem zeitweiligen Vorsitzenden des Konstitutionellen Klubs, war der organisierte Berliner Liberalismus sozial markant konturiert. Er »repräsentirte die freisinnige Bourgeoisie, welcher sich alsbald das große Heer des Beamtenthums und der Geheim-Räthe anschloß, die sich unter die Fittige der Revolution flüchteten und sich durch freisinnige Reden bei der Bevölkerung zu rehabilitiren versuchten«. Zum Innenleben ›seines‹ Klubs konstatierte Stern, die dort geführten Debatten seien zwar »viel bedeutsamer, die Reden glänzender [gewesen] als im Demokratischen Klub. Aber seine Bedeutung lag eben ausschließlich nur in diesen Reden und einigen ebenso glänzend stylisierten Adressen, welche hierhin und dorthin entsendet wurden. Thatkraft war in diesem, den Zeiten vor der Revolution angehörenden Liberalismus nicht, und eine Einwirkung auf das Volk und die Entwickelung der Gegenwart vermochte er kaum zu gewinnen«.[3]

Die für viele europäische Großstädte typische politische Polarisierung zwischen der demokratischen und einer jedenfalls ›stimmungsmäßig‹ zunehmend einflussreichen konservativen Bewegung setzte die organisierten Liberalen in Berlin schon früh unter Druck. Bis Herbstbeginn hatte der Konstitutionelle Klub, wie der Polizeipräsident bedauerte, »sehr an Theilnahme verloren«.[4] Eine wichtigere Rolle im politischen Alltagsgeschehen der Stadt spielte er zu diesem Zeitpunkt nicht mehr. Geschwächt wurden die organisierten Liberalen durch innere Zentrifugalkräfte. Organisatorisch sichtbar wurde dies in der Abspaltung eines Teils der Linksliberalen am 19. Mai als »Verein für Volksrechte«, der seit Frühsommer zu einer der größten demokratischen Organisationen aufstieg, und der Absplitterung des Patriotischen Vereins.

Debatten in einem demokratischen Klub des Jahres 1848. Holzstich aus der Zeitschrift »Der wahre Jacob«, 1898.

Der am 26. April gegründete, ursprünglich rechtsliberale Patriotische Verein konnte als Sammelbecken noch moderater Revolutionsgegner das konservative Erstgeburtsrecht für sich in Anspruch nehmen. Ein von Anbeginn monarchistischer Hardcore-Konservativismus fand erst mit dem Ende Mai gegründeten »Preußenverein für constitutionelles Königthum« sowie dem Anfang Juli 1848 entstandenen »Verein für König und Vaterland« organisatorische Rahmungen. Der Preußenverein wollte »unsere seit nahe 500 Jahren geliebte Dynastie der Hohenzollern« gegen alle revolutionären Stürme erhalten und forderte eine »kräftige Hand« gegen »die wahren Feinde des Vaterlandes«. Im mit Ende Juli 250 Mitgliedern relativ starken Preußenverein gaben außer etablierten konservativen Bürgern auch Großgrundbesitzer aus dem Berliner Umland den Ton an.[5] Während der Preußenverein eher der Versuch einer konservativen Sammlungsbewegung war, war der »Verein für König und Vaterland« eine aggressiv-monarchistische Gruppierung, die personell eng mit dem Hof und der ›Kamarilla‹ Friedrich Wilhelms IV. sowie dem hochkonservativen Massenblatt »Kreuz-Zeitung« verwoben war.

Im städtischen Erscheinungsbild war der politische Konservativismus kaum präsent. Und wenn konservative Bürger ihre Gesinnung zu zeigen wagten, erregten sie den Unmut der breiten Berliner Bevölkerung. Dies war Ende Juli 1848 der Fall, als dem am 28. Juni von der Deutschen Nationalversammlung zum »Reichsverweser« gewählten österreichischen Erzherzog Johann offiziell mit einer schwarz-rot-goldenen Beflaggung gehuldigt werden sollte. Eingefleischte Preußen hängten aus Protest gegen diese ›Anmaßung‹ am 29. Juli schwarz-weiße Fahnen aus, die Farben der Hohenzollern. Das war eine Provokation. Vor den entsprechend beflaggten Gebäuden entstanden schon bald »gewaltige Zusammenläufe«. Zumeist zogen die Hauseigentümer ihre Preußen-Fahnen freiwillig ein, einige erst, nachdem »verschiedene Fenster eingeworfen waren und die Menge Anstalten machte, das Haus zu stürmen«. Erst spät in der Nacht gelang es der Bürgerwehr, »die Unruhe zu stillen.«[6]

Dass es gerade in der preußischen Hauptstadt nicht ungefährlich war, sich ostentativ als stockkonservativer Anhänger der Hohenzollern erkennen zu geben, galt bis in den Herbst des Revolutionsjahres. Dies mussten im Hochsommer auch beispielsweise zwei Männer erfahren, »welche mit auffallend großen preußischen Kokarden dekorirt umhergingen«. Links orientierte Berliner empfanden ihr Auftreten als Provokation. Weil die beiden Träger der »riesengroßen, schwarz-weißen Kokarden« zudem durch »unvorsichtige, vielleicht absichtlich beleidigende Reden im Style des Preußenvereins und Schimpfen auf die demokratischen Vereine das Volk beleidigten«, entstand um die beiden Männer herum innerhalb kurzer Zeit eine größere Menschenansammlung, die gegenüber den ›Hohenzollern-Fans‹ handgreiflich zu werden drohte. Sie löste sich freilich rasch auf, nachdem die beiden Konservativen eiligst die Flucht ergriffen hatten.[7]

Je jünger, desto »feuriger«

Wer sich welcher ›Partei‹ anschloss, war abhängig von der sozialen Stellung – und vom Alter. Das Spektrum des politischen Vereinswesens spiegelte auch einen scharfen Generationenkonflikt wider. Je ›linker‹ ein Verein, desto jünger die Mitglieder. Das Durchschnittsalter der führenden

Mitglieder der demokratischen Vereine lag bei etwa 30 Jahren, das der Führungsmitglieder des Konstitutionellen Klubs bei circa 37 Jahren und das der Gründungs- und Vorstandsmitglieder der konservativen Vereine bei gut 45 Jahren. Die gleiche Tendenz galt auch innerhalb des breiten Spektrums der demokratischen Bewegung: Im besonders radikalen Demokratischen Klub lag das Durchschnittsalter der Führungsmitglieder bei knapp 28 Jahren, in den drei wichtigsten gemäßigt-demokratischen Organisationen, dem Volksklub, dem »Verein für Volksrechte« und dem Reformklub, bei 32 bis 33 Jahren.[8]

In diesem auffälligen Altersunterschied kommt über den ›normalen‹ Väter-Söhne-Gegensatz ein politisch bedingter Generationenkonflikt zum Ausdruck, der besonders bürgerliche und kleinbürgerliche Familien prägte. Viele etablierte Ältere waren durch die Befreiungskriege 1813/15 sowie die restaurative Wende in den folgenden Jahrzehnten geprägt. Charakteristisch für sie waren der Stolz auf Preußens ruhmreiche militärische Siege und Traditionen und gleichzeitig eine scharf antifranzösische Einstellung. Die Pariser Julirevolution des Jahres 1830, die in der preußischen Hauptstadt im September desselben Jahres in mehrtätigen politischen Tumulten – der »Schneiderrevolution« – nachhallte, vertiefte bei vielen älteren Berlinern die Furcht vor neuen Revolutionen.

Zahlreiche Jüngere dagegen, die im Revolutionsjahr zwischen 20 und 30 Jahre alt waren, waren von den Ideen der Hoch- und Spätaufklärung sowie des Frühsozialismus fasziniert. Vor allem sie wurden vom sich überschlagenden Radikalismus der Linkshegelianer, aber auch von den oft urchristlich geprägten frühkommunistischen Ideen beeinflusst, die nicht zuletzt die Zigtausend wandernden Gesellen auf ihrer Walz in Frankreich, Belgien und der Schweiz kennengelernt und in der Stadt bekannt gemacht hatten. Viele Jüngere beiderlei Geschlechts sympathisierten zudem mit den religiösen Dissidentenbewegungen der Lichtfreunde und Deutschkatholiken – auch weil diese die Autorität der hochkonservativen protestantischen Amtskirche infrage stellten und deren enge Verflechtung mit der Hohenzollernkrone geißelten.

Es waren vor allem die jüngeren Redner in den Klubs und ebenso auf den seit März 1848 weiterhin zahlreichen und gut besuchten Volksversammlungen, die einen »feurigen Enthusiasmus« zeigten. »Jede excentrische Äußerung«, so erinnerte sich Adolph Streckfuß, wurde vom jugendlichen Publikum mit »schallenden Bravo's« bedacht, »während der Lohn einer ruhigen gemäßigten Sprache gewöhnlich ein durchdringendes Zischen« war.[9] Ein jugendliches Gesicht besaßen im übrigen ebenso die berufsständischen Reformbewegungen, etwa die der Lehrer, der Ärzte sowie der Hochschullehrer (unter denen die Privatdozenten und Extraordinarien den Ton angaben).

Wer in welchem politischen Lager stand, ließ sich (auch) 1848 leicht ausmachen. Jugendliche Radikaldemokraten setzten sich von der ›etablierten Elterngeneration‹ bereits im äußeren Erscheinungsbild ab. Es entwickelte sich ein *Dress-Code*, an dem junge Demokraten zu erkennen waren. Für ihn stand im deutschen Raum der badische Revolutionär Friedrich Hecker Pate, der früh mystifizierte revolutionäre »Mann der Tat«. Seine Markenzeichen: Ein großer, heller Schlapphut mit Hahnenfeder und schwarz-rot-goldener Kokarde oder auch ein schwarzer Calabreser mit roter Feder, ein rotes Halstuch, eine weite, meist blaue Bluse sowie ein wallender Kinnbart und langes Kopfhaar. Sie galten in den Augen der Zeitgenossen als die »Hauptkennzeichen der demokratischen Parteigenossen«.[10] Zahllose Jugendliche und junge Erwachsene mutierten im Revolutionsjahr zu »regelrechten Zwillingen« (Isabella Belting) des badischen Rebellen. ›Gesetzte‹ Bürger in vorgerücktem Alter trugen dagegen zumeist weiterhin Gehrock und Zylinder. Den Bart als Kennzeichen der »Umstürzler« lehnten sie ab. Sie blieben demonstrativ glatt rasiert. Damit outeten sie sich als politisch Nichtengagierte oder Konservative.

Die Wahlen zu den Nationalversammlungen

Enorm begünstigt wurden Fundamentalpolitisierung sowie die Entstehung und der Aufschwung des frühen Parteiwesens durch die Wahlen zur Preußischen und zur Deutschen Nationalversammlung. Mindestens ebenso wichtig wie die Vereine mit eindeutiger demokratischer, liberaler und konservativer Färbung waren Ende April, Anfang Mai die »Wahlmänner-« und »Urwähler-Clubs« – als Foren, vor denen die Kandidaten für die beiden Nationalversammlungen einer eingehenden Befragung unterzogen wurden.

Die Bedeutung dieser Foren, die zwar als Klubs firmierten, jedoch von den gleichfalls häufigen, mitunter Zehntausende zählenden Volksversammlungen des Frühjahrs nur schwer zu unterscheiden waren, ist kaum zu überschätzen. Hintergrund ihrer Entstehung war, dass die Wahlen zur Paulskirche sowie zum Preußischen Abgeordnetenhaus noch keine Parlamentswahlen im heute geläufigen Sinne waren: Die Urwähler bestimmten nicht selbst unmittelbar die Abgeordneten. ›Zwischengeschaltet‹ waren bei dem 1848 geltenden *indirekten* Wahlrecht »Wahlmänner«. Die männlichen Wahlberechtigten durften lediglich über diese »Wahlmänner« abstimmen. Erst diese bestimmten danach ihrerseits die Abgeordneten (ähnlich wie beim US-Wahlrecht).

Das indirekte Wahlsystem kam einem sozialen und politischen Filter gleich. Da Diäten nicht vorgesehen waren, wurden nicht oder nur in sehr seltenen Fällen Arbeiter und Gesellen zu Abgeordneten gewählt. In der Paulskirche saß kein Arbeiter, im Preußischen Abgeordnetenhaus nur einziger Arbeiter, der Breslauer Schriftsetzer und Sozialist Julius Brill. Allein aufgrund der materiellen Barrieren überwogen in beiden Parlamenten gutbetuchte Bürger, freigestellte Beamte und vermögende Intellektuelle.

Auch die unausgereiften politischen Konstellationen erschwerten die Wahlentscheidung: Im Unterschied zu heute wurden Anfang Mai 1848 keine programmatisch konturierten Parteien gewählt. Eine Folge der Unterdrückung der Meinungs- und Versammlungsfreiheit während des Vormärzes war, dass sich in Preußen politisch voneinander deutlich unterscheidbare Organisationen nicht hatten herausbilden können. Bestimmt wurden die Entscheidungen der Urwähler und der Wahlmänner durch die Auftritte derjenigen, die sich zur Kandidatur gemeldet hatten. Rhetorisches Talent, Bekanntheit und – nicht zu vergessen – ein ›Bekenntnis zu Revolution‹, das sehr vage ausfallen konnte, entschieden darüber, wer als Abgeordneter nach Frankfurt reiste oder aber in der Berliner Sing-Akademie, in der die Preußischen Abgeordneten vom 25. Mai bis Anfang November 1848 tagten, die Geschicke der Hohenzollernmonarchie bestimmen sollte.

In den »Wahlmänner-« und »Urwähler-Clubs« konnten sich auch bislang unbekannte Kandidaten einem breiteren Publikum vorstellen, mussten sich dort einer eingehenden Befragung unterziehen und erleichterten so die Wahlentscheidung. Zwar zeigte sich bereits bei den Wahlen vom Frühjahr 1848, dass Berlin seit der Märzrevolution zur ›Roten

Hochburg‹ geworden war. Gleichwohl blieben die Abstimmungen vom April und Mai 1848 ›Prominentenwahlen ohne Parteien‹. Erst die – noch nicht nach dem Drei-Klassen-Wahlrecht durchgeführten – Wahlen im Januar 1849 zum Preußischen Abgeordnetenhaus waren ›Parteiwahlen‹, bei denen profilierte politische Strömungen gegeneinander antraten.

Basisdemokratie in Vereinsform

Der interessanteste Vereinstypus, der im Frühjahr 1848 entstand, waren die ›Bezirksvereine‹. Sie lassen sich nicht in die (von Historikern überdies ja erst retrospektiv konstruierten) gängigen parteipolitischen Traditionslinien einordnen, sondern verkörperten ein Verständnis von Politik, das in der politikwissenschaftlichen und soziologischen Forschung mit dem Begriff ›direkte Demokratie‹ umschrieben wird.

Unmittelbar hervorgegangen aus den »Wahlmänner- und Urwähler-Clubs«, besaßen die Bezirksvereine eine viel weiter zurückreichende Vorgeschichte, und zwar eine, die älter ist als die der modernen parlamentarischen Parteien: Ihr Vorbild waren die Assemblées Générales, die Aktivbürger-Vollversammlungen der insgesamt 48 Pariser Sektionen, in die die französische Hauptstadt seit Mai 1790 aufgeteilt worden war. Höchstes Organ der einzelnen Sektionen war die Bürgervollversammlung, der sämtliche erwachsenen, männlichen Einwohner angehörten. Diese wählte wiederum einen Bürgerausschuss, der die Forderungen der »Commune«, wie die Sektionen auch genannt wurden, dem Stadtrat mitteilte, damit dieser sie vollzog. Daneben entwickelten die Bürgerausschüsse eine Vielzahl eigener Aktivitäten; unter anderem kümmerten sie sich in ihren jeweiligen Bezirken um die Lebensmittelversorgung und die Armenfürsorge.

Ähnlich wie die ›Sektionen‹ knapp 60 Jahre zuvor waren auch deren Berliner Nachfolger nach ›Bezirken‹ gegliedert. Wie sehr sich die ›Kiezorganisationen‹ in der preußischen Hauptstadt am Vorbild aus der Großen Französischen Revolution orientierten, machten sie selbst deutlich, als im Frühherbst 1848 der Streit zwischen der Krone und dem Parlament, das für Preußen eine moderne Verfassung ausarbeiten sollte, eskalierte. Eine der Stadtteilorganisationen, der Bezirksverein 68B, forderte die Nationalversammlung Preußens unverhohlen auf, »sich als Ausdruck des souveränen Volkswillens selbst als souverän und bis zur

Beendigung des Verfassungswerks für unauflöslich, ihre Beschlüsse aber als verbindlich für Krone und Regierung zu erklären«.[11] Allen Zeitgenossen war bewusst, dass dies der Aufforderung gleichkam, denselben revolutionären Schritt zu machen, den der »Dritte Stand« der französischen Generalstände am 17. Juni 1789 getan hatte, nämlich sich zur Nationalversammlung zu erklären. (Die Preußische Nationalversammlung, in der die liberalen Fraktionen die Mehrheit hatten, ignorierte den Aufruf des Bezirksvereins 68B.)

Mit insgesamt mindestens 10 000 Mitgliedern waren die Bezirksvereine im Revolutionsjahr die mit Abstand größte politische Massenorganisation Berlins. Sie sahen sich nicht als Konkurrenz zu den dezidiert politischen Vereinen, sondern verstanden sich ausdrücklich als überparteilich – als Vereinigung sämtlicher Bürger des jeweiligen Bezirks. De facto positionierten sich die Bezirksvereine freilich von Anbeginn im demokratischen und linksliberalen Spektrum der preußischen Hauptstadt, seit dem Spätsommer 1848 dann zunehmend offener aufseiten der radikalen Demokratie. Am 10. Juni 1848 schlossen sie sich unter einem kommunalen Dachverband zusammen, dem Bezirks-Central-Verein.

Ihre zentrale Aufgabe sahen die Organisatoren der Bezirksvereine darin, ihre Mitbürger in den Stadtteilen politisch zu bilden: Sie begleiteten die Debatten und Entscheidungen der Stadtverordnetenversammlung wie des preußischen Abgeordnetenhauses kritisch und versuchten deren Entscheidungen in Versammlungen und durch Petitionen zu beeinflussen. Die Mitglieder der demokratischen und linksliberalen Fraktionen der beiden Legislativorgane nutzen ihrerseits die Bezirksvereine als Foren, ihre Vorschläge und Forderungen vor einem breiten Publikum zur Diskussion zu stellen.

Daneben organisierten die Bezirksvereine zahlreiche, zumeist gut besuchte »Verbrüderungsfeste« für »die verschiedenen Klassen und Stände«, »an denen die ganze Familie Theil« nahm, mit Konzerten, Theatervorführungen, Tanz und anderen Formen »gemüthlicher«, »freundschaftlicher, wahrhaft herzlicher« Geselligkeit.[12] Ein weiteres, selbstgestecktes Aufgabenfeld war die Unterstützung von selbstständigen Gewerbetreibenden durch Kredit- und Vorschusskassen, um Firmenzusammenbrüche abzuwenden bzw. kleinen Handwerkern mit Finanzspritzen über die wirtschaftliche Durststrecke des Jahres 1848 hinwegzuhelfen. Die Bezirksvereine waren freilich keineswegs nur Selbsthilfe- und Unterstützungsvereine sowie Nachbarschaftsorganisationen und (wenn man so will) frühe Bürgerinitiativen. Sie verfolgten weit darüber hinaus dezidiert politische Ziele.

Ihrem eigenen Anspruch nach vertraten die Bezirksvereine des Jahres 1848 die *Gesamtheit* der (männlichen) Bürgerschaft. Damit machten sie der seit 1809 bestehenden Stadtverordnetenversammlung und dem von ihr gewählten Magistrat die Legitimität als kommunal ›gesetzgebendes‹ Organ streitig. Tatsächlich waren die Stadtverordneten ja nur von der Minderheit männlicher Berliner gewählt worden, die über das Bürgerrecht verfügten. Die beiden kommunalen Organe waren mithin lediglich die Vertretung der gut situierten Bewohner der Preußenmetropole.

An diesem vermögens- und steuerbezogenen Wahlrecht änderte sich im Revolutionsjahr nichts. Die Stadtverordnetenwahlen vom 15. bis 20. Mai 1848 fanden weiterhin nach dem 1809 eingeführten selektiven Abstimmungsprinzip statt, das das Gros nur der männlichen Bewohner Berlins gezielt ausschloss. Indem sie dies allein durch ihre Existenz praktisch – und wiederholt auch verbal unmissverständlich – kritisierten, vertieften die Bezirksvereine die Legitimationskrise der seit der Märzrevolution ohnehin in die Kritik geratenen traditionellen Selbstverwaltungsorgane.

Die neuen Vereine machten der traditionellen städtischen Obrigkeit die überkommene Position streitig. Sie wollten, wie eines der führenden Mitglieder des Bezirks-Central-Vereins formulierte, in Eigenregie »die Selbstregierung im Ganzen und Großen anbahnen«,[13] verstanden sich mithin als ›Räte‹ (ein Begriff, der damals unbekannt war). Damit gehören sie wie die Pariser Sektionen von 1790 in eine Traditionslinie, die Anfang des 20. Jahrhunderts in der Rätebewegung kulminierte (solange die namensgebenden Räte noch nicht zu Organen einer Parteidiktatur geworden waren). Zu einer Doppelherrschaft wie im revolutionären Paris ab 1790 oder auch zwischen Februar und Oktober 1917 im revolutionären Russland kam es im Berlin des Jahres 1848 freilich nicht: Dazu endete das ›tolle Jahr‹ zu früh. Magistrat und Kommunalparlament gelang es, die Krise – in die sie die Bezirksvereine als Vertretung sämtlicher Berliner gebracht hatten – durch Aussitzen zu ›bewältigen‹.

Frauen in der Revolution

Auch die Bezirksvereine wurden nach außen nur durch Männer repräsentiert, etwa Rudolf Virchow, Adolf und Rudolf Löwenstein sowie Sigismund Stern. Da die Bezirksvereine als Organisationen der Selbsthilfe und unmittelbaren Demokratie in den ›Kiezen‹ auch Nachbarschaftsvereine waren, scheinen Frauen in ihnen eine größere Rolle gespielt zu haben als in den Männern exklusiv vorbehaltenen Klubs mit eindeutiger demokratischer, liberaler oder konservativer Färbung. Vereinigungen politisch interessierter Frauen, »Damenklubs«, wie sie in den Printmedien auch genannt wurden, weil sie sozialstrukturell bürgerlich geprägt waren, entstanden erst spät, im Spätsommer 1848. Das war kein Zufall. Denn wenn Frauen im öffentlichen Raum ›politisierten‹, dann war dies vielen Männern ein Ärgernis – auch und gerade im Revolutionsjahr.

»An allen Straßenecken politisierende Frauen«

Schon früh, am 25. März 1848, machte ein Herr Zeller, seines Zeichens Sekretär am Berliner Revisions- und Kassationshof, in einem »Eingesandt«, wie Leserbriefe damals genannt wurden, an die Spenersche Zeitung seinem Zorn Luft. Er erregte sich darüber, dass »fast an allen Straßenecken politisierende Frauen stehen«. Diese, so Zeller, würden »den unschuldigsten Worten, die sie von Vorübergehenden hören, häufig eine ganz entgegengesetzte Wendung geben, als sie wirklich haben. Die Frauen sind nicht von der Straße zu bringen, fordert man sie an der einen Stelle auf fortzugehen, so gehen sie an die andere […] oder tragen ihren Männern das Essen [zur] Arbeit und erzählen dort Sachen, die das Hirngespinst ihrer Furcht sind, aber dazu beitragen, die Aufregung zu erhalten.«

Die Äußerungen des Herrn Zeller sind aufschlussreich. Der Gerichtssekretär und mit ihm andere männliche ›Leidensgenossen‹ waren voll des Ärgers darüber, *dass* Frauen sich für Politik interessierten, und es vielleicht sogar wagten sich zu äußern. Die konkreten Inhalte waren demgegenüber sekundär. Schlimmer noch: Wenn Frauen in die Männerdomäne ›Politik‹ eindrangen, dann konnte dies ›natürlich‹ nicht seriös sein. ›Frauenzimmer‹ klatschten und ließen die Gerüchteküche brodeln. *Was* sie dachten und sagten, war gleichgültig.

Diese Einstellung reichte weit in die Reihen der Demokraten hinein. Ein Beispiel: Am 13. April suchte eine Deputation der Berliner »Volks-Wahl-Komités« den Ministerpräsidenten Camphausen auf, um dort ihren Wunsch nach direkten Wahlen für die Preußische Nationalversammlung – ohne Zwischenschaltung von Wahlmännern – vorzutragen. Während der Diskussion zwischen beiden Seiten über diese Frage habe der Ministerpräsident »einem Deputationsmitglied auf dessen Forderung, die zugesicherte Vorlage einer Verfassung auf breitester Grundlage auch zu erfüllen, geantwortet: ›Breiteste Grundlage? Da müssen sie ja eigentlich die Frauen und Kinder auch mitwählen lassen!‹« Der »Sprecher« der demokratischen Abordnung empörte sich daraufhin: »Excellenz geruhen eine Karikatur aus dem zu machen, was ich aus tiefster Seele gesprochen habe.«[1]

Diese Entgegnung war kein ›Ausrutscher‹. Während beispielsweise in Österreich männliche Demokraten ernsthaft die Frage diskutierten, ob Frauen für den dortigen »Reichstag« wenigstens das aktive Wahlrecht zugestanden werden könne, waren sich in der preußischen Hauptstadt die Demokraten mit den Liberalen und Konservativen in ihren Vorurteilen gegenüber dem weiblichen Geschlecht einig. Der einflussreiche hochkonservative Pfarrer Karl Büchsel, zugleich ›geistlicher‹ Berater hochgestellter Mitglieder der Hohenzollernfamilie, wusste mehr oder weniger alle politischen Strömungen auf seiner Seite, als er im Revolutionsjahr erklärte, es sei »eine große Verirrung, wenn jetzt einzelne Frauen sich in politische Fragen mischen und wohl gar wünschen, daß sie das Recht hätten, sich bei den Wahlen oder gar bei den Parlamenten zu betheiligen.« Dies »verletzt das deutsche Gefühl«.[2]

Die Berliner Demokraten korrigierten ihre Auffassung, dass Frauen kein Wahlrecht zustünde und sie für die Kernbereiche der Politik nicht geschaffen seien, bis zum Ende der Revolution nicht. Allerdings setzten die Liberalen und Demokraten immerhin durch, dass Frauen gestattet wurde, die Debatten der Abgeordneten von den Zuschauertribünen aus

Titelblatt der Flugschrift »Entdeckte Geheimnisse des demokratischen Frauen-Clubbs«, 1848.

zu verfolgen, in der Frankfurter Paulskirche, in der Preußischen Nationalversammlung und auch in der Berliner Stadtverordnetenversammlung.

Männliche Meinungen über Frauen spiegeln die Meinungen der Männer über sich selbst. Das lässt sich 1848 auf vielen politischen Feldern beobachten, und zwar auch dort, wo Demokraten und Liberale auf entschiedene Reformen drängten, etwa beim Familien- und Eherecht. So schrieb Robert Springer, stellvertretender Chefredakteur der demokratischen Zeitung ›Locomotive‹, am 10. November 1848: »Wir wollen Euch frei machen von der unauflöslichen Fessel, womit man Euch an den Mann geschmiedet hat, von den Schwüren lebenslänglicher Knechtschaft, welche Euch die Kirche leisten läßt. [...] Es soll Euch leicht werden, Euch frei zu machen von der Hand, die Euch den Trauring ins Gesicht schlägt, von der Brutalität, die nur Gelüste an Euch kühlt.«

Um nicht missverstanden zu werden, wo seiner Ansicht nach die Grenzen liegen sollten, fügte Springer in seinem Artikel mit der bezeichnenden Überschrift »Brief an eine demokratische Närrin« sogleich an:

»Aber mehr verlangt nicht«.[3] Mit anderen Worten: Springer, der 1839/40 Lehrer an einer höheren Mädchenschule in Berlin war und sich deshalb für dieses Thema prädestiniert glaubte, wollte, dass Frauen sich den ihnen zugeschriebenen Rollen als liebende Gattinnen und Mütter ohne Zwang und mit ganzem Herzen widmeten. *Deshalb* sollte Gewalt in der Ehe ausgeschlossen sein, die Scheidung von einem despotischen Ehemann erleichtert und die Liebesheirat – statt einer ökonomisch kalkulierten Konvenienzehe – die Regel werden.

»Im wilden Streit der Männer die Grazie bewahren«

Gleichwohl machte das romantische Ideal einer von Liebe getragenen Ehe und Familie in bürgerlicher Perspektive ein politisches Engagement von Frauen durchaus möglich – allerdings innerhalb eng gesteckter Grenzen. Nach Auffassung der meisten männlichen Zeitgenossen waren Frauen aufgrund ihrer angeblichen Geschlechtseigentümlichkeiten zu vier Formen öffentlichen Engagements prädestiniert.

Erstens war es »die Bestimmung der Frauen […], die Leidenden zu trösten, den Kranken zu helfen und, wo wir können, mit Rath und That und arbeitskräftiger Hand einzuschreiten«, erklärte etwa Klara Mundt (die später unter dem Pseudonym Louise Mühlbach insgesamt 290 Romane verfasste) unter dem Eindruck der Ereignisse vom 18. und 19. März in einem Aufruf, den die Vossische Zeitung am 20. März 1848 veröffentlichte. »Ihr Frauen Berlin's! Laßt uns weinen um die Todten«. Aber nicht nur das. Diese sollten, so forderte Mundt, die »Wittwen und Waisen« der Märzgefallenen zudem materiell und ideell unterstützen. Die gleichsam nach außen gekehrte öffentliche Mütterlichkeit konnte weit gesteckt sein und nahm später auch organisatorische Formen an, etwa in der Gründung eines »Frauen-Vereins zur Abhülfe der Noth unter den kleinen Fabrikanten und Gewerbetreibenden«.

Zum »heiligen Beruf« der Frauen gehörte es zweitens, ausgleichend zu wirken. Vor allem weil sie – wie der Schriftsteller und Vorsitzende des Konstitutionellen Klubs Robert Prutz Anfang August 1848 formulierte – »in dem wilden Streit der Männer die Grazie bewahrten«,[4] waren Frauen in liberalen wie demokratischen Klubs gern gesehene Gäste: als Zuhörerinnen, deren bloße Anwesenheit die Streitlust der männlichen Akteure dämpfte.

›Erlaubt‹ waren Frauen im Revolutionsjahr drittens Tätigkeiten, die an haushälterische Arbeiten anknüpften, die ihnen qua Geschlecht ohnehin zugewiesen waren. So besaß jeder politische Klub, aber auch die mehr als hundert Kompanien der Berliner Bürgerwehr Fahnen, die von ›zarter Hand‹ bestickt worden waren.

Viertens schließlich standen insbesondere »Jungfrauen« als weibliches Dekor an der Spitze von Großdemonstrationen des Öfteren im Rampenlicht der Öffentlichkeit.

Demokratische Frauenklubs

Mit Argusaugen betrachtete die männliche Öffentlichkeit dagegen alle Versuche von Frauen, sich politisch separat zu formieren – wie dies ab Mitte September 1848 im Demokratischen Frauenverein sowie seit Anfang Oktober im davon abgespaltenen Frauenklub »Germania« geschah. Sie wurden zum Gespött der Männerwelt, die damit indes unfreiwillig auch die eigenen Ängste vor selbstbewussten, emanzipierten Frauen zum Ausdruck brachte.

So kommentierte die Anfang Juli 1848 gegründete rechtskonservative Kreuz-Zeitung am 15. September bereits die Absicht »mehrerer emanzipierter Damen«, einen »demokratischen Damenklub anzubahnen«, mit den Worten: »Für den Fall, daß die Damen Kinder haben, dürfte nach den Grundsätzen der Vernunft die Ruthe hinführo nicht mehr für die Kinder, sondern für die Mütter gehören.« Gar so primitiv äußerten sich demokratische und liberale Blätter nicht. Aber auch die täglich erscheinende »Berliner Zeitungshalle« unterstrich in ihrer Ausgabe vom 5. Oktober die »Bedeuthung« des Vortrags einer der führenden Demokratinnen mit dem Hinweis, dass deren Rede »durch die anmuthige, edle Haltung der schönen Rednerin noch mehr gehoben wurde«. Damit brachte selbst dieses radikaldemokratische Blatt zum Ausdruck, wie stark es noch dem traditionellen Bild polarer ›Geschlechtscharaktere‹ verhaftet war; nicht die jeweiligen politischen Ansichten waren von zentraler Bedeutung, sondern äußere, geschlechtsspezifische Attribute.

In Leserbriefen zeigte sich noch deutlicher, wie sehr die eigenständige Organisation von Frauen als Provokation galt. So rief ein zorniger Mann die Frauen Berlins auf, sich »nie unter dem Charakter [zu] zeigen, der ihrem Geschlecht eigen« sei, und forderte den Frauenklub auf, seine

Titelblatt der Flugschrift »Die Aufhebung des demokratischen Frauen-Clubbs«, 1848.

Tätigkeit einzustellen, damit »unter den Männern so wenig wie möglich, weder Gutes noch Böses, von Euch geredet wird.«[5] Der bekannte Physiker Peter Rieß sah sich in der Presse zu einer öffentlichen ›Richtigstellung‹ veranlasst: Um nicht selbst zum Gegenstand für böse Gerüchte und Witze zu werden, ließ Rieß, Honorarprofessor an der Universität und Mitglied der Akademie der Wissenschaften, in der Kreuz-Zeitung »zur Verhütung einer Verwechselung« erklären, dass die Vorsitzende des Demokratischen Frauenklubs gleichen Namens nicht seine Gattin sei.[6]

Aus heutiger Perspektive erstaunen die energischen Distanzierungen von und doppelbödigen Anspielungen auf Frauen, die sich offen politisch engagierten, auch deshalb, weil sich auch die beiden demokratischen Frauenvereine im Rahmen der Rollen bewegten, die die Männerwelt den Frauen zugewiesen hatte. Diskutiert wurden dort Fragen, wie die »Kindererziehung nach demokratischen Grundsätzen auszuführen« sei, wie man »die Ermittelung zweckmäßiger Beschäftigung für arbeitslose Frauen« unterstützen könne oder wie die Löhne etwa der besonders schlecht bezahlten Näherinnen aufgebessert werden könnten, da diese »unmöglich bei dem jetzigen Verdienste bestehen können und deshalb gezwungen sind, auf Nebenerwerb auszugehen«.[7]

Gleichberechtigung wagten die organisierten Demokratinnen nicht zu fordern, z. B. das Wahlrecht für Frauen oder gleiche Löhne für Männer und Frauen bei gleichen Erwerbstätigkeiten. Während der Debatte über eine geplante Schule für Mädchen aus den armen Bevölkerungsschichten stellte eine der Sprecherinnen des Demokratischen Frauenklubs unmissverständlich klar, man dürfe »darunter nicht etwa« verstehen, »daß die Frauen, welche diese Erziehung übernähmen, sich in politische Debatten und Streitigkeiten mit ihren Pflegebefohlenen einlassen, sondern es müsse dabei der Grundsatz festgehalten werden, daß die Frauen für den häuslichen Kreis bestimmt seien und lernten, gute Mütter und Gattinnen zu werden.«[8]

Diese Bemerkung ist nicht zuletzt deshalb aufschlussreich, weil sie darauf hinweist, dass die Frauen aus den Unterschichten aus der Sicht der in den beiden »Damenklubs« organisierten weiblichen Angehörigen des Bürgertums noch keine »guten Mütter und Gattinnen« waren. Sie hätten nämlich bis dato nicht »gelernt«, dass sie »für den häuslichen Kreis bestimmt seien«. In der Tat waren die Unterschiede zwischen ›oben‹ und ›unten‹ im Hinblick auf Selbstbild und Handeln der Frauen, aber auch hinsichtlich der Rollenerwartungen, die an sie gestellt wurden, um 1848 (noch) viel größer als heute.

Das Frauenbild in den Unterschichten

Der Druck auf die weibliche Hälfte der unterbürgerlichen Schichten, sich den skizzierten geschlechtspezifischen Normen zu unterwerfen, war erheblich. Er kam auch von Teilgruppen der heterogenen sozialen Unterschichten. Handwerksmeister, besonders am Existenzminimum lebende selbstständige Kümmerexistenzen, sowie Gesellen notleidender Branchen wandten sich bereits im Frühjahr 1848 wiederholt mit der Forderung an die Obrigkeit, Frauen per Anordnung gänzlich vom lohnabhängigen Erwerbsleben auszuschließen. Sie begründeten dies mit den vor allem in den bürgerlichen Schichten kursierenden Rollenerwartungen. Die verbreitete lohnabhängige Erwerbsarbeit von Frauen namentlich im Textil- und Bekleidungsgewerbe geißelten sie mit dem Vorwurf, dass dadurch »die Frauen ihrem natürlichen Beruf, die Kinder zu erziehen, entzogen« würden. Zugleich exponierten auch sie sich grundsätzlich gegen die Emanzipation der Frauen: »Da die natürliche Stellung des Frauenzimmers ihr nicht gestattet, bürgerliche Pflichten in ihrem ganzen Umfange auszuüben, so können ihr demnach auch die bürgerlichen Rechte nicht bewilligt werden.«[9]

Meister und Gesellen versuchten die »Polarisierung der Geschlechtscharaktere« (Karin Hausen), wie sie sich im Vormärz als *Norm* ausgebildet hatte, zu nutzen, um sich der lohndrückenden weiblichen Konkurrenz zu entledigen. Allerdings blieb den Kampagnen der Meister und Gesellen 1848, ebenso wie in den folgenden eineinhalb Jahrhunderten, ein durchschlagender Erfolg versagt: Zahllose Frauen aus den unter- und oft auch kleinbürgerlichen Schichten waren aufgrund finanziell prekärer Verhältnisse zu abhängiger Erwerbstätigkeit gezwungen, um ihren Familien das nackte Überleben zu sichern. Und die ›Arbeitgeber‹ beschäftigten sie weiterhin gern, waren ihre Löhne doch konkurrenzlos niedrig.

Aber nicht nur deshalb scheiterte die Durchsetzung des bürgerlichen Narrativs der ›polarisierten Geschlechtscharaktere‹ 1848 und in der Folgezeit. Ein weiterer maßgeblicher Grund waren die miesen Wohnverhältnisse, die für geschlechtsbezogene Rollenmuster buchstäblich keinen Raum ließen. In den Elendsvierteln, etwa dem »Voigtland«, mussten sich zwei vielköpfige Familien oft einen einzigen Raum teilen, getrennt nur durch einen Strich in der Mitte des Zimmers – das gleichzeitig allen als Küche sowie Wohn- und Schlafzimmer diente. Eine wie auch immer geartete ›Privatsphäre‹ ließ dies nicht zu, und noch weniger die Separierung der Kinder- von der Erwachsenenwelt. Auch deshalb war ›die Straße‹ der zentrale Ort sozialer wie politischer Kommunikation.

Viele Frauen aus den Unterschichten waren überdies zu selbstbewusst, um sich in das Zwangskorsett bürgerlicher Normen pressen zu lassen. Zum großen Ärger männlicher Angehöriger der bessergestellten Sozialschichten waren es gerade »Frauen der arbeitenden Stände«, die die ›politischen Ecken‹ bevölkerten, wie die über und über mit Bekanntmachungen und Wandzeitungen beklebten Häuserwände an den Straßenkreuzungen auch genannt wurden. Sie ließen sich vom ›Politisieren‹ nicht abbringen. Überall stünden Frauen aus den ärmeren Schichten Berlins, wie die schon 1848 bekannte Schriftstellerin Fanny Lewald beobachtete, »an den Straßenecken, an den Brunnen, um die angehefteten Plakate zu lesen«. Oder sie ließen sie sich vorlesen, wenn sie (was nicht selten der Fall war) des Schreibens und Lesen unkundig waren. Und sie »fordern Erklärungen«.[10] Dabei blieb es nicht. Frauen aus den Unterschichten waren maßgeblich an allen von der Armenbevölkerung Berlins getragenen lautstarken Protesten und handgreiflichen Auseinandersetzungen beteiligt. Das war bereits während des Vormärz der Fall gewesen und sollte im Revolutionsjahr nicht anders sein.

Brotproteste, Börsenpanik und Arbeitertumulte

Die Jahre zwischen 1846 und 1849 waren eine Zeit der wirtschaftlichen Krise. Massive Auswirkungen hatte vor allem die Agrardepression, die in diesen Jahren ganz Europa heimsuchte. Zu Jahresbeginn 1848 kam eine klassische Überproduktionskrise des Gewerbes hinzu. Sie wurde durch Kreditverknappungen und Zinssteigerungen verschärft.

Obgleich in der Industrie der konjunkturelle Höhepunkt bereits vor dem Februar 1848 deutlich überschritten war, schien aus der Sicht vieler Bürger die gewerbliche Krise erst gleichzeitig mit den Revolutionen einzutreten. »Kommunismus heißt das Gespenst, das man aus dem Rauch des verbrannten Thrones [Louis Philippes] und der in Dampf aufgelösten Staatspapiere und Aktien emporsteigen sah«,[1] erklärten Zeitgenossen wohl auch in Anspielung auf das »Manifest der Kommunistischen Partei«, das anfangs des Revolutionsjahres erschienen war.

Für die »Börsenwelt« sei die Februarrevolution die »größte Katastrophe« der letzten 40 Jahre gewesen; die Rückkehr Napoleons von Elba und die Julirevolution von 1830 hätten sich dagegen nur wie »schwache Intermezzos« ausgenommen, kommentierten die Tageszeitungen. Die Börsianer (die damals freilich noch nicht die Rolle spielten wie heute und in erster Linie mit Eisenbahnaktien handelten) hielten sich deshalb »begreiflicherweise mit allen Geschäften sehr zurück«; die meisten Aktien fanden seit Ende Februar »gar keine Käufer«.[2]

Panik herrschte nicht nur an der Börse: Am 4. März z. B. verbreitete sich in Berlin »das Gerücht wie ein Lauffeuer«, das ausländische Papiergeld, das in großen Mengen zirkulierte, habe jeglichen Wert verloren. »Alle Welt« beeilte sich nun, sich der vermeintlich wertlosen Scheine zu entledigen, und drängte in die Wechselstuben. »Niemand wollte der letzte sein«.[3] Dadurch geriet wiederum die Preußische Staatsbank ins Schlingern; sie konnte nur mit Mühe stabilisiert werden.

Die Finanzkrise verschärfte wiederum die industrielle Krise. In den

Berliner Maschinenbauunternehmen kam es in der letzten Woche vor dem 18. März 1848 zu Massenentlassungen. Borsig entließ von seinen 1 200 Arbeitern etwa 400. Der Maschinenbaubetrieb C. Rüdiger kündigte 100 Arbeitern, d. h. etwa zwei Dritteln der Gesamtbelegschaft, ähnlich die Königliche Porzellanmanufaktur sowie andere Großunternehmen. Amtliche Erwerbslosenstatistiken gab es damals noch nicht. Legt man zeitgenössische Berichte zugrunde, war mindestens jeder vierte erwerbsfähige männliche Berliner arbeitslos.

»Volkspolizei« und Brotkontrolle

Auch überteuerte Nahrungsmittel prägten die sozialen Verhältnisse nach der Märzrevolution. Ziemlich genau ein Jahr nach der »Kartoffelrevolution«, am 16. und 17. April 1848, wurden wohlsituierte, Ruhe und Ordnung liebende Bürger in Schrecken versetzt. An beiden Tagen, so berichtete die zwei bis dreimal wöchentlich erscheinende Zeitschrift ›Der Publicist‹ am 22. April »hatten sich bei verschiedenen Bäckern in allen Theilen der Stadt große Haufen Volks eingefunden, welche, mit der Beschaffenheit des Brotes im Allgemeinen, und namentlich mit der Kleinheit desselben insbesondere, unzufrieden, eine ganz besondere Revision bei den Herren Meistern abhielten. Zahlreich genug, um ihre Absicht nöthigenfalls mit Gewalt durchzusetzen, gingen sie in größter Regelmäßigkeit von Laden zu Laden, nahmen Brod aller Art gegen baare Zahlung, wogen es an Ort und Stelle und kündigten den zahlreichen Bäckermeistern, bei denen unbedingt zu leichtes Brod, bei gewöhnlicher Qualität gefunden worden, an, daß, wenn am nächsten Tage das Brod nicht die Größe und Schwere habe, welche man füglicher Weise in Folge der niedrigen Getreidepreise verlangen könne, man schärfere Maßregeln gegen sie ergreifen, ja vielleicht ihre resp. Geschäfte demoliren würde.«[4]

Die Brotrevolten vom April 1848 und vom April 1847 waren der letzte Akt älterer Bewegungen: Hungerunruhen und Alltagskonflikte um Gewicht, Qualität und Preis des Brotes traten seit dem 18. Jahrhundert in ganz Europa gehäuft auf. Im Revolutionsjahr hatte das Auftreten der »Volkspolizei« (Adolf Wolff) offenbar Erfolg: »Diese Drohungen müssen wirklich geholfen haben, denn die Größe der Backwaaren scheint zugenommen zu haben.« Der durch die Selbsthilfeaktionen sowie durch eine Reihe von Volksversammlungen Ende März und Anfang April, auf denen ebenfalls vehement ›redliche‹ Brotpreise gefordert wurden, aufgebaute Druck war zudem so groß, dass die Stadtverordneten am 19. April 1848 beschlossen, den Bäckern vorzuschreiben, Gewicht und Preis ihrer Brote sichtbar auszuhängen.[5] Zu einer gelenkten Preispolitik konnten sich die städtischen Parlamentarier nicht durchringen. Abgelöst wurden die Selbsthilfeaktionen der Unterschichten in der Brotfrage durch Formen karitativer Aktivität von bürgerlicher Seite. Es waren vor allem demokratische Vereine, die sich, neben kleineren sozialreformerisch orientierten Organisationen, der Armen annahmen und Spendensammlungen sowie unentgeltliche Brotverteilungen organisierten.

Arbeitsbeschaffungsmaßnahmen

Die elende soziale Lage breiter Unterschichten sowie die hohe Arbeitslosigkeit hatten die Märzrevolution zwar nicht ausgelöst. Dazu mussten weitere, vor allem politische Faktoren hinzukommen. Aber sie verstärkte die Unzufriedenheit und verschaffte dem Umbruch von 1848 von Anbeginn eine sozialrevolutionäre Dimension.

Schon vor der Märzrevolution war der Berliner Obrigkeit bewusst, wie sehr die ›soziale Frage‹ drängte. Anfang 1847 hatte die Stadtverordnetenversammlung überlegt, eine »Arbeitsnachweisungs-Anstalt« (eine Art Job-Center) einzurichten und Arbeitsbeschaffungsmaßnahmen in die Wege zu leiten. Einen guten Monat nach der »Kartoffelrevolution«, Ende Mai 1847, wurden bei »Kultur- und Wegearbeiten« in der ehemaligen Köllnischen Heide die ersten zweihundert Berliner Arbeitslosen für Straßen- und sonstige Erdarbeiten eingestellt. Bis zum Wintereinbruch beschäftigte die Kommune knapp 1 000 Arbeitslose. Ende Februar 1848 wurden erneut 300 Erwerbslose auf öffentliche Kosten zu Erdarbeiten im Wedding verpflichtet.

Am 9. März 1848 öffnete das ein Jahr vorher geplante Arbeitsnachweisungs-Bureau endlich die Pforten – und machte den ganzen Umfang der Erwerbslosigkeit in der preußischen Landeshauptstadt sichtbar. Den knapp 700 erwerbslosen Berlinern, die sich in den ersten Stunden vor der Anstalt drängelten, konnte nur eine einzige Arbeitsstelle vermittelt werden. Es war klar, dass der angesichts der ›Revolutionsgefahr‹ am 16. März von den Stadtverordneten im Einvernehmen mit der preußischen Staatsregierung gefasste Beschluss, für den Straßenbau sowie den geplanten Kanal nach Spandau etwa 1 000 weitere Arbeiter aus der preußischen Hauptstadt einzustellen, nur der Tropfen auf einen heißen Stein sein konnte. Statt allerdings, wie das ›rote Wien‹ dies vorgeführt hatte, die Arbeitsbeschaffungsmaßnahmen umgehend drastisch auszuweiten, beschloss eine Mehrheit der Stadtverordneten ebenfalls noch vor der Märzrevolution, Gesellen, die nicht in Berlin ansässig und länger als drei Tage arbeitslos waren, aus der Stadt auszuweisen. Damit sowie mit der Verfügung, die gewerblichen Arbeiten im Spandauer Zuchthaus und im Berliner »Ochsenkopf« – dem völlig überbelegten Arbeitshaus – einzustellen, ließen sich die ›Zahlen‹ vielleicht geringfügig drücken. Die Arbeitslosigkeit ließ sich so jedoch nicht beseitigen.

Nach der Märzrevolution erhöhte sich der Druck, weitere Arbeitslose für den Kanal- und Wegebau einzustellen. Zwischen Anfang August und Mitte November 1848 beschäftigten Magistrat und Staatsregierung insgesamt immerhin 5 700 männliche Arbeitskräfte, die keine reguläre Arbeit gefunden hatten, mit Notstandsarbeiten; hinzukamen noch knapp 250 ledige Arbeitslose, die zum Bau der »Ostbahn« nach Schlesien geschickt wurden. Das war ungefähr die Hälfte der Arbeitskräfte, die das etwa gleich große Wien mit öffentlichen Arbeiten beschäftigte. Unter den mehr als 10 000 Menschen dort, die aufgrund der kommunalen Arbeitsbeschaffungsmaßnahmen wenigstens ein kärgliches Auskommen hatten, waren, anders als in Berlin, zudem viele Frauen. Noch weit mehr, nämlich ungefähr 105 000 Erwerbslose (etwa zehn Prozent der Einwohnerschaft von Paris), wurden in der französischen Hauptstadt auf öffentliche Kosten in »Nationalwerkstätten« beschäftigt.

Von ihrer sozialen Herkunft her waren die Berliner Erdarbeiter eine Mischung aus »heruntergekommenen ›Studierten‹, spindeldürren hektischen Webern und arm gewordenen dicken Wirten, Lehrern, kleinen Handwerkern usw.«[6] Tagelöhner und freigesetzte Beschäftigte des Textil- und Bekleidungsgewerbes machten jeweils etwa ein Drittel sämtlicher Notstandsarbeiter aus. Im letzten Drittel fand man auch Angehörige der Mittelschichten, z. B. fünf Privatsekretäre und drei Lehrer. So heterogen wie ihre soziale Struktur war auch die Zusammensetzung der Notstandsarbeiter nach Alterskohorten. Der jüngste war 17, der älteste ein Greis von 76 Jahren. Die Zahl der Erwerbslosen, die bereits den Zenit ihres Arbeitslebens überschritten hatten, war beträchtlich: Der Anteil derjenigen, die älter als 40 Jahre waren, lag bei einem guten Drittel (34,1 Prozent). Das war ungefähr das Doppelte dessen, was man nach der altersbezogenen Zusammensetzung der männlichen Bevölkerung der Stadt hätte erwarten sollen (17,2 Prozent).

Der »Volksfreund« Gustav Adolf Schlöffel

Zum Synonym für alle Erdarbeiter wurden die ›Rehberger‹, eigentlich eine Teilgruppe der Notstandsarbeiter, die im heutigen Wedding zum Teil völlig sinnlose Tätigkeiten ausführen mussten. Sie verkörperten die »Berliner Anarchie«, weil sie des Öfteren respektlos gegenüber ihren Vorgesetzten auftraten – und deshalb zum »Schrecken der Reaction und der schwachen Gemüther« wurden. Dass die Obrigkeit in ihnen eine sozialrevolutionäre Gefahr witterte, lag vor allem an einer Persönlichkeit unter den Demokraten Berlins, die die Nähe zu den meist »in Lumpenröcken, seltener in Blusen gekleideten« Notstandsarbeitern mit ihren »von Sonne und Schnaps gebräunten Gesichtern und wüsten Bärten«[7] suchte: an Gustav Adolf Schlöffel.

Der 19-jährige Student war Anfang 1848 nach Berlin gekommen. Sein Vater gehörte in der Paulskirche zu den Wortführern der radikaldemokratischen Fraktion »Donnersberg«. Ins Licht der Öffentlichkeit trat Schlöffel einen Monat nach der Märzrevolution: Am 18. April waren drei weit außerhalb des Stadtgebietes am Plötzensee beschäftigte Erdarbeiter »wegen Insubordinationsvergehens gegen die Aufseher« verhaftet worden. Am Tag darauf beschlossen die übrigen Plötzensee-Arbeiter, nach Berlin zu ziehen, um die Freilassung ihrer Kameraden zu erwirken. In der Stadt »verbreiteten sich ungeheuerliche Gerüchte« über die Rehberger und ihre Absichten. »Starke Abtheilungen Bürgerwehr wurden zusammengezogen, der Theil der Friedrichstraße nach dem Oranienburger Thore zu besetzt, das Thor selbst von zahlreichen Patrouillen bewacht.«

Die Plötzensee-Arbeiter wurden durch den Zustrom von Notstandsarbeitern anderer Baustellen verstärkt. Sie stellten sich »in geordneten Reihen auf; jedem Trupp wehte seine Fahne voran.« Erstaunen rief hervor, dass ein »noch ganz junger Mann von vier Arbeitern über ihren Köpfen in die Luft gehoben wurde. Von schlanker Gestalt, bleichen, intelligenten Zügen, lebendiges großes Auge, blondes, halblanges Haar, sprach er zu den Arbeitern, welche sich in Masse um diese improvisierte Rednertribüne scharten, in begeisterter aufregender Weise, in seiner Rede von jubelnden Hochs fortwährend unterbrochen [...], ›der Volksfreund‹, wie er von allen genannt wurde.«

Unter diesem Druck sahen sich Polizeipräsident von Minutoli und der Staatsanwalt Julius von Kirchmann veranlasst, »endlich [zu] willfahren« und die verhafteten Erdarbeiter freizulassen, zur Erleichterung auch der mobilisierten Bürgerwehrmänner, die so, »wenn auch etwas spät, so doch wohlbehalten zum Mittagessen« kamen.[8]

Gleichzeitig wurde dieser Erfolg für die Obrigkeit zum Anlass, den jungen Schlöffel so schnell wie möglich auszuschalten. Warum schien der Student so ausgesprochen gefährlich? Im Unterschied zum Gros der zunächst auf eine konstitutionelle Monarchie abzielenden Berliner Demokraten orientierte Schlöffel sich frühzeitig an den radikalen Jakobinern der Jahre 1792 bis 1794. Er gab eine Zeitung heraus, die schon mit ihrem Titel »Volksfreund« an den »Ami du Peuple« Jean Paul Marats erinnerte. Das Jahr 1848 galt ihm als »Jahr I der Freiheit«. Bereits in der ersten Nummer, die am 5. April herauskam, erklärte Schlöffel, sein Blatt wolle »schrankenlos und ohne Rückhalt in seinen Versprechungen nur ein Ziel, nur einen Zweck verfolgen, den Umschwung der bestehenden Verhältnisse durch und für das Volk, [...] durch und für die arbeitenden, gedrückten und geknechteten Klassen.«

Das radikale Blatt – von dem nur sechs Nummern erscheinen konnten – fand in den Unterschichten breiten Anklang und insbesondere beim Kern der Erdarbeiter »bedeutendsten Absatz«.[9] Dies war nicht zuletzt auf den volkstümlichen Tonfall und die bildhafte Sprache Schlöffels zurückzuführen. Dazu gehörten auch ironisch-religiöse Anspielungen, die jedermann präsent waren, etwa wenn er dem in Berlin ohnehin unbeliebten rechtsliberalen Ministerpräsidenten Ludolf Camphausen »den Essigschwamm der bitteren Wahrheit reichen [wollte,] und dann kann er unsertwegen in das Paradies seines Privatlebens einkehren.« Auf Zustimmung stieß Schlöffel weit über die Erdarbeiter hinaus in den radikaldemokratisch und – davon schwer zu unterscheiden – sozialistisch orientierten Unterschichten Berlins auch mit seinen programmatischen Feststellungen, etwa der, dass »im großen und ganzen die Gesellschaft unversöhnlich geteilt ist in die beiden Feldlager ›Arbeit‹ und ›arbeiten lassen‹«. Es helfe »hier kein Vergleich, kein Friede, hier hilft nur eins, daß die Arbeit siegt und das Arbeitenlassen verschwindet«. Solche Erklärungen ließen den jungen Schlöffel in den Augen der Obrigkeit zum leibhaftig gewordenen »Gespenst des Kommunismus« werden.

Das Recht der Revolution

Am Morgen des 21. April wurde Schlöffel verhaftet. Der Prozess gegen ihn wurde zum Test, wie tief die Märzrevolution eigentlich gegangen war und gehen sollte. Schlöffel selbst kleidete in seiner Verteidigungsrede das Problem, ob nach der Revolution auf Basis des mit ständischen Elementen gespickten »Allgemeinen Preußischen Landrechts« überhaupt noch Klagen eingeleitet und Urteile gesprochen werden könnten, in rhetorische Fragen: »Das Volk hat den Polizeistaat umgeworfen; muß nicht daher die ureigentliche Frucht desselben, das allgemeine Landrecht, als faul abfallen? [O]der soll dasselbe als Organ des spießbürgerlichen Untertanenbewußtseins auf eine Zeit übertragen werden, wo dieses sich zu einem demokratischen Volksbewußtsein verjüngte und sich in einer neuen Lebensform in die Geschichte durch die selbständige revolutionäre That des Volkes eingeführt hat?«

Er selbst gab die Antwort: »Das Landrecht existirt nicht mehr, oder höchstens wie das alte Testament nach der Geburt Christi«.

Seine Richter teilten diese Ansicht nicht und urteilten weiterhin auf Basis des »Alten Testaments«. Sie erklärten, dass trotz der »Vorgänge des 18. und 19. März und ihrer Folgen […] kein Unbefangener […] das nicht bloß factische, sondern auch rechtliche Fortbestehen des Staates, seiner Regierungsgewalten und seines Gesetzbuches im Ernste verkennen« könne. »Die Staatsangehörigen bleiben nach wie vor ihrem rechtmäßigen Könige und den Gesetzen unterthan«. Insbesondere dürften »Verbrechen, wie das hier zur Anklage gestellte des versuchten Aufruhrs nicht straflos« durchgehen. Eine merkwürdige Begründung. Denn mit ihr wurde de facto auch die Märzrevolution illegalisiert, die ja gleichfalls ein »versuchter Aufruhr« gewesen war.[10] Zwar fand der Prozess eine große öffentliche Aufmerksamkeit. Zu größeren Protesten der demokratischen Bewegung Berlins kam es jedoch nicht.

Auch deshalb wurde Schlöffel nach dem Allgemeinen Landrecht zu sechs Monaten Freiheitsstrafe verurteilt. Die Furcht vor Befreiungsaktionen durch die ›Rehberger‹ veranlasste den Kommandanten der Fes-

»Schlöffel und der Staatsanwalt«. Zeitgenössische Karikatur auf den Presseprozess gegen Gustav Adolf Schlöffel.

tung zu Spandau, sich zu weigern, »den Studiosus Schlöffel als einen politischen Verbrecher zur Verbüßung der gegen ihn erkannten Strafe in Spandau anzunehmen«.[11] Bereits am 14. Mai, drei Tage nach der Urteilsverkündung, wurde Schlöffel überstürzt heimlich in die Magdeburger Festung abtransportiert. Doch selbst die festen Mauern dieser Gefängnisanlage konnten den glühenden Revolutionär nicht halten: Nachdem er von den Vorgängen in Wien während der ersten Oktoberhälfte und der Erhebung der Ungarn gegen die Habsburger-Monarchie erfahren hatte, floh er, drei Wochen, bevor seine Strafe abgebüßt war.

Das Urteil und die schwächliche Reaktion der demokratischen Bewegung brachten zum Ausdruck, dass der revolutionäre Umbruch in Berlin und Preußen oberflächlich geblieben war. Den Demokraten in der preußischen Hauptstadt wurde dies erst einige Monate später schmerzlich bewusst. Außerdem war mit der Verurteilung Schlöffels ein Präzedenzfall geschaffen worden. In gleicher Weise begründeten die Gerichte später ihre Urteile, wenn sie Literaten, Drucker oder einfache Bürger, die sich den Mund nicht verbieten lassen wollten, wegen Majestätsbeleidigung oder Hochverrats zu manchmal langjährigen Haftstrafen verurteilten.

Die Befriedung der Erdarbeiter

Mit der Verurteilung Schlöffels waren die Erdarbeiter gleichsam ihrer Stimme beraubt. Das änderte freilich nichts daran, dass sie allein aufgrund ihres abgerissenen Äußeren viele Angehörige der ›besseren‹ Schichten in Furcht und Schrecken versetzten. Die »wilden Gestalten, halb Pferd, halb Aligator, in Lumpenröcken, seltener in Blousen gekleidet, mit einem gelben Strohhute mit Federbusch bedeckt, in der Hand einen Ehrfurcht gebietenden Knüppel«[12] blieben eine bevorzugte Projektionsfläche der Ängste vor einer sozialen Revolution. Es nutzte den heruntergekommenen Gestalten auch nichts, dass sie seit Sommer 1848 selbst nach Bekunden der gemäßigten Presse »Fleiß und verständiges Betragen« zeigten, wie z. B. die Vossische Zeitung vom 16. August lobte. In den Augen der meisten Berliner Bürger blieben sie faul, wüst und wild.

Dieses Image war für den Magistrat der Anlass, Anfang Mai 1848 statt des bisherigen Tageslohnes Akkordentlohnung einzuführen. »Diejenigen, welche die Übernahme der Accordarbeiten verweigern«, würden »sofort entlassen und haben keine weitere Beschäftigung von der Kommune zu gewärtigen«, erklärte die städtische Obrigkeit in einer Bekanntmachung zwei Tage nach der Verurteilung Schlöffels. Tatsächlich wurden ab Ende Mai alle Notstandsarbeiter entlassen, die sich weigerten, nach den vorgegebenen Leistungsnormen zu arbeiten.

Zwar kam es zwischen ihnen und der Bürgerwehr bzw. den seit Mitte 1848 (nach Londoner Vorbild) entstehenden Konstablern auch danach gelegentlich zu Auseinandersetzungen. Am 16. Oktober 1848 eskalierten diese sogar zu blutigen Zusammenstößen zwischen Erdarbeitern und Bürgerwehr, die zwölf Todesopfer forderten und bei vielen Bürgern Erinnerungen an die ›Schrecken‹ des 18. März wachriefen. Gleichwohl konnte auch dieser Konflikt nicht überdecken, dass die Erdarbeiter vor allem deshalb zu einem politischen Faktor geworden waren, weil das Ruhe liebende Bürgertum sie zur Personifikation revolutionärer Schreckensherrschaft aufbauschte.

Streiks, Rebellionen und Katzenmusiken

So heterogen wie die Unterschichten des Jahres 1848, so vielfältig waren auch deren Protestformen. Nicht nur die Arbeitslosen, auch die – noch – Beschäftigten bereiteten ihren Arbeitgebern sowie daneben der städtischen Obrigkeit Kopfzerbrechen.

Selbstorganisation der Gesellen und Arbeiter

Von insgesamt 14 Arbeitsniederlegungen zwischen Ende März und Ende April waren alle – mit einer Ausnahme – erfolgreich. Gestreikt wurde in allen wichtigen Branchen, in der Textilindustrie und im Bekleidungsgewerbe, wo sehr niedrige Löhne gezahlt wurden, aber auch in Wirtschaftszweigen wie dem Baugewerbe, wo die Einkommen ziemlich hoch lagen. Neben den relativ stark durch frühsozialistische Strömungen beeinflussten Schneidern, Tischlern und Buchdruckern finden sich unter den streikenden Gesellen auch konservative Gruppen wie etwa die Bäcker. Ihren Anfang nahm die Streikbewegung im Leitsektor der frühen Industrialisierung: Bereits am 26. März stellten die Maschinenbauarbeiter für einige Stunden die Arbeit ein.[1]

In vielen anderen Fällen konnten Auseinandersetzungen zwischen Arbeitgebern – gleich ob Meister oder Fabrikanten – und Arbeitnehmern gütlich beigelegt werden. Arbeitskämpfe waren seit der Märzrevolution für die beteiligten Gesellen und Arbeiter zwar kaum mit Risiken verbunden. Angesichts der seit Anfang des Revolutionsjahres auch über die Industrie und das Gewerbe hereinbrechenden Krise nutzten Arbeiter und Gesellen die seit der Märzrevolution deutlich zu ihren Gunsten veränderte Situation in aller Regel jedoch *nicht* zu ihren Gunsten aus; sie zeigten sich vielmehr ›maßvoll‹ und kompromissbereit.

Die meisten Arbeitsniederlegungen während des Revolutionsjahres können bestenfalls als ›Warnstreiks‹ gelten. Meistens verließen die betreffenden Gesellen nur für kurze Zeit die Arbeitsplätze, um sich gemeinsam darüber zu beraten, wie sie ihre Forderungen durchsetzen konnten. Oder sie veranstalteten kleine Protestdemonstrationen. Arbeitskämpfe, die mehrere Tage oder gar Wochen andauerten, setzten eine stabile Organisation sowie halbwegs gefüllte Streikkassen voraus. Bei dem 14-tägigen Teilstreik der Schneider in der zweiten Aprilhälfte sowie der fünftägigen – erfolgreichen – Arbeitsniederlegung der Buchdrucker Ende April, Anfang Mai sowie ihrem zweiten Streik, der den ganzen Monat August andauerte und mit einer Niederlage endete, spielten nicht zufällig Frühsozialisten eine herausragende Rolle. Nur Letztere verfügten, neben den Maschinenbauern, über einen starken Berufsverband, der mit der überregionalen Organisation der Schriftsetzer und Buchdrucker zudem abgestimmt war. Ihre Streiks trugen bereits Züge späterer Arbeitskämpfe. Nicht zuletzt ging beiden Arbeitsniederlegungen eine ›moderne Öffentlichkeitsarbeit‹ seitens der streikbereiten Drucker voraus. Die langfristige Bedeutung der Streikbewegung des Jahres 1848, nicht nur in Berlin, kann kaum überschätzt werden: Die beteiligten Gesellen und Arbeiter entwickelten ein Selbstbewusstsein, ein Gefühl für die eigene soziale wie politische Stärke, das auch in der ›Ära der Reaktion‹ von 1850 bis 1859 nicht mehr auszulöschen war und die Bildung eigenständiger, berufsübergreifender sowie überlokaler Organisationen enorm begünstigte.

In Berlin führte das Bewusstsein der sozialökonomischen Bedingtheit des Gegensatzes zwischen Arbeitgebern und Arbeitnehmern bereits am 11. April dazu, dass sich ein »Central-Comité der Arbeiter« bildete. Der Frühsozialist Stephan Born, der zum Präsidenten der neuen Organisation gewählt wurde, bezeichnete dieses Central-Comité, das zunächst Arbeiter und Gesellen aus 28 Gewerbezweigen repräsentierte, gegenüber Karl Marx als »quasi *Arbeiter*parlament von Abgeordneten aus sehr vielen Gewerken und Fabriken«.[2] An dessen Sitzungen nahmen seit Mai mehrere hundert Delegierte teil. Zu den Kernforderungen des Central-Comités gehörten neben Forderungen nach der »Beschäftigung der Arbeitslosen in Staatsanstalten«, nach einer »progressiven Einkommensteuer mit Steuerfreiheit derjenigen, die nur das Nöthigste zum Leben haben«, nach der Einführung »unentgeldlichen Unterrichts« und die Schaffung kostenloser »Volksbibliotheken« auch die nach Tarifverhandlungen: »Kommissionen von Arbeitern und Meistern oder

Arbeitgebern« sollten Mindestlöhne, genaue Arbeitszeiten und andere Arbeitsbedingungen festlegen.[3]

Mit der Gründung des Berliner Central-Comités der Arbeiter um Stephan Born und Ludwig Bisky, die beide dem Bund der Kommunisten angehörten und vor 1848 bereits im Großen Handwerkerverein aktiv gewesen waren, datiert die Geburt der modernen Arbeiterbewegung in Deutschland. Programmatisch und mit seinen Organisationsprinzipien nahm dieses »Arbeiterparlament« die Ende August, Anfang September 1848 in Berlin gegründete Arbeiterverbrüderung vorweg, die erste nationale, gewerkschaftsähnliche Organisation im deutschen Raum.

Rebellionen im Arbeitshaus

Die Geschichte der Arbeiterverbrüderung bis zu ihrer Auflösung im Sommer 1850 gehört bis heute zum Traditionsbestand der Gewerkschaften. Unbeachtet blieb dagegen eine Institution, die noch im 19. Jahrhundert der Kristallisationspunkt obrigkeitlicher Sozialpolitik war: das Berliner Arbeitshaus.

Arbeitshäuser vereinigten seit dem 17. Jahrhundert die Funktionen eines Arbeits-, Waisen-, Irren- und Zuchthauses (als Strafanstalt für leichtere Vergehen) sowie eines Obdachlosenasyls. Eine solche multifunktionale Einrichtung war seit Beginn dem Großen Friedrichshospital angegliedert. 1742 bezog das Arbeitshaus das Gebäude eines Schlächtermeisters am Rondell vor dem Halleschen Tor. Der Name »Ochsenkopf«, den der Berliner Volksmund dem Arbeitshaus wegen der Nähe zu der Metzgerei verpasst hatte, blieb auch, nachdem das Arbeitshaus erneut umzog, diesmal in ein eigenes, dreistöckiges Gebäude, das 1756 bis 1758 nahe dem Alexanderplatz, errichtet wurde.

Seit Ende des 18. Jahrhunderts war das eigentlich für 500 bis 600 Häuslinge erbaute Arbeitshaus chronisch überbelegt. Ende 1847 zählte die Arbeitshausverwaltung 1 176 Insassen, unter ihnen 183 obdachlose Familien mit insgesamt 737 Personen. Was für ein Ort der Berliner »Ochsenkopf« war, schilderte drei Jahre vor der Revolution ein französischer Besucher: »Gefangene, Vagabonden, Schwachsinnige, verlassene Kinder, verrückte, arme Greise, Kranke von beiden Geschlechtern [schlafen] in weiten Schlafsälen mit 60, 62, 82, andere mit 100, 105 Betten […] zusammengeschichtet […], aus denen sie niemals herauskommen: der

Mangel an Übung und Bewegung in frischer Luft zerstört vollends die Gesundheit dieser Unglücklichen [...]. Arme Weiber haben ihre kleinen Kinder bei sich [...], mitten unter Sterbenden und Todten, unter Weinen und Schreien der Blödsinnigen und Verrückten! Alle Arten des Unglücks scheinen sich in diesem höllischen Aufenthalt zu vereinigen: das Verbrechen und das Elend, die Liederlichkeit und das Laster, die verwahrlosete Jugend und das hülflose Alter «.[4]

Auch für sie wurde der 18. März 1848 zu einem ›Tag der Befreiung‹. Bereits am späten Nachmittag, als der Alexanderplatz zum Zentrum der Barrikadenkämpfe wurde, wurde »das Arbeitshaus geöffnet und die Sträflinge in Freiheit gesetzt«. Deutlich wurde freilich schnell, dass Freiheit ohne ›soziales Netz‹ den Ärmsten der Armen kaum nutzte. Schon damals fehlte in Berlin Wohnraum an allen Ecken und Enden. Zudem waren die Nächte noch kalt. Deshalb konnten die am 18. März gezählten 1 286 Insassen von ihrer Freiheit kaum Gebrauch machen. Vom 19. auf den 20. März wurde »ein großer Theil« der freigelassenen Häuslinge »als obdachlos von den Bürgerpatrouillen [der entstehenden Bürgerwehr] wieder eingebracht«.[5] In den folgenden Monaten füllte sich das Arbeitshaus erneut.

Während der Revolutionsmonate wurde nicht nur die für die Insassen obligatorische tägliche Arbeitszeit von 13 bis 14 Stunden für oft sinnlose Tätigkeiten, z. B. auf der 1836 angeschafften »Tretmühle«, reduziert. Auch sonst lockerte sich die allgemeine Disziplin. »In dem hiesigen Arbeitshause hat sich in Folge der mißverstandenen politischen Freiheit in neuerer Zeit unter den Häuslingen ein Geist der Ungebundenheit und Widersetzlichkeit gezeigt«, erregte sich der Prediger des Berliner Arbeitshauses Andrae im Spätsommer 1848. Diese verweigerten immer häufiger den Gehorsam und ließen sich außerdem dazu hinreißen, »die Bärte und das Kopfhaar in den auffallendsten Formen zu tragen und zu cultiviren« sowie »Zigarren auf den Höfen und Sälen« zu paffen.[6]

Schon im Frühjahr hatte sich die Administration des »Ochsenkopfes« empört, dass »der Freiheitsschwindel, der vorzugsweise in der Arbeitsklasse herrscht« inzwischen »fast alle Arbeitshausarrestanten ergriffen« habe. »Bei einer solchen unruhigen Stimmung der Häuslinge und in der jetzigen anscheinend gesetzlosen Zeit [...] müssen wir einen Ausbruch befürchten, zumal in manchen Sälen über hundert Personen Tag und

Nacht beisammen sind.« Diese Befürchtung war nicht grundlos. Am gleichen Tage, an dem die Leitung des Arbeitshauses dies formulierte – am 19. April 1848 – »rotteten« sich die Häuslinge »zusammen, überwältigten die Aufseher und brachen nach dem Hofe aus. Sie rissen hier das Steinpflaster auf und waren schon im Begriff, sich hinter Barrikaden zu verschanzen und die Thore einzuschlagen, als noch zu rechter Zeit die Bürgerwehr hinzukam und entschlossen auf die Tumultanten losging« und die ›Aufrührer‹ überwältigte.[7] Auslöser war die »bittere Klage« der Häuslinge, dass »die Brod-Portionen völlig unzureichend und so klein seien, daß sie nicht sättigen könnten, auch die Suppe, welche sie empfingen, von viel schlechterer Beschaffenheit als die diejenige sei«, welche externen Aufsichtsbeamten vorgesetzt worden sei.[8]

Die Klagen über ein kaum genießbares Essen rissen nicht ab. Sie waren am 17. September erneut der Anlass dafür, dass »der Aufruhr allgemein [war] und der Ruf: ›Tod oder Freiheit!' von allen Seiten« erscholl. Eine Delegation der Häuslinge verlangte, »selbstgewählte [Deputierte] aus ihrer Mitte« in die Küche entsenden zu können. Nur so sei zu garantieren, »daß alles, was gegeben werden müsse, auch gegeben werde und dann auch in den Kessel komme.« Die Anstaltsleitung akzeptierte das, um den Aufruhr zu besänftigen. Drei von den Häuslingen gewählte Kontrolleure überwachten in den folgenden Wochen die Zubereitung der warmen Speisen.

Eine zweite Forderung der rebellierenden Arbeitshausinsassen war grundsätzlicherer Natur: Sie erklärten die »Strafe für Betteln für zu hart, da sie zweimal, einmal vom königlichen Kriminal-Gericht und dann noch von der Polizei viel länger bestraft würden.« Tatsächlich waren die Strafen für Bettelei hart: Wer einmal beim Betteln ertappt wurde, kam auf vier Wochen ins Arbeitshaus; der erste Rückfall wurde mit acht Wochen bestraft, der zweite mit einem Jahr Arrest usw., bis maximal vier Jahre. Des Weiteren verlangten die protestierenden Häuslinge, dass »jeder Gefangene bei seiner Entlassung eine Unterstützung zur ersten Schlafmiethe und Subsistenz erhalten [solle] und nicht wie bisher nur alte und schwache Leute«.[9]

Die Anstaltsleitung sah in dieser vor dem Hintergrund einer völlig unzureichenden Armenunterstützung verständlichen Forderung nur den »bösen Geist der Ungebundenheit und Widersetzlichkeit« – und beugte sich dem Druck nur vorübergehend. Intern erstellte die Administration des Arbeitshauses Listen mit den Namen der ›unbotmäßigen‹ Häftlinge und ermunterte die Aufseher zu rigorosem Vorgehen gegenüber den »Rädelsführern«. Einer von ihnen wurde vom Anstaltspersonal derart »thätlich mißhandelt«, dass er längere Zeit »das Bett auf dem Lazarethe hüten« musste.[10]

Dass es für die Obrigkeit nicht ungefährlich war, das alte Ordnungsregiment wieder einzuführen, zeigte sich am 2. November 1848. Dieser Tag wurde zum Höhe- und gleichzeitigem Schlusspunkt der Rebellionen im »Ochsenkopf«. Als, wie inzwischen wieder üblich, »Antreten commandirt« wurde, folgten die meisten der Insassen dem Kommando nicht. Sie »rotteten sich vielmehr zusammen und verweigerten, den Hof zu verlassen«. Die »Menge« zog »nach dem Eingangs-Thorweg, um sich gewaltsam zu befreien«, wurde hier nun aber mit einer Abteilung der Truppen, die im Sommer wieder nach Berlin zurückgekehrt waren, konfrontiert.

»Die Wachtmannschaften, die wir schon vorher unters Gewehr hatten treten lassen, trat den Häuslingen mit gefälltem Bajonett entgegen und trieb sie so auf den Hof zurück, auf welchem sie nur mit Steinen und Latten [gegen] das Militair einschritten. Bei diesem Zusammenstoße sind drei Häuslinge verwundet [worden]. Die Arrestanten zogen sich hiernächst auf die Schlafsäle zurück, zertrümmerten auf dem Gange in der ersten Etage die Fensterscheiben und thaten ein Gleiches in dem nach dem Alexanderplatz belegenen Saal in der 2ten Etage. Die Verstärkung der Wacht war inzwischen eingetroffen und mit Zuziehung derselben wurden in den zuletztgedachten Saal, dessen Thür mit eisernen Bettstellen und Strohsäcken verbarricadirt war, und nachdem die Füllung durchgeschlagen, eingedrungen und demnächst die zur Barricadirung benutzten Gegenstände fortgeräumt. Hiernächst trat nach und nach wieder Ruhe ein«.[11]

Lange Zeit befürchteten Militär und Obrigkeit eine Eskalation des Aufruhrs weit über die Mauern des Arbeitshauses hinaus. Denn den umliegenden Anwohnern blieb der Aufruhr nicht verborgen. Bei den Offizieren der eingesetzten Truppenabteilung erregte »der Andrang der Massen von Außen, welche sich bis nach Mitternacht auf dem Platze sammelten, große Besorgnisse«. Einer der »Anstifter« des Ausbruchs hielt, »nachdem der Tumult im Hause schon Statt fand, vom Fenster aus eine Ansprache an den auf der Straße versammelten Volkshaufen des Inhalts, daß sie alle schuldlos eingesperrt seyen, und [verband] damit die Aufforderung, mit der rothen Fahne zu ihrer Rettung herbei zu kommen.«

Dazu kam es jedoch nicht. Den Soldaten gelang es schließlich, die Menge vor dem »Ochsenkopf« zu ›zerstreuen‹.[12] Nach der Niederschlagung der Rebellion Anfang November wurden 38 ›Rädelsführer‹ verhaftet, unter ihnen »einige Frauenzimmer«.[13] 26 von ihnen machte man Mitte Februar 1849 einen »kleinen Riesenprozeß«. Sechs der Angeklagten wurden als angebliche Anstifter der Rebellion vom 2. November zu mehrjährigen Zuchthausstrafen verurteilt.[14]

Blutiger als die Rebellion im Berliner »Ochsenkopf« verlief bereits in der zweiten Aprilwoche des Revolutionsjahres ein »förmlicher Aufstand« im Zuchthaus Spandau; bei dessen Niederschlagung erschoss das Militär einen Inhaftierten.[15]

Berlin im Katzenmusikfieber

Zwar bekamen die Einwohner in der unmittelbaren Umgebung des »Ochsenkopfes« Wind von den Rebellionen dort. In der breiteren Berliner Öffentlichkeit fanden sie jedoch kaum Beachtung. Das ist auf die marginalisierte Position der Häuslinge zurückführen. Demgegenüber wurden – ähnlich wie die Brottumulte vom April, die Erdarbeitertumulte vom Mai und Juni sowie die Tumulte um den Linden-Klub im Hochsommer – Katzenmusiken oder Charivari (auch) in Berlin zum Tagesgespräch. Dabei handelte es sich um eine besondere Art des musikalischen Ständchens, mit dem unbeliebte Personen vom ›einfachen Volk‹ meist des Nachts traktiert wurden: »Man versammelte sich vor den Häusern, schrie, pfiff, quiekte, bellte, grunzte, heulte, miaute, schlug auf Kessel und trommelte mit den Absätzen auf dic Rinnsteinbrücken.«[16] Vorneweg dabei waren Frauen aus den Unterschichten, ›bewaffnet‹ mit Töpfen und anderen Haushaltsgegenständen, die sich zum Erzeugen höllischen Lärms vorzüglich eigneten.

Katzenmusiken waren eine vergnügliche Art des vor- und unterbürgerlichen Protestes – mit einer Jahrhunderte alten Vorgeschichte – und zugleich so etwas wie eine Karikatur auf die bürgerlicher Festkultur: Statt

»Ein Deputirter der ersten Kammer träumt von einer Katzenmusik«. Karikatur, um 1848.

einen Toast auf verdienstvolle Männer auszubringen, tadelten die ›Pöbelhaufen‹ buchstäblich unüberhörbar Honoratioren und andere Bürger, die sich bei ihnen unbeliebt gemacht hatten. Statt mit harmonischen, wohlgesetzten Liedern traktierten die Katzenmusikanten die bürgerlichen Ohren mit lauten und dissonanten Tönen aller Art. Statt Ordnung und abgestimmtem Festverlauf waren Lärm und Unordnung ein Charakteristikum der Charivaris.

Besonders ärgerlich waren diese beliebten Ruhestörungen für die Mitglieder der Bürgerwehr. Denn »fast allabendlich [tönte] das Signalhorn durch die Straßen, um die ruheliebenden Bürger aus ihren süßen Träumen zu erwecken und sie aufzufordern, das Gewehr zu nehmen, um anstatt im Bette die Nacht auf der Straße zu campiren.« Vor allem in der zweiten Maihälfte – und erneut im August 1848 – grassierte in Berlin ein regelrechtes Katzenmusikfieber. »Jeden Abend« wurden die Bewohner vor allem der bürgerlichen Viertel, so zählte Adolf Streckfuß, mit »sechs bis acht Katzenmusiken« um den Schlaf gebracht.[17] Auch in entfernteren

Stadtteilen war allnächtlich mindestens »ein verworrenes Lärmen, als ob die Frösche einen König ausriefen«, zu hören.[18] Da sich die Bürgerwehr schwer tat, die nächtlichen Übeltäter zu fassen, machten immer mehr Berliner von dieser beliebten Protestform Gebrauch.

Neben »Prinzipalen« (Arbeitgebern), die mit ihren Handlungsdienern (Angestellten) über Kreuz lagen, unbeliebten Schuldirektoren und Lehrern, städtischen Honoratioren oder auch herausragenden staatlichen Akteuren wie Ministerpräsident Ludolf Camphausen, der mit seiner Politik zahllose Berliner verärgerte, fanden vor allem Geistliche lärmende Aufmerksamkeit. Zum Adressaten einer größeren Katzenmusik wurde Superintendent Adolf Kober. Vor seinem Haus erschienen am 30. September 1848 »ein Haufe Menschen, Kinder und Erwachsene, und machte unter höhnenden Ausrufen meines Namens durch Klingeln, Pfeifen und Schreie einen so furchtbaren Tumult, daß ich und die Glieder meiner Familie in die größte Bestürzung geriethen und den äußersten Ausbruch der mit jeder Minute sich steigernden Leidenschaftlichkeiten fürchteten«, klagte der betroffene Geistliche dem Polizeipräsidenten.[19] Zu Handgreiflichkeiten kam es indessen nicht. Ausgelöst hatte Kober die Katzenmusik durch langatmige »Ermahnungen« an seine Konfirmanden, »sich von den jetzigen anarchischen Wühlereien und Straßenexcessen entfernt zu halten«. Kober war nicht der einzige Geistliche, der mit solchen Statements Ärger auf sich zog. Auch z. B. Karl Büchsel, 1848 Landes- und später Generalsuperintendent, wurde von einer »wüsten Schar« eine Charivari gebracht.[20] Dass gerade sie um den nächtlichen Schlaf gebracht wurden, war kein Zufall. »Vor allem die bibelgläubigen Geistlichen [waren] ein Gegenstand des Hasses der herrschenden Partei«, konstatierte Friedrich Wilhelm Krummacher, ein anderer prominenter Pfarrer.[21] Sie gerieten ins Visier des ›Pöbels‹, weil sie mit der Kanzel über ein ›mediales Instrument‹ verfügten, das es ihnen erlaubte, wortreich gegen Revolution und Republik zu Felde zu ziehen.

Protestantismus und Judenfeindschaft

Die Abneigung gegenüber der protestantischen Geistlichkeit, die das ›einfache Volk‹ in lautstarken Katzenmusiken zum Ausdruck brachte, mag auf den ersten Blick überraschen, gehörten doch etwa 93 Prozent der Berliner nach der amtlichen Statistik (die bis 1849 die Rubrik ›konfessionslos‹ nicht kannte) der evangelischen Kirche an. Bereits vor der Revolution besuchten allerdings nicht einmal zehn Prozent von ihnen regelmäßig oder auch nur häufiger den sonntäglichen Gottesdienst. Nach 1848 sank diese Zahl auf gut fünf Prozent. Ende der Fünfzigerjahre wollten lediglich zwei bis drei Prozent der eingeschriebenen Protestanten noch die sonntägliche Predigt hören. Berlin war, auf diese Formel brachte eine anonyme zeitgenössische Broschüre das Problem, nach Paris die »kirchlich verwahrloseste Stadt« in Europa.[1]

Besonders schlecht waren die Gottesdienste in den Kirchen besucht, die in proletarischen Vierteln lagen. »Hochachtung und Ehrfurcht« in religiösen wie politischen Dingen, hieß es einige Jahre nach der Revolution im »Sonntagsblatt für die Innere Mission«, waren dort »den meisten unbekannt. [...] Mit der Cigarre in der Hand kommt man zum Taufstein oder zum Traualtar [...]. Während der Predigt aufzustehen und durch die ganze versammelte Gemeinde hindurchzugehen, sind 13- oder 14jährige Kinder im Stande, ohne daß man ihnen dabei die geringste Verlegenheit anmerkt. Die Wörter ›Grab‹ und ›begraben‹ sterben im Voigtlande [dem bekanntesten Elendsviertel der Hauptstadt] aus. Das ›Grab‹ ist zum ›Loch‹, aus ›begraben‹ ein ›inbuddeln‹ geworden, und 14jährigen Kindern sind die ordentlichen Bezeichnungen höchst ungewohnt, die gerügten höchst geläufig. Bei solchem Mangel an Pietät ist es nicht zu verwundern, wenn revolutionaire und socialistische Gelüste die Massen in erschreckender Weise durchdringen. Das Jahr 1848 hat es zu schauerlicher Klarheit gebracht, was Berlin und Preußen in Zeiten der Gefahr vom Voigtlande zu erwarten haben. Merkwürdig war, daß die

Männer noch von den Weibern übertroffen wurden«. Die Revolution habe die religiöse »Verwahrlosung« enorm beschleunigt: »Besonders seit 1848 erscheint [...] das kirchliche Leben in entsetzlichem Verfall.«[2]

Die Haltung der protestantischen Kirche

Was das Blättchen der Inneren Mission verschwieg: Kein Berufsstand exponierte sich so stark wie die evangelische Geistlichkeit gegen Revolution und Demokratie, in die vor allem die unterbürgerlichen Schichten ihre Hoffnungen setzten. Die preußische Staatskirche war – bis auf wenige noch vergleichsweise moderate Außenseiter wie den Prediger Karl Sydow – fast geschlossen neupietistisch und zugleich orthodox-lutherisch orientiert sowie politisch hochkonservativ ausgerichtet.

In ihrem Zentrum stand Ernst Wilhelm von Hengstenberg. Der 1828 zum ordentlichen Professor für Theologie an der Berliner Friedrich-Wilhelm-Universität ernannte Hengstenberg war der wohl einflussreichste Theologe Preußens im zweiten Drittel des 19. Jahrhunderts. Einen auch politisch eminenten Einfluss besaß Hengstenberg bereits während des Vormärz, weil er die »Evangelische Kirchen-Zeitung« (EKZ) herausgab – das bis zur Gründung der Kreuz-Zeitung Mitte 1848 wichtigste konservative Massenblatt in der Hohenzollernmonarchie. Zusammen mit Ernst Ludwig sowie Leopold von Gerlach und Friedrich Julius Stahl bildete Hengstenberg während der Regierungszeit Friedrich Wilhelms IV. den Kern der »Kamarilla«– wie die Vertrauten des Königs in Anspielung auf die Günstlingswirtschaft in der spanischen Restaurationszeit unter Ferdinand VII. auch genannt wurden.

Die in Hengstenberg, Stahl und den Gebrüdern Gerlach personifizierte enge Verknüpfung von religiösem Einfluss und politischer Macht hatte während des Vormärz für die Krone durchaus auch unangenehme Folgen: Die aus der preußischen Staatskirche hinausgedrängten, dem hochkonservativen Mainstream gegenüber kritischen Pastoren resignierten nicht etwa. Sie radikalisierten sich infolge des Drucks, den sie erfahren hatten – und begründeten die Dissidentenbewegungen der Lichtfreunde und Deutschkatholiken, die seit Mitte der Vierzigerjahre immer mehr Anhänger gewannen. Sie und ihre Gemeinden wurden gleichzeitig zu einem Nukleus der liberaldemokratischen Bewegung des Vormärz; der Deutsch-Katholik Robert Blum und viele weitere Repräsentanten der religiösen Dissidentenbewegungen saßen im Revolutionsjahr dann in den Parlamenten, zumeist in den Fraktionen der gemäßigten oder radikalen Linken.

Die Kamarilla ließ sich dadurch in ihrem strikt »reactionären« Kurs freilich nicht beirren – weder vor noch nach der Märzrevolution. Am 19. März flüchtete Hengstenberg zu seinem Schwager in die Kleinstadt Gramzow (13 km von Prenzlau entfernt)[3] – und wetterte von dort, aus dem sicheren Exil, gegen Berlin und die Revolution. Und er stellte seine Evangelische Kirchen-Zeitung anderen Mitgliedern der Kamarilla als Forum zur Verfügung, etwa Ernst Ludwig von Gerlach, der ausgerechnet in der Ausgabe der EKZ vom 18. März 1848 gegen die Pariser Februarrevolution wütete, voller Ärger darüber, dass diese die europäische Revolutionswelle ausgelöst hatte: Diese sei nichts weiter gewesen als der Gewaltstreich einer »kleinen Rotte Frevler«, die »Paris in ihre Gewalt« gebracht und sich erfrecht hätte, »den Thron zum Fenster hinaus« zu werfen.

Tatsächlich war der Thronsessel Louis Philippes am Nachmittag des 24. Februar 1848 in den Garten der Tuilerien geworfen, von einer größeren Menschenmenge zum Place de la Bastille getragen und dort verbrannt worden. Für Gerlach war das ein ungeheuerlicher Frevel. Er und seine Freunde fürchteten, dass der Sturz der Monarchie Schule machen könnte, zumal »der Radikalismus [auch] in den großen Städten von Deutschland sein Haupt« hebt, »trotzend und drohend [gegen die] Deutschen Obrigkeiten, Deutschen Fürsten«.

Revolutionmachen galt Gerlach und ebenso Hengstenberg als französische Nationaleigenschaft. »Die Radikalen in Paris haben Deutschland umgestaltet. In Allem, im Großen wie im Kleinen, von dem Atheismus bis zu den Urwahlen, von den Barrikaden bis zur Trikolore, kopiren wir pünktlich die französischen Muster«, so Hengstenberg Ende April in seiner EKZ. Die »Volkssouverainität«, erklärte der Theologieprofessor wieder zwei Monate später, war ihm das »geistloseste, dürftigste, inhaltsleerste aller Schematismen, zu dem die von Empörerrotten geknechteten Franzosen greifen«. Sie galt ihm als »Erklärung völliger Insolvenz in allen Rechts- und politischen Ideen«, die man nun, »auch hierin alles Französische treu copirend, den bestehenden Deutschen Staaten aufdringt«.[4]

Kritik an Demokraten und Liberalen

Hengstenbergs Kritik richtete sich nicht nur gegen die Pariser Februarrevolution sowie die »schaurige Berliner Nacht«, in der »das wilde Geschrei des Aufruhrs« und »die Macht der Finsterniß« ebenfalls gesiegt hätten. Sämtliche Errungenschaften der Revolution waren dem Theologieprofessor die Hölle auf Erden. Freie und gleiche Wahlen würden, rügte Hengstenberg via EKZ, »alles Deutsche Recht, [...] alle durch Gottes Ordnung [...] geheiligten Gliederungen der Nation« auf den Kopf stellen. »Mit den Urwahlen geht der Communismus Hand in Hand«. Denn dadurch würden »alle Unterordnung, aller Gehorsam und somit die Pfeiler der göttlichen Wohlfahrt zerstört«. In völliger Verzerrung der Debatten der Preußischen Nationalversammlung über die Abschaffung der Reste feudaler Privilegien meinte er, dass »von den Abstimmungen des großen, meist besitzlosen Haufens ein unverkennbares Gelüste nach fremdem Gute« ausginge.[5] Mitte April erklärte er in einem programmatischen Artikel: »Wer sich nun wider die Obrigkeit setzet, der widerstrebet Gottes Ordnung, die aber widerstreben, werden über sich ein Urtheil empfangen [...]. Wie niedrig denken die vom Menschen, die in der politischen Freiheit das Ziel der Menschheit finden. Sie setzen den Menschen auf seine Naturseite herab. [...] Nie ist, wer nur politische Freiheit kennt, freier Träger der Menschheit. [...] Diese gefeierten Liberalen sind in der That wahre Knechtsseelen. [...] Gott bewahre uns Alle vor der Freiheit der Liberalen.«[6]

Was solche Sentenzen so wichtig sein ließ, war Hengstenbergs Einfluss. Er war ein Stichwortgeber für die konservativen Kreise des Bürgertums und des Adels. Nicht zuletzt die meisten Geistlichen der preußischen Amtskirche dachten ähnlich. Sie nahmen seine Sätze auf und verkündeten sie als ›Wahrheiten‹ von der Kanzel. Dies schloss auch z. B. die vom König vorgegebenen und von Hengstenberg sowie der übrigen Kamarilla kolportierten Verschwörungstheorien und Dolchstoßlegenden – keine ›Errungenschaften‹ erst des 20. Jahrhunderts – ein, namentlich den von Friedrich Wilhelm IV. in die Welt gesetzten Mythos, dass die Märzrevolution »vorher verabredet« und von einem »Schwarm fremder Emissäre«, vornehmlich Franzosen, geleitet worden sei.[7] Mindestens manche Geistliche profilierten sich unmittelbar als gegenrevolutionäre Scharfmacher. Friedrich Wilhelm Krummacher z. B., seit 1847 Pastor an der Dreifaltigkeitskirche, zeigte sich in den Tagen vor der Märzrevolution gegenüber Soldaten eines Kavallerie-Regiments ostentativ verwundert, warum sie den Aufläufen des (in seinen Augen) Pöbels »so unthätig zusähen«. Später bedauerte er, dass der »ganzen Katastrophe« nicht von militärischer Seite konsequent »vorgebeugt« worden sei.

Carl Immanuel Nitzsch, Professor für Dogmatik und praktische Theologie an der Berliner Universität und erster Inhaber der auf seinen Antrag hin gegründeten Universitätsprediger-Stelle sowie Pastor an der Dorotheenstädtischen Kirche, später Probst und Superintendent, behauptete, seit der Märzrevolution herrsche »Aufruhr und Krieg; [...] brausende Wellen und kein Fels, an dem sie sich brächen, keine Stimme, welche mächtig wäre, zu gebieten: bis hierher und nicht weiter!« Wie Hengstenberg schimpfte auch er, am 7. Mai 1848, über das allgemeine und gleiche Wahlrecht: »Der immer tiefer gehende, immer weiter ausgebreitete Gedanke, es gäbe kein Heil, so lange nicht das Volk in allen Gliedern des Staates zur Gesetzgebung mitwirke, hat sich endlich überstürzt und in Empörung, Gewalttat und Ungerechtigkeit umgesetzt«.[8] Sein Kollege Johann Friedrich Arndt, Pastor an der Berliner Parochialkirche, geißelte 14 Tage später die »allerheftigsten Stürme aufgeregter Leidenschaften, unwürdiger Parteiungen, aufwieglerischer Grundsätze und frevelhafter Gotteslästerungen«. Sie erschütterten »alles Bestehende in seiner Entwicklung auf's Gewaltsamste; wir haben es mit den heranwogenden Fluten unermeßlichen Elends zu thun, die [...] Abgründe öffnen, welche vielleicht niemals wieder geebnet werden können.«[9]

Am 30. Juli 1848 wagte auch Friedrich Strauß, als Hof- und Domprediger in einer exponierten Position und wie Hengstenberg und Nitzsch ordentlicher Professor für Theologie an der Berliner Universität sowie der wohl wichtigste geistliche Ratgeber Friedrich Wilhelms IV., die Linksliberalen und Demokraten als »Aufrührer« zu geißeln, die »auf eigenem Weg das Volk zu seinem Glück führen« wollten. Das Prinzip der Volkssouveränität ins Zentrum zu stellen, war für Strauß gleichbedeutend mit: »sich betören, die Führung des Herrn zu verwerfen und der menschlichen Kraft zu trauen«. Freiheit dürfe man jedoch nur als »Freiheit von der Sünde« verstehen.[10] Manchen Geistlichen galt die »Mond- und Geisterverfinsterung des März des Jahres 1848« retrospektiv als eine Art gottgewollter Prüfung, als eine neue »Sündfluth« und ein »wohlverdientes Gericht«. Mit dem für viele Pastoren damals üblichen Pathos erklärte Krummacher im Rückblick: »Gott wollte uns seinen strafenden Arm empfinden lassen und zugleich die Verderbenstiefe uns enthüllen, in welche ein großer Theil unseres undankbaren und vom Glauben abgefallenen Volkes versunken sei«.[11]

Mit der grundsätzlichen Ablehnung von Revolution und demokratischen Freiheiten ging die Ablehnung des liberaleren Südwesten Deutschlands und der dort im Vergleich zu Preußen weit stärkeren parlamentarischen Traditionen einher. Hengstenberg etwa galt die Hohenzollernmonarchie als die zentrale Stütze der protestantischen Christenheit, während die südwestdeutschen Staaten liberal ›verweichlicht‹ waren. Namentlich »das längst entchristlichte Baden, wo die Kirche schon geraume Zeit unter der Leitung eines der glaubenslosen Majorität verantwortlichen Ministeriums gestanden habe«, war ihm ein Dorn im Auge. Es könne deshalb nicht verwundern, so Hengstenberg am 1. April 1848, also noch vor Beginn des Heckerzuges, dass Südwestdeutschland zum »Haupttheerd der deutschen Revolution« geworden sei.[12]

Judenhass unter Geistlichen

Religiös aufgeladener Hochkonservativismus und (noch) christlich getönter Antijudaismus waren auf das engste miteinander verknüpft. Hengstenberg, Ernst Ludwig von Gerlach und andere verstiegen sich in der Evangelischen Kirchenzeitung zu judenfeindlichen Polemiken, die überaus erschreckend anmuten. Hengstenberg äußerte alle seine Vorurteile im komprimierter Form, als er am 21. Juni 1848 in einer der vielen überzogenen, mitunter völlig abstrusen Polemiken der EKZ verlautbaren ließ, die »Radikalen« (ein Begriff, der damals ausschließlich für die Linke reserviert war) hätten »ganz Deutschland entweiht, indem sie es losgerissen haben von der christlichen Kirche und geknechtet unter die Herrschaft der Juden, Deutschkatholiken, Pantheisten und Atheisten, unter die Herrschaft des Vorparlaments und der Fünfzig in Frankfurt.«[13] In dasselbe Horn hatte Gerlach schon Ende April geblasen: Die »radikalen Stimmführer« wollten der »deutschen Nation, vor tausend Jahren aus dem Schoße der Kirche geboren […], als Nation das Christentum ausziehen, sie soll Juden und Deutsch-Katholiken, Pantheisten und Atheisten als ihre Obrigkeit anerkennen.«[14]

Wie selbstverständlich wurden ›die Juden‹ in pauschalisierter Weise neben alle anderen religiösen und weltlichen Feinde der traditionellen Obrigkeit und der Amtskirche gestellt. Zu den schlimmsten Ausfällen verstieg sich Hengstenberg erst nach dem Ende der Revolution in Berlin und Preußen, am 22. November 1848 in seiner Kirchen-Zeitung unter der Überschrift »Judenherrschaft«: »Das Gelüste nach Herrschaft über die Völker geht durch die ganze Judenschaft hindurch und wird sich im Staate wie in den Kommunen und in Hauswirtschaften, wo Christen von Juden abhängig sind, besonders wenn die unsaubere Vermischung judenchristlicher Ehen überhand nehmen sollte, je länger desto drückender und unerträglicher fühlbar machen […]. Wehe dem Staate, wehe unserem christlichen Volke, wenn jüdische Jakobyner oder auch christliche, die mit ihnen fraternisieren, es unter die Füße kriegen, wohin ihr Trachten geht! Schmach und Schande über uns, wenn sie ungeahndet unseren Fürsten trotzen und sie anzutasten wagen dürfen!«

Der letzte Satz des Zitats war eine konkrete Anspielung – auf die berühmten Worte, die der Königsberger Arzt und Sprecher der Linken in der Preußischen Nationalversammlung Johann Jacoby keine drei Wochen vorher, am 2. November 1848, gegenüber Friedrich Wilhelm IV., gebraucht hatte: »Es ist das Unglück der Könige, daß sie die Wahrheit nicht hören wollen!« An Jacoby ließ Hengstenberg überhaupt seinen ganzen Hass auf Juden und Demokraten aus. »Der jüdische Doktor Jacoby« habe schon früh »trotzende Forderungen erhoben und mit Auflehnung« gedroht. Er sei »stets beflissen gewesen, seine Weisheit vorlaut an den Mann und auch an den König zu bringen, hat neuerdings, wo er nur eine Adresse zu überreichen hatte, sich nicht entblödet, eigenmächtig vor anderen sich noch das Wort anzumaßen und dem König den Vorwurf zu machen, daß er die Wahrheit nicht hören wolle. So kennt der jüdische Übermuth keine Grenzen und darf sich keck gegen die angestammte Obrigkeit setzen, die er nur zu gern vom christlichen Stamme abzweigen und dem eigenen aufpfropfen möchte«.

Unterwürfigkeit und Obrigkeitshörigkeit identifizierte Hengstenberg, so wird hier deutlich, als christliche Tugenden. Demokratische Verhaltensmuster – »Trotz«, »Übermut«, »Keckheit« sowie Respektlosigkeit selbst gegenüber Monarchen und anderen hochgestellten Personen – werden als »jüdisch« diffamiert. Jacoby wiederum personifizierte in den Augen Hengstenbergs »die Juden«, denen es »gänzlich« an »Pietät gegen König und Vaterland mangelt«. Sie wurden (die Formel gab es damals noch nicht) pauschal zu ›vaterlandslosen Gesellen‹. Das sei »nicht zu verwundern«, so markierte Hengstenberg das vermeintlich Fremde »der Juden«. Denn diese würden ganz allgemein »vornehmlich als Gegner der christlichen Fürsten und Staaten auftreten«. Alle wahren Christen müssten deshalb danach trachten, den »christlichen Staat«, d. h. die absolute Monarchie mit einem König »von Gottes Gnaden«, wieder herzustellen und zu festigen. »[D]er Leichtsinn, womit von Christen die Herrschaft des Christenthums im Staate aufgegeben wird, führt dazu, ihn der Herrschaft des Judenthums zu überliefern.«[15]

Ressentiments am Hof und im Militär

Ähnlich dachten auch ›säkulare‹ Hochkonservative, wie sich anhand der von Anbeginn antisemitischen Kreuz-Zeitung nachweisen lässt. Nicht zuletzt hochrangige Offiziere ließen ihren Ressentiments bei der Beschreibung der Märzrevolution freien Lauf: Generalleutnant von Prittwitz, der am 18./19. März den Oberbefehl über die in Berlin stationierten Truppen hatte, behauptete, dass unmittelbar vor Ausbruch der Barrikadenkämpfe »unter den Personen, die in den Schloßhöfen fortdauernd verkehrten und welche immer und immer das Ansinnen stellten, die Truppen zurückzuziehen, weil das Volk gegen diese und den Prinzen von Preußen erregt sei, – die Sprecher fast alle den jüdischen Typus nicht zu verleugnen vermochten.« An anderer Stelle seines »Erinnerungswerks« tischte Prittwitz seinen Lesern die Geschichte eines modernen Judas auf: Ein jüdischer Tabakladenbesitzer habe ›Arbeiter‹ »durch Verteilung von Geld, 20 Silbergroschen der Mann, reichlichen Lebensmitteln und Getränken, zum tätigen Widerstand« gegen das Militär »verleitet«.[16] Andere Offiziere kolportierten diese Erzählungen, mitunter in den gleichen Formulierungen, und reicherten sie um weitere, ähnlich abstruse Geschichten an. Ein Oberst Schulz beispielsweise behauptete, »unter den Gefangenen [...] viele Juden« gesehen zu haben,[17] und nährte so die haltlose Behauptung von der Märzrevolution als einer jüdischen Verschwörung.

Auch unter den Hohenzollern, in der königlichen Familie und beim Monarchen selbst, waren antijüdische Ressentiments verwurzelt. Bereits Ende 1847, vor dem Hintergrund des Schweizer Sonderbundkrieges als des ersten Wetterleuchtens der europäischen Revolution von 1848, glaubte Friedrich Wilhelm IV. Preußen von einem Verschwörernetz überzogen, das aus süddeutschen »Robespierres en herbes« und preußischen Juden bestünde.[18] Überraschen können solche Äußerungen nicht, hatte der Hohenzollernkönig doch schon kurze Zeit nach Antritt der Regentschaft die Einrichtung besonderer jüdischer Korporationen gefordert und in diesem Zusammenhang geäußert, die preußische Regierung dürfe nichts tun, was die »Amalgation« der Juden mit den nichtjüdischen Bewohnern Preußens begünstige.[19]

Friedrich Wilhelm IV. war nicht der einzige Hohenzoller, der solche Ansichten äußerte. Bei der Schilderung der Vorgänge des 18. März griff der damals 16 Jahre alte Neffe des Königs und spätere vorgeblich liberale 99-Tage-Kaiser Friedrich III. gleichfalls auf antijüdische Stereotype zurück: Am 19. März habe man ihn »auf einige Judengesichter aufmerksam [ge]macht, welche von der Menge auf die Schultern gehoben waren und eifrig redeten; auch schien einer etwas zu verteilen«.[20]

Die Gründe, aus denen wider besseres Wissen die – Jahrhunderte alte – Legende von einer umfassenden jüdischen Verschwörung gerade auch von höchsten staatlichen Funktionsträgern kolportiert wurde, sind bekannt: Sie war ein schon damals ›bewährtes‹ Erklärungsmuster, mit dem existenzielle Ängste in politischen Krisen- oder Umbruchsituationen sich auf denkbar einfache und griffige Weise ›erklären‹ ließen. Mit Verweis auf den angeblichen, leicht identifizierbaren Feind brauchte man sich mit den komplexen gesellschaftlichen Realitäten, die die eigene, fragil gewordene Position infrage stellten und Revolutionen bedingen, nicht auseinandersetzen.

Während der Revolutionsmonate setzten die konservativen Medien einen frühen Antisemitismus als politisches Instrument ein, namentlich die Kreuz-Zeitung. Auch andere hochkonservative Akteure versuchten etwa den Hausgeber der radikaldemokratischen Tageszeitung »Berliner Zeitungshalle«, Gustav Julius, und ebenso den Herausgeber der dreimal die Woche erscheinenden sozialistischen Berliner Zeitung »Das Volk«, Stephan Born, als ›Juden‹ zu diskreditieren, obwohl sie dies nicht nach konfessionellen, sondern ›nur‹ nach rassistischen Kriterien waren.

Gleichwohl standen Herausgeber und Autoren der Kreuz-Zeitung und ebenso die Hohenzollern, die ›Militärpartei‹, Hengstenberg, Gerlach und ihre konservativen Mitstreiter unter dem Strich ziemlich isoliert da. Die übergroße Mehrheit der Berliner Bevölkerung teilte ihre Ressentiments nicht. Daran ändern auch antijüdische Tumulte am 5. April, die von verarmten Kleinmeistern namentlich des Schneiderhandwerks ausgingen,[21] grundsätzlich nichts. Sie stießen auf die einhellige Ablehnung der demokratischen, liberalen und selbst der gemäßigt konservativen Öffentlichkeit und wurden auch in den Unterschichten nicht gutgeheißen. Deshalb maß Leopold Zunz, der Begründer der »Wissenschaft des Judentums« und ein entschiedener Demokrat, den »Häkeleien mit und gegen Juden« von Anfang April und den untergründigen judenfeindlichen Strömungen »keine Bedeutung bei«.[22]

Jüdische Emanzipation?

Für Zunz‹ Bemerkung gab es viele gute Gründe. Die gemäßigt-konservative wie die liberale Presse nahm eindeutig für die Emanzipation der Juden Stellung. Sie artikulierte damit, was die Meinung der übergroßen Mehrheit der bürgerlichen wie unterbürgerlichen Bevölkerung Berlins war. Im Revolutionsjahr wandten sich jüdische wie nichtjüdische Liberale, Demokraten und Sozialisten deshalb, wie es schien, wichtigeren Fragen zu: den anstehenden Reformen und der Bewahrung der mit der Märzrevolution erkämpften Freiheiten aller Staatsbürger, ungeachtet ihrer Konfessionszugehörigkeit. Tatsächlich wurden die Juden 1848 freilich nur »praktisch emancipirt«. Verfassungsrechtlich vollendet – bei gleichzeitig weiter bestehenden Diskriminierungen unterhalb der ›Verfassungsschwelle‹ – wurde die Gleichstellung der Juden in Preußen erst 1869 durch den Norddeutschen Bund.

Ein weiterer Grund für den Optimismus von Leopold Zunz und vielen anderen war, was die Spenersche Zeitung als den »besten Beweis, daß wir jetzt keinen Unterschied mehr machen wollen«, wertete: die Aufbahrung von vier jüdischen Märzgefallenen in der Werderschen Kirche unmittelbar nach dem Ende der Barrikadenkämpfe;[23] ein fünfter wurde in der Universität, und keiner in der Synagoge, aufgebahrt. Von unmissverständlich symbolischer Bedeutung war außerdem, dass – wie zuvor in Wien nun auch in Berlin – am 22. März neben einem protestantischen und einem katholischen Geistlichen Michael Sachs als Rabbiner der jüdischen Gemeinde »im Namen jenes uralten Bekenntnisses, das als lebendiger Zeuge der Weltgeschichte und Weltgeschicke seit Jahrtausenden dasteht«, vor den Särgen der Märzgefallenen eine kurze Ansprache hielt.

Ein dritter Grund für die Annahme, dass die Judenemanzipation praktisch vollendet sei, war die Wahl vieler »Juden in unsere preußische Verfassungs-Versammlung«. Die Spenersche Zeitung wertete dies am 12. Mai 1848 als Ausdruck der Tatsache, »wie sehr alle die seit Jahren angeregten Forderungen des politischen Fortschritts längst in Saft und Blut des Volkes eingedrungen« seien. Besonders hob die Spenersche Zeitung hervor, »daß Deutschlands erste Stadt, unser Berlin, den Dr. Veit in die deutsche Nationalversammlung sendet.« Moritz Veit, Buchhändler, aktives Mitglied der jüdischen Gemeinde und von 1839 bis 1848 Gemeindeältester, hatte sich schon im Vormärz für seine Mitbürger engagiert: Nach Daniel Alexander Benda und Bernhard Samuel Berends, die 1842 bzw. 1844 in das Berliner Kommunalparlament gewählt worden waren, war Veit seit 1846 der dritte jüdische Stadtverordnete. Ihm folgten weitere: Carl Heymann (der berühmte Verleger), Joel Wolff Meyer und Alexander Goldschmidt wurden 1847, Julius Springer (später ebenfalls ein berühmter Verleger) bei der Neuwahl Anfang Mai 1848 in die Stadtverordnetenversammlung gewählt. Damit saßen im Vergleich zu ihrem Anteil an der Gesamtbevölkerung (bzw. an dem männlichen Bevölkerungsteil, der das Bürgerrecht als Wahlvoraussetzung besaß) weit überproportional viele Juden im städtischen Parlament Berlins. Das war in der Tat ein gewichtiges Indiz dafür, dass die Juden in der preußischen Hauptstadt bereits während des Vormärz tatsächlich als (wie viele Zeitgenossen betonten) »praktisch emancipiert« gelten konnten.

So nimmt es denn nicht wunder, dass für die große Mehrheit der Berliner, gleichgültig ob sie gesellschaftlich ›unten‹ oder ›oben‹ standen, die rechtliche und politische Gleichstellung der Juden eine Selbstverständlichkeit war, die nun nach der Märzrevolution ›automatisch‹ vollzogen würde. Diese Einstellung konnte auch in Liedern zum Ausdruck kommen – und in der Begeisterung, mit der beispielsweise am 22. August 1848 während eines Festes der Bürgerwehr vom Sängerchor des Großen Handwerkervereins ein Lied gesungen wurde, dessen Refrain lautete: »Hoch lebe, Bruder, ob Jud‹ oder Christ/ Ein Hoch, weil Du ein Theil der Menschheit bist.« Vor allem dieser Refrain fand unter den anwesenden

1 200 Bürgerwehrmännern und den zahlreichen Gästen Anklang. Nach jeder Strophe »erschallte« er »laut in der ganzen Gesellschaft«.[24]

Voller Euphorie erklärte die Spenersche Zeitung am 12. Mai, dass der »Wunsch edler deutscher Männer, daß die die Juden ächtenden Ausnahmegesetze veraltet sein mögen, in ungeahnter Beschleunigung erfüllt worden« sei. »Hinfort gehört die ›Judenfrage‹«, welche lange Zeit »viele Gemüther aufgeregt« habe, »in die politische Alterthumskammer.« Etwas ernüchtert musste dieselbe Zeitung gut zwei Monate später, am 18. Juli, konstatieren, dass »die mit den jetzigen Zeitverhältnissen in offenbarem Widerspruch stehende Vorschrift des Allg. Landrechts [...], daß zwischen Juden und Christen eine Ehe unzulässig ist«, formal weiterhin gültig war.

Erst später – zu spät – wurde der liberalen, demokratischen und frühsozialistischen Bewegung bewusst, welch grundlegendes Versäumnis es gewesen war, nicht gleich ›Nägel mit Köpfen‹ gemacht zu haben. Die antijüdische Hetze gegen Johann Jacoby und seinen Anfang November gezeigten »Männermut vor Königsthronen« machte ihnen schmerzlich bewusst, dass die Gleichstellung der Juden in Preußen keineswegs selbstverständlich geworden war. Sie waren der Illusion, dass die ›Judenfrage‹ auch formal rasch zum Abschluss kommen würde, auch deshalb aufgesessen, weil die Politik der von der preußischen Krone eingesetzten liberalen ›Märzminister‹ entsprechende Hoffnungen lange Zeit genährt hatte.

Märzministerien und Nationalversammlungen

Am 29. März berief Friedrich Wilhelm IV. das liberale Kabinett Camphausen-Hansemann. Dessen bereits konservativer geprägter Nachfolger, die Regierung Auerswald-Hansemann, amtierte vom 25. Juni bis zum 21. September 1848. Beide Märzkabinette unternahmen von sich aus zügig Schritte, die Reste rechtlicher Diskriminierung der preußischen Juden aus dem Weg zu räumen.

In einer »erläuternden Verfügung« des Ministeriums der geistlichen etc. Angelegenheiten zu der Verordnung vom 6. April über die »amtliche Stellung der jüdischen Lehrer an öffentlichen und Privatschulen« wurde am 26. Mai ausdrücklich festgestellt, dass diese ohne Einschränkung an allen Schulen unterrichten dürften. In einer weiteren Verfügung vom 14. Juli erkannte das Ministerium »jüdische Gelehrte als zulassungsberechtigt zu allen Lehrämtern an den Landesuniversitäten« an. Justizminister Bornemann hatte bereits Mitte April allen »Rechts-Kandidaten jüdischen Glaubens« gestattet, ihre »Prüfungen behufs Eintritt in das Richteramt« abzulegen, nachdem noch im Vorjahr deren Zulassung zur Prüfung abgelehnt worden war.[1] Praktische Folgen hatte dieser Erlass allerdings nicht; es sollten noch Jahrzehnte vergehen, bis ein Jude das Amt eines preußischen Richters auch tatsächlich ausüben durfte.

Von weitreichender Bedeutung war dagegen, dass mit Wirkung vom 28. Juli 1848 getauften Juden der Wiedereintritt ins Judentum und Nichtjuden die Annahme der jüdischen Konfession gestattet war; bis zu diesem Zeitpunkt mussten zum Christentum übergetretene Juden für den Fall der Rückkehr zu ihrer alten Religion damit rechnen, aus Preußen ausgewiesen zu werden. Mit gutem Grund konnte der damals 19-jährige Levin Goldschmidt in einem Brief an seine Eltern wenige Monate nach der Märzrevolution feststellen: »Vieles, um das wir noch im vorigen Jahr flehten, ist erreicht. Auch der Jude kann jetzt nach seiner Neigung, nach seinen Talenten den Weg einschlagen, der ihm beliebt. Auch er braucht sein Glück nicht mehr mit der Abschwörung seines Glaubens erkaufen.«[2] Das waren Fortschritte – auch wenn die Judenemanzipation im Revolutionsjahr verfassungsrechtlich auf halben Weg stecken blieb.

Weit ambivalenter war der Umgang des ersten preußischen Märzkabinetts mit der ›sozialen Frage‹. Wenn hier die Bilanz insgesamt negativ blieb, dann war dies kein Zufall. Friedrich Wilhelm IV. berief Camphausen und Hansemann zu Ministerpräsidenten, weil er wusste, dass sie als erfolgreiche Unternehmer zwar das zarte Pflänzchen der Frühindustrialisierung kräftigen und zur Blüte bringen wollten, gleichzeitig jedoch auch entschiedene Gegner eines sozialrevolutionären Umbruchs waren.

Die ›Altliberalen‹ Ludolf Camphausen und David Hansemann waren beide erfolgreiche Bankiers und Eisenbahnunternehmer, die sich schon lange vor 1848 mit Vorschlägen für Wirtschaftsreformen profiliert hatten. Hansemann, unter Camphausen und später unter Auerswald Finanzminister, hatte Anfang der Vierzigerjahre in klassisch-liberalem Duktus »das Einmischen der Staatsverwaltung in zu viele Gegenstände« beklagt.[3] Das hinderte ihn freilich nicht, im Frühjahr 1848 auf staatliche Interventionen zu setzen: Um den Kollaps der schon vor Beginn der europäischen Revolutionswelle Anfang 1848 in eine tiefe Krise geratenen gewerblichen Wirtschaft und des Finanzwesens zu verhindern, setzte Hansemann die Einrichtung von Darlehenskassen zur Unterstützung defizitärer Unternehmen durch. Mit einem durch Staatsanleihen finanzierten ›Sofortprogramm‹ in einer für die damaligen Verhältnisse beachtlichen Höhe von 25 Millionen Talern wurde vor allem der Bau neuer Eisenbahnlinien finanziert. Andere seiner Vorhaben scheiterten.

Bereits das Kabinett, dem Camphausen und Hansemann den Namen gaben, war zwar reformorientiert, grundsätzlich jedoch antirevolutionär eingestellt. Das Selbstverständnis seiner Regierung brachte Camphausen prägnant mit dem Hinweis auf den Punkt, er und sein »Ministerium des Übergangs, der Vermittlung« wollten »den Staat ohne lebensgefährliche Zuckungen über die Kluft, welche das alte System von dem neuen trennt, hinüber führen«.[4]

Ludolf Camphausen: Der »Blitzableiter der Revolution«

Insbesondere den politischen Partizipationsansprüchen und sozialen Forderungen der unterbürgerlichen Schichten standen Hansemann und Camphausen (für überzeugte Wirtschaftsliberale schon damals nicht ungewöhnlich) ausgesprochen distanziert gegenüber. Während des Vormärz und noch Anfang 1848 wollten sie ein Zensuswahlrecht einführen, das nur den wohlhabenderen Bürgern die Teilnahme an Parlamentswahlen erlaubt und alle Gesellen, Fabrikarbeiter, Tagelöhner, Hausboten, Handlungsdiener sowie weitere Sozialgruppen, die von der Armenfürsorge lebten, ausgeschlossen hätte. Im Revolutionsjahr sahen sie sich allerdings aus taktischen Gründen gezwungen, das allgemeine und gleiche Männerwahlrecht hinzunehmen, um die »heulenden Wölfe vom Schlimmsten« abzuhalten.[5]

Camphausen machte zudem aus seiner Ansicht keinen Hehl, dass das Handwerk durch die moderne Industrie zwangsläufig verdrängt würde – und eine Pauperisierung, mithin die Verelendung der proletaroiden Meister und Gesellen nicht zu vermeiden sei. 1844 empörte sich der spätere Ministerpräsident über die Demokraten, Frühsozialisten und Linksliberalen, weil diese ihm nicht folgen, sondern vielmehr »den arbeitenden Klassen das Gefühl ihrer Rechte und der Gleichheit ihrer Stellung mit uns [...] beibringen« wollten.[6]

Camphausens Politikverständnis schloss eine möglichst enge Kooperation mit der Krone ein. Einen Tag nach der Berufung durch Friedrich Wilhelm IV. erklärten der Ministerpräsident und sein Kabinett in ihrer »Verantwortlichkeitserklärung« offen, ihre Aufgabe bestünde maßgeblich darin, »die Folgen des Rates, den wir [dem König] erteilen werden, allein auf unsere Häupter zu laden, damit Ew. Majestät, über das wogende Treiben des Augenblicks erhoben, in unantastbarer Ruhe die Entschließungen fassen können«. Camphausen wollte den Hohenzollernmonarchen vor revolutionären Zumutungen abschirmen und die Revolution selbst eindämmen.

Auch deshalb war er in der preußischen Hauptstadt äußerst unbeliebt. Helle Aufregung und heftige Proteste provozierte der rechtsliberale Ministerpräsident, als sein Kabinett am 10. Mai beschloss, den in Berlin als Repräsentanten des rechten Flügels der ›Militärpartei‹ verhassten ›Prinzen von Preußen‹ und designierten Thronfolger zurückzurufen, und dies am 12. Mai öffentlich bekannt machte. Nicht nur die Demokraten protestierten. Auch die wenige Wochen zuvor gegründete linksliberale National-Zeitung kritisierte Camphausen heftig. Dessen Ministerium, hieß es im Leitartikel vom 13. Mai, wolle »nur die Macht der alten Reaktion« wiederherstellen. Die »früheren Liberalen« um Camphausen wollten dieser »mit ihren starr absolutistischen Gelüsten« lediglich ein »verjüngtes« Aussehen verschaffen. Sie hätten ihren früher »liberalen Standpunkt auf die Reaktion zurückgedrängt, [um] hinfort nun Hand in Hand mit dieser gehen zu können.« Unter diesem Druck zog das Kabinett der Altliberalen seinen Vorschlag zurück und vertagte die Rückkehr des späteren Königs und Kaisers Wilhelm I. – den der Potsdamer Gerichtsreferendar und Demokrat Max Dortu bereits am 12. Mai als »Kartätschenprinzen« bezeichnet hatte (wofür er Anfang August 1848 Berufsverbot und eine Strafe von 15 Monaten Festungshaft wegen »Majestätsbeleidigung« erhalten sollte[7]).

Noch größeren Unmut rief Camphausen gegen Ende seiner Amtszeit hervor, als er einen Anfang Juni von der Linken in der Berliner Nationalversammlung gestellten Antrag, die Märzrevolution und damit den politischen Umbruch Preußens vom königlichen Gottesgnadentum zur konstitutionellen Monarchie ausdrücklich anzuerkennen, mit allen Mitteln abzuschmettern suchte. Das gelang ihm schließlich, aber nur mit großer Mühe und einigen rhetorischen Verrenkungen.

Besonderes beim ›einfachen Volk‹ Berlins spürte man, dass die Krone das Kabinett Camphausen-Hansemann vor allem als »Blitzableiter der Revolution« (Karl Marx)[8] eingesetzt hatte. Der Ministerpräsident machte zudem aus seiner Ignoranz gegenüber der ›sozialen Frage‹ kein Geheimnis. Infolgedessen wurde Camphausen, neben der protestantischen Geistlichkeit sowie konservativ-kommunalen Honoratioren, zum bevorzugten Adressaten ohrenbetäubender Charivaris. Der Bruder und Vertraute des Ministerpräsidenten, Otto Camphausen, berichtete Ende Mai nach Köln, dass der Chef des ersten Märzkabinetts an drei aufeinanderfolgenden Tagen zum Adressaten eines »widerlichen Straßenlärms« von Katzenmusikanten geworden war. Der Ministerpräsident habe »sein Schlafzimmer nach hinten hinaus verlegt«, weil die weitere »Aussicht auf solche Besuche nicht sehr einladend« sei.[9] Camphausen hatte Glück. Weil sich »eine große Koalition aller Freunde von Ruhe und Ordnung« (Manfred Gailus) einschließlich der in Berlin starken demokratischen Vereine von der ihnen fremden Protestform der Unterschichten distanzierte, wagten es Magistrat und Polizeipräsident am 27. Mai schließlich,

Der preußische Ministerpräsident Ludolf Camphausen. Lithographie nach einer Zeichnung von Theodor Hellwig, 1848.

Katzenmusiken zu untersagen. Zwar ließen sich diese nicht gänzlich unterbinden; Camphausen konnte fortan dennoch ruhig schlafen.

Zum Schicksal des ersten Märzkabinetts wurde die Preußische Nationalversammlung. Am 15. Juni hatte ihm das Parlament eine Niederlage beigebracht, die deutlich machte, dass die Mehrheit der Abgeordneten eine konstitutionelle Monarchie anstrebte, die diesen Namen auch verdiente. Sie wollte sich nicht mit bloßen »Vereinbarungen« mit der Krone – die Friedrich Wilhelm IV. alle Freiheiten gelassen hätten, den begonnenen Reformprozess abzuwürgen – begnügen: Ende Mai lehnte die Preußische Nationalversammlung den Verfassungsentwurf des von Camphausen geführten Märzkabinetts ab. Am 15. Juni 1848 nahmen die Abgeordneten den Antrag des westfälischen Delegierten Benedikt Waldeck an, mit dem die Preußische Nationalvertretung das Recht für sich in Anspruch nahm, einen eigenen Verfassungsentwurf auszuarbeiten (der fortan als »Charte Waldeck« firmierte).

Wenige Tage später brachte ein zweiter Beschluss der Preußischen Nationalversammlung für Camphausen das Fass zum Überlaufen. Nach dem gescheiterten Sturm auf das Zeughaus Mitte Juni – mit dem die

Berliner die »Volksbewaffnung«, für die sie am 18. März auch auf die Barrikaden gegangen waren, in einer spontanen Aktion praktisch verwirklichen wollten – verweigerte sie sich dem Ansinnen des Ministerpräsidenten, sich unter den ›Schutz‹ des preußischen Militärs zu stellen. Dessen Begründung überzeugte sie nicht, nur auf diese Weise in der Hauptstadt wieder Ruhe und Ordnung herstellen zu können. Die Mehrheit der Abgeordneten wollte keine Truppen zurückholen, die das einfache Volk der Hauptstadt kein Vierteljahr zuvor in blutigen Kämpfen vertrieben hatte. Verärgert und frustriert trat Ludolf Camphausen am 20. Juni zurück.

An der Spitze der nächsten preußischen Regierung stand der moderat-konservative Rudolf von Auerswald. Auerswald entstammte einem alten Meißener Adelsgeschlecht, war 1842 zum Regierungspräsidenten in Trier ernannt worden und hatte bereits unter Camphausen als Innenminister amtiert. Hansemann blieb unter Auerswald Finanzminister und der ›starke Mann‹ von dessen Regierung. Auch für das zweite Märzkabinett sollte das Preußische Abgeordnetenhaus zum Schicksal werden. Aber nicht nur deshalb ist dessen Geschichte genauer zu beleuchten. Darüber hinaus beeinflusste das erste echte Parlament der nach Österreich zweiten Hegemonialmacht des Deutschen Bundes während des Revolutionsjahres die Berliner Lokalpolitik auch unmittelbar.

Vom Vereinigten Landtag zur Preußischen Nationalversammlung

Auch nach der Märzrevolution wollte Friedrich Wilhelm IV. ›seinem Volk‹ anfangs kein nach einem gleichen und allgemeinen Wahlrecht zusammengesetztes Parlament zugestehen. Der bisherige ›ständische‹, dezidiert vormoderne Weg sollte nach seinen Vorstellungen nicht verlassen werden. Die vom König während seines Umritts am 21. März »proclamierte Constitution« sollte »an die aristokratischen Brüste des Vereinigten Landtags« gelegt werden, wie eine demokratische Zeitung formulierte.[10] Hauptaufgabe des am 2. April 1848 zusammengetretenen Zweiten Vereinigten Landtags war der »Entwurf eines Wahlgesetzes für die zur Vereinbarung der preußischen Staatsverfassung zu berufenden Versammlung«.

Dieses Wahlgesetz war ein Kuckucksei. Es sah zwar ein insgesamt fast uneingeschränktes Wahlrecht vor, allerdings ein indirektes: Zwischen die Wahlberechtigten und die Abgeordneten wurden (ähnlich wie heute noch in den USA) Wahlmänner ›zwischengeschaltet‹. Nur sie durften von den männlichen ›Urwählern‹ bestimmt werden; erst die Wahlmänner wählten dann die insgesamt 202 Abgeordneten. Dieses indirekte Wahlrecht wurde zu einem sozialen und politischen Filter, der verhinderte, dass Angehörige der Unterschichten in die Preußische und ebenso die Deutsche Nationalversammlung einrückten – und es schwächte die Linke nachhaltig. Im Unterschied zu heute galt zudem kein Verhältnis-, sondern ein Mehrheitswahlrecht (bei dem der Wahlkreiskandidat als gewählt galt, auf den die meisten Stimmen entfielen). Eine Kampagne der demokratischen Bewegung Berlins, statt des indirekten ein direktes Wahlrecht einzuführen, scheiterte.

Noch fataler war für die Arbeit der Preußischen Nationalversammlung und überhaupt den weiteren Verlauf der Revolution § 13 des Wahlgesetzes. Der Artikel legte fest, dass die Volksvertretung »die künftige Staatsverfassung durch *Vereinbarung* mit der Krone feststellen und die seitherigen reichsständischen Befugnisse namentlich in bezug auf die Bewilligung von Steuern für die Dauer ihrer Versammlung interimistisch ausüben« solle. Mit dieser Formulierung war das »Vereinbarungs«-Prinzip in die Welt gesetzt. Dieses Prinzip sicherte der Krone eine starke Stellung. Es erlaubte ihr, gegen jedes Gesetz des Parlaments und vor allem die dort auszuarbeitende Verfassung ein Veto einzulegen. Auf diese Weise war das erste preußische Parlament, das diesen Namen verdiente, auf Wohl und Wehe vom Monarchen abhängig gemacht worden. Denn darüber, was geschehen sollte, wenn es zu keiner gütlichen Einigung zwischen beiden Seiten kommen würde, sagte der Paragraf nichts aus. Mit Blick auf die später von Bismarck formulierte verfassungsrechtliche ›Lückentheorie‹, die dem Eisernen Kanzler ein hartes Durchregieren gegen das Abgeordnetenhaus erlauben sollte, kann man von einer preußischen ›Lücken‹-Tradition sprechen, die offensichtlich politisch kalkuliert war.

Die Preußische Nationalversammlung, die am 22. Mai, vier Tage nach der ›Paulskirche‹ zusammentrat, wies aufgrund des mit dem indirekten Wahlrecht verankerten ›sozialen Filters‹ eine ähnliche Zusammensetzung wie die Deutsche Nationalversammlung auf. Allerdings gab es einige signifikante Unterschiede, die mittelbar dafür verantwortlich waren, dass sich das erste preußische Parlament politisch deutlich links von der Paulskirche profilierte: In der Deutschen Nationalversammlung waren 56,2 Prozent Staatsdiener – und diese damit in letzter Instanz von den alten Obrigkeiten abhängig. Im preußischen Pendant standen ›nur‹ 47,1 Prozent in den Diensten staatlicher Behörden. Sozialgruppen, die sich unter dem Oberbegriff ›bürgerliche Berufe‹ zusammenfassen lassen (wie Geistliche, Rechtsanwälte, Ärzte oder Schriftsteller), machten in Frankfurt 27,8 Prozent, in Berlin dagegen lediglich 17,7 Prozent aus. In der Paulskirche saßen relativ betrachtet überdies fast dreimal so viele Bankiers, Unternehmer und Großkaufleute (7,2 Prozent) wie in Berlin (2,5 Prozent). Dagegen war umgekehrt der Anteil der städtischen Mittelschichten mit 11,9 Prozent, aber auch der der Gutsbesitzer und Landwirte mit 18,5 Prozent in der Preußischen Nationalversammlung deutlich höher als in der Deutschen Nationalversammlung (0,8 bzw. 6,8 Prozent).[11]

Das Ende des zweiten Märzkabinetts

Es war das entschieden demokratische Engagement der Mehrheit des preußischen Revolutionsparlaments, das auch zur Demissionierung der Regierung Auerswald-Hansemann führte. Konkret handelte es sich um den, wie sich zeigen sollte, vergeblichen Versuch der Berliner Nationalversammlung, der übermächtigen Stellung des Militärs in Preußen ein Ende zu bereiten.

Der Hintergrund: Am 31. Juli waren im schlesischen Schweidnitz bei Zusammenstößen zwischen Armeeeinheiten und Bürgerwehr 14 Bürger getötet worden. Daraufhin beschloss die Preußische Nationalversammlung am 9. August, eine Kommission zur Untersuchung der Vorfälle einzusetzen. Gleichzeitig forderte das Parlament das Staatministerium auf, die für die blutigen Auseinandersetzungen verantwortlichen Truppenteile aus Schweidnitz abzuziehen. Folgenreicher war die Aufforderung an das Kabinett Auerswald-Hansemann, einen Erlass an die Armee herauszugeben, »daß die Offiziere allen reaktionären Bestrebungen fern bleiben, nicht nur Konflikte jeder Art mit Zivilisten vermeiden, sondern durch Annäherung an die Bürger und Vereinigung mit denselben zeigen, daß sie mit Aufrichtigkeit und Hingebung an der Verwirklichung des konstitutionellen Rechtszustandes mitarbeiten wollten«.

Dieser Passus des nach dem Antragsteller, dem Breslauer Lehrer und Abgeordneten Julius Stein – der im Sommer 1848 auch dem Vorstand des Berliner »Demokratischen Klubs« angehörte –, sogenannten »Amendement Stein« war im Parlament relativ unumstritten. Über die anschließende Formulierung kam es dagegen zu einer Kampfabstimmung, die die Linke mit einer Stimme Mehrheit für sich entschied: Es sei »denjenigen Offizieren, mit deren politischen Überzeugungen dies nicht vereinbar ist, zur Ehrenpflicht zu machen, aus der Armee auszutreten.« Da das Ministerium den Beschluss sowie vor allem den Zusatz zu hintertreiben versuchte, setzten Linke und Zentrum das Amendement am 4. September erneut auf die Tagesordnung. Drei Tage später wurde der Antrag angenommen, und zwar diesmal mit der stattlichen Mehrheit von 219:143 Stimmen.

Von großer Bedeutung war diese Abstimmung nicht in erster Linie deshalb, weil daraufhin das Kabinett Auerswald-Hansemann zurücktrat und durch eine weiter rechts stehende, allerdings immer noch moderat-konservative Regierung unter dem ehemaligen Gouverneur des bis Ende 1847 in preußischem Besitz befindlichen Schweizer Kantons Neuchâtel, Ernst von Pfuel, ersetzt wurde. Wichtig war der Beschluss des preußischen Revolutionsparlaments vor allem, weil er Friedrich Wilhelm IV. und seine Vertrauten in ihrem Entschluss bestärkte, dem ›revolutionären Spuk‹ mit, wenn nicht anders möglich, militärischen Mitteln und gegebenenfalls auch unter Inkaufnahme blutiger Auseinandersetzungen, ein Ende zu bereiten. Dringlich schien ihnen die Gegenrevolution zudem deshalb, weil das preußische Militär entgegen einem auch in der Historiografie genährten Mythos keineswegs ›immun‹ gegen den ›revolutionären Virus‹ war, wie sich im Oktober in Berlin und Potsdam zeigen sollte.

Die Deutsche Nationalversammlung – aus Berliner Perspektive

Die Preußische Nationalversammlung setzte demokratische Marksteine. Weit zwiespältiger fällt die Bilanz für die Deutsche Nationalversammlung aus. Mit dieser Feststellung soll das großartige Werk der Paulskirche, die erste Reichsverfassung, die den Grundstein für alle demokratischen Verfassungen der folgenden eineinhalb Jahrhunderte abgab, nicht relativiert werden. Die abschließenden Debatten um das Grundgesetz, dessen Verabschiedung Ende März 1849 und die darauffolgenden Ereignisse, die als

»Reichsverfassungskampagne« in die Geschichte eingegangen sind, fallen allerdings bereits in die Zeit nach dem Ende der Berliner Revolution.

Festzuhalten ist zunächst, dass aus der Sicht der Berliner gleich welcher politischen Couleur die Preußische Nationalversammlung mindestens ebenso bedeutsam war wie das in der Frankfurter Paulskirche tagende deutsche Parlament, wenn nicht sogar weit wichtiger. Hinzu kam, dass die Debatten und Beschlüsse der in der Berliner Singakademie tagenden Abgeordneten das Revolutionsgeschehen in der preußischen Hauptstadt (wie angedeutet) oft unmittelbar beeinflussten.

Unabhängig davon haben die von der Hohenzollernmonarchie ausgehende (klein-)deutsche Einigung und eine lange Zeit germanozentrierte Historiografie – die bis in die Frühzeit der Bundesrepublik die Revolution von 1848 meist auf die Vorgeschichte der Reichseinigung von 1866/1871 reduziert hat – vergessen lassen, dass seit Beginn der Revolution ein mindestens latentes Spannungsverhältnis zwischen Preußen und ›Deutschland‹ bestand.

Dieses Spannungsverhältnis wurde durch den fast zeitgleichen Zusammentritt der beiden Nationalversammlungen institutionalisiert und perpetuiert. Veit Valentin hat das in seinem 1930/31 publizierten Standardwerk über die »Deutsche Revolution« zur Behauptung zugespitzt, dass »nichts die Einheit Deutschlands in Wahrheit mehr gefährdet [habe] als die Konkurrenz der Parlamente«. Vor allem das in Berlin tagende Parlament »bohrte sich, um sein Recht auf besondere Existenz zu beweisen, in das eigentlich Preußische so stark ein, daß es Deutschland fast darüber vergaß«.[12] Auch die Bezeichnung »Nationalversammlung« brachte unausgesprochen den ausgeprägten Selbstbehauptungswillen des ›Preußischen‹ gegenüber dem ›Deutschen‹ (dessen Grenzen 1848 nicht eindeutig waren) zum Ausdruck. Angesichts einer mal versteckten, mal offenen Rivalität zwischen der Deutschen und der Preußischen Nationalversammlung mutet es merkwürdig an, dass in Berlin das Konkurrenzverhältnis zwischen beiden Parlamenten der Öffentlichkeit keine intensive Diskussion wert war.

In den Klubs und ebenso der Presse der Hauptstadt standen die Debatten der in Berlin tagenden Nationalversammlung im Zentrum. Lediglich die organisierten Liberalen bildeten hier mit Einschränkungen eine Ausnahme. Im Konstitutionellen Klub war man sich grundsätzlich einig, dass »die Wichtigkeit der Verhandlungen der Nationalversammlung in Frankfurt denen des hiesigen Reichstages an umfassender Wirksamkeit bei weitem vorangingen«, so der Klub-Vorsitzende Robert Prutz.[13] Zwei dafür bestimmte Mitglieder berichteten auf den Sitzungen regelmäßig über die Debatten beider Abgeordnetenversammlungen. Auch bei der weit stärkeren linken Konkurrenz wurden anfangs Stimmen laut, der Frankfurter Nationalversammlung Priorität einzuräumen; vereinzelt wurde deshalb sogar eine Verschiebung der Einberufung der Preußischen Nationalversammlung befürwortet. Diese Position blieb jedoch in der Minderheit.[14]

Dieser Unausgewogenheit entsprach, dass die Berliner Presseorgane, unabhängig von ihrer politischen Färbung, meist bereits auf den Titelseiten ausführlich über die Sitzungen des Landesparlamentes berichteten. Häufig druckten sie seitenlange Wortprotokolle der Debatten ab. Die Diskussionen und Beschlüsse der Deutschen Nationalversammlung waren den Zeitungen der Hauptstadt Preußens dagegen oft nur knappe Meldungen wert, die zudem auf hinteren Seiten platziert wurden.

»Preußische Nation« oder deutsche Einigung?

Ins Schlaglicht der Berliner Öffentlichkeit geriet die Paulskirche vor allem dann, wenn die Interessen Preußens unmittelbar tangiert wurden. Dies war der Fall, als die Frankfurter Abgeordneten am 28. Juni 1848 die Einführung der provisorischen Reichszentralgewalt beschlossen, kurze Zeit später den Erzherzog Johann als Reichsverweser an die Spitze der Zentralgewalt stellten und der Reichskriegsminister am 16. Juli daraufhin einen »Huldigungserlass« für den Österreicher veröffentlichte. Vor allem bei der preußischen Krone und unter den der Hohenzollernmonarchie verpflichteten Hochkonservativen stieß dieser Erlass auf heftige Ablehnung. Sie verweigerten ihm rundweg ihre Zustimmung, weil der Huldigungserlass »ohne förmliche Mitwirkung der souveränen Fürsten« zustande gekommen sei. Folgt man dem Bericht des Polizeipräsidenten an den preußischen Innenminister vom 20. Juli 1848, dann war der Erlass mit Blick auf die Absichten seiner Urheber kontraproduktiv. Unmittelbar nach dem 18. März hatte sich »der Gedanke der Regeneration eines eigenen [recte: einigen] Deutschlands der Gemüther in solchem Umfange bemächtigt, daß das Particularinteresse Preußens vollständig beseitigt schien. Seitdem aber das Frankfurter Parlament die Wahl eines Reichsverwesers aus den Mitgliedern des österreichischen Kaiserhauses getroffen hat, ist man auf die Stellung Preußens aufmerksam geworden. Es läßt sich nicht bestreiten, daß in einem großen Theile der hiesigen Bevölkerung, vielleicht nur mit Ausnahme der von der Hand der Democraten geleiteten Pöbelmassen, ein starker Sinn für das Preußenthum herrscht«.[15]

In einem Bericht vom 27. Oktober 1848 bekräftigte der Polizeipräsident, die »particular-preußische Richtung« habe im Spätsommer und Frühherbst an Boden gewonnen.[16] Wenn insbesondere seit Frühsommer die medial und organisatorisch zunehmend präsenten Konservativen die vermeintliche Anmaßung der Paulskirche, ›Deutschland‹ gegenüber ›Preußen‹ den Vorrang einzuräumen, vehement ablehnten, dann bedeutet dies freilich nicht, dass die Konservativen grundsätzlich gegen die deutsche Einheit gewesen wären. Sie setzten allerdings andere Prämissen als die Demokraten und Liberalen.

Deutschland müsse, hieß es etwa in der Kreuz-Zeitung vom 15. Juli 1848, »immer ein zusammengesetzter Staat bleiben, also die Stammstaaten und ihre Bevölkerungen ihre unterschiedliche Existenz behalten, nicht in die ungetheilte Bevölkerung verschwimmen«. Für die Zeitung und die hinter ihr stehenden borussischen Hochkonservativen stand außer Frage, dass Preußen *nicht* in einem künftigen Deutschland verschwinden dürfe. Wichtig war ihnen vor allem, dass »die preußische Armee nimmermehr in der deutschen Reichsarmee aufgehen kann und wird, daß vielmehr die deutsche Reichsarmee in der preußischen Armee […] aufgehen muß.« Preußen bringe, so erklärte die ›graue Eminenz‹ der Militärpartei, der im Mai 1848 zum Direktor des Allgemeinen Kriegsdepartements ernannte Oberst Gustav von Griesheim in einer im Sommer 1848 in hoher Auflage gedruckten Broschüre, in einen (als Fürstenbund gedachten) deutschen Nationalstaat seine Armee ein, die »das Musterbild fast aller europäischen Heere« geworden sei. Dies schließe »den kriegerischen Sinn seines Volks [ein], der durch diese Armee geweckt, genährt und großgezogen worden ist«, und nicht in einer imaginären ›Nation‹ verschwinden dürfe. Friedrich Wilhelms IV. Parole vom 21. März, »Preußen soll in Deutschland aufgehen«, kritisierte Griesheim mit bemerkenswerter Deutlichkeit als »Übereilung einer hochbewegten

Zeit«.[17] Die Konservativen und insbesondere die Militärpartei dachten preußischer als der König selbst.

Während der Hohenzollernmonarch den Habsburgern grundsätzlich die deutsche Krone überlassen wollte, dem künftigen Kaiser freilich nur eine eher repräsentative Funktion zuzuweisen gedachte, wollten nicht wenige Konservative die Führungsrolle Preußens auch formal gekrönt wissen. Damit formulierten sie Ziele, die Bismarck, der 1848 zum weiteren Kreis der Kamarilla am Hohenzollernhof gehörte, 20 Jahre später mit der Gründung des Norddeutschen Bundes und des Deutschen Reiches praktisch umsetzte. Der Ausschluss Österreichs 1866 und die Krönung des »Kartätschenprinzen« zum Kaiser waren in letzter Instanz ja nichts anderes als eine ›Verpreußung‹ Deutschlands – ähnlich wie sie Konservative bereits 1848 avisierten.

Das »Großdeutschland der Paulskirche«[18]

Auch die »Democraten«, die der Polizeipräsident neben den Liberalen noch am ehesten als Anhänger der nationalen Einigung ausgemacht hatte, sowie die »Pöbelmassen« begannen sich ab Sommer 1848 zunehmend von diesem Ziel zu entfernen, allerdings aus ganz anderen Gründen als die Anhänger eines »starken Preußenthums«. Ihre Position stand der der Konservativen diametral gegenüber.

Sie lehnten die Hegemonie eines monarchistisch-autoritären Preußen nämlich entschieden ab. Für sie besaß die Errichtung eines deutschen Nationalstaates gegenüber der Durchsetzung fundamentaler Freiheitsrechte eine nachrangige Bedeutung. Ihre Einstellung lässt sich auf den Nenner bringen: Erst Demokratie, dann nationale Einigung. In ihrer Perspektive hatte die Hohenzollernmonarchie in Sachen gesellschaftliche Liberalisierung und Demokratisierung im Vergleich zu den süd- und südwestdeutschen Staaten einen extremen Nachholbedarf. Erst müsse Preußen aus dem verfassungslosen, »provisorischen Zustande heraustreten«. Zudem müssten die grundgesetzlich garantierten fundamentalen Freiheiten auch tatsächlich gesellschaftliche Wirklichkeit werden, ehe die nationale Einigung in Erwägung gezogen werden könne, so programmatisch die demokratische Tageszeitung »Berliner Zeitungshalle« am 1. November 1848.

Infolge der politischen Polarisierung war die soziale und politische Basis für Schwarz-Rot-Gold in Berlin seit dem Sommer 1848 schmaler geworden: Die Rechte votierte Schwarz-Weiß. Nicht nur aufseiten der frühen sozialistischen Arbeiterbewegung, die in Berlin seit Sommer 1848 sichtlich erstarkte, auch aufseiten der ›entschiedenen Demokratie‹ trug ›man‹ in zunehmendem Maße Rot statt ›nationaler Farben‹. Lediglich die Berliner Liberalen bekannten sich weiterhin uneingeschränkt zu Schwarz-Rot-Gold.

Zur Distanz der demokratischen Bewegung und der wachsenden Teile (früh-)sozialistisch beeinflusster »Pöbelmassen« gegenüber den nationalen Einigungsbestrebungen trug ab Sommer 1848 außerdem bei, dass in der Frankfurter Paulskirche diskutiert wurde, wie weit das neue ›Deutschland‹ eigentlich reichen sollte – und dabei die Schattenseiten eines großdeutschen Nationalismus zunehmend zutage traten. Diese Schattenseiten sind ohne ihren europäischen Hintergrund nur schwer nachzuvollziehen.

Die Barrikadenkämpfe vom Frühjahr 1848 und der Druck auf die Fürstenhäuser, sich – meist nur vorübergehend – zu konstitutionellen Monarchien zu wandeln, hatten die Völker einander nähergebracht. Aus vielen nationalen Revolutionen war zeitweilig ein europäischer Völkerfrühling geworden. In der Folgezeit beschleunigten die parlamentarischen Versammlungen in weiten Teilen des Kontinents die innere Nationsbildung. Begleitet war dies allerdings oft von einer gleichzeitigen fatalen Diskriminierung nationaler Minderheiten, die innerhalb der Grenzen des ins Auge gefassten Nationalstaats lebten. Zwar versuchten vor allem die demokratischen Fraktionen, dem Völkerfrühling und damit gleichen Rechten für nationale Minderheiten auch in den Parlamenten Geltung zu verschaffen. Sie blieben dabei jedoch zumeist in der Minderheit.

Das zeigte sich in Deutschland besonders eindrücklich während einer mehrtägigen Debatte in der Frankfurter Nationalversammlung, in der es um die Frage ging, ob den bisher unter preußischer Herrschaft stehenden Polen die staatliche Selbstständigkeit zugesprochen oder der größte Teil des Großherzogtums Posen, der von Preußen annektierte Teil Polens, in den Deutschen Bund eingegliedert werden solle. Berühmt geworden ist die Rede des Schriftstellers und Abgeordneten Wilhelm Jordan, die dieser am 24. Juli hielt.

Jordan, der in Königsberg und Berlin Philosophie und evangelische Theologie studiert hatte, war in der brandenburgischen Kleinstadt

Die Deutsche Nationalversammlung in der Paulskirche in Frankfurt am Main. Kreidelithographie, 1848.

Freienwalde als vermeintlicher Liberaler in die Deutsche Nationalversammlung gewählt worden. Die von demokratischer Seite vorgetragene Forderung, auch den Polen die nationale Souveränität zuzugestehen, bezeichnete er als »schwachsinnige Sentimentalität«. Er erklärte, in Deutschland sei es »hohe Zeit«, die »träumerische Selbstvergessenheit und Schwärmerei für alle möglichen Nationalitäten« abzulegen und einen »gesunden Volksegoismus« zu entwickeln. Diejenigen, die für das nationale Selbstbestimmungsrecht der Polen eintraten und dadurch die halbe Million in Posen lebender Deutscher »hinausstoßen« würden, halte er »mindestens [...] für unbewußte Volksverräter«. Jordan, der sich gängiger antipolnischer Stereotype bediente, sprach zahlreichen Mitgliedern der Deutschen Nationalversammlung aus der Seele; seine Rede endete unter »andauerndem stürmischen Beifall«.[19] Mit solchen Ansichten stand Jordan im Übrigen keineswegs allein. Joseph Maria von Radowitz und Fürst Felix Lichnowsky – um nur zwei weitere prominente Paulskirchen-Abgeordnete zu nennen – behaupteten mit ähnlichen Begründungsmustern gleichfalls ein vermeintlich deutsches Anrecht auf den »dunklen Osten«, neben den polnischen Gebieten auch auf Tschechien. Auch der Abgeordnete Ignaz Kuranda begründete mit »deutschen Händen, deutschem Fleiß«, warum allen »halben und ganzen Slavenländern« keine nationale Souveränität zugestanden werden dürfe.[20] Diese Beispiele bilden nur die Spitze eines Eisberges ab.

Solcherart Stellungnahmen waren keine folgenlosen Großmachtvisionen. Der frühe völkische Diskurs, der in der Deutschen – im Unterschied zur Preußischen – Nationalversammlung breiten Raum einnahm, mündete letztlich in die imperialen Weltmachtphantasien des Wilhelminismus. 1848/49 legitimierten nationalistische Ambitionen die rigorose Unterdrückung von Minderheiten und darüber hinaus ganz allgemein auch die Anwendung militärischer Gewalt durch die Gegenrevolution. Und die zeigte schon früh wenig Hemmungen, die Revolutionsbewegungen auch blutig niederzuschlagen.

Wendepunkte der europäischen Revolution

Ein früher Wendepunkt der europäischen Revolution war schon einige Wochen vor der Niederschlagung des polnischen Freiheitskampfes im Großherzogtum Posen durch preußische Truppen und der Kapitulation der Revolutionsarmee unter der Führung von Mieroslawski am 9. Mai das Scheitern der Großdemonstration der Chartisten in London am 10. April 1848. Die Bewegung der Chartisten war 1829 entstanden und eine organisatorisch wenig festgefügte Mischung aus Wahlrechtsbewegung und früher Arbeiterpartei. Das Scheitern ihrer Demonstration am 10. April trug maßgeblich dazu bei, dass England von der europäischen Revolutionswelle nicht erfasst wurde.

Der nächste Wendepunkt der europäischen Revolution datiert zwei Wochen später: Am 25. April, schlug die österreichische Armee Massendemonstrationen in Krakau, dem alten Zentrum Polens, das bis 1846 autonom gewesen war, mit brutaler Gewalt nieder. Die Zeitgenossen nahmen die Ereignisse in London, Krakau und Posen noch nicht oder nur eingeschränkt als Wendepunkte der europäischen Revolution wahr. Das sollte sich noch vor Sommerbeginn ändern.

Nachdem am 2. Juni 1848 auf Initiative vor allem der tschechischen Autonomiebewegung in Prag ein sogenannter Slawenkongress zusammengekommen war, wurde die Hauptstadt Böhmens zum Zentrum der Auseinandersetzung zwischen Revolution und offener Gegenrevolution. Eine größere Demonstration am 12. Juni gegen provozierend scharfe Restriktionen des Generals Fürst Windischgrätz, der den Oberbefehl über die in Prag und Umgebung stationierten österreichischen Truppen hatte, weitete sich am folgenden Tag, dem Pfingstsonntag, zu einem Aufstand aus. Überall in der Stadt wurden Barrikaden errichtet. Windischgrätz und seine Armee schlossen daraufhin die Stadt von außen ein. Nach dem Beginn des Bombardements brach der Aufstand schnell zusammen. Etwa 400 Tote waren zu beklagen. Massenverhaftungen folgten, die meisten Klubs wurden geschlossen, der noch tagende Slawenkongress auseinandergesprengt und das Kriegsrecht auf ganz Böhmen ausgedehnt. Diese Vorgänge öffneten aufmerksamen Beobachtern die Augen dafür, dass die traditionellen Obrigkeiten den revolutionären Volksbewegungen mit ›polizeilichen‹ und militärischen Mitteln Herr werden konnten. Der Gegenrevolution machten sie Mut.

Noch vor der Pariser Junischlacht, die ganz Europa erschüttern sollte, und fast zeitgleich mit der Niederschlagung des Prager Aufstandes wurde Berlin zum Schauplatz eines heftigen Konflikts, der wie eine eher nebensächliche Episode anmutet, tatsächlich jedoch die Wende in Preußen einleitete. Der Sturm auf das Berliner Zeughaus in der Nacht vom 14. zum 15. Juni 1848 besaß außerdem eine nationale Dimension. Denn Berlin war spätestens seit Anfang 1848 zur »informellen Hauptstadt« Deutschlands geworden – trotz der wichtigen Rolle Frankfurts am Main als Tagungsort der Deutschen Nationalversammlung. Größere Ereignisse in der preußischen Hauptstadt hallten zudem nicht nur in den Staaten des Deutschen Bundes nach, sondern letztlich auf dem ganzen Kontinent. Denn Berlin war neben Paris und Wien die dritte europäische Revolutionsmetropole. Was hier geschah, war deshalb keineswegs nur ein lokales Ereignis, auch wenn es auf den ersten Blick so anmutet.

Auch in der preußischen Hauptstadt hatte sich die Gegenrevolution bereits im Frühjahr 1848 zu regen begonnen. Anders als in Prag, Krakau, Posen und London setzte sie in Berlin anfangs allerdings vor allem auf juristische Instrumente. Der Prozess gegen Gustav Adolf Schlöffel im Mai 1848 war ein sichtbares Zeichen dafür, dass sich die staatliche und städtische Obrigkeit stark genug fühlte, entschieden gegen Radikaldemokraten und Sozialisten vorzugehen. Schlöffels Verurteilung und ebenso weitere Verfahren namentlich wegen Preßvergehen zeigen, dass sie damit Erfolg hatte. Selbst die demokratische Bewegung überschaute nicht, welche Tragweite das auf vorrevolutionärem Recht basierte judikative Vorgehen hatte. Erst die Erstürmung des großen Zeughauses in Berlins Mitte (der heutige Standort des Deutschen Historischen Museums) brachte der breiten Berliner Öffentlichkeit zu Bewusstsein, dass die Revolution in der Preußenmetropole an ihrem Wendepunkt stand.

Auslöser der heftigen Auseinandersetzungen in der Nacht vom 14. auf den 15. Juni 1848 war, dass die städtische und staatliche Obrigkeit die allgemeine Volksbewaffnung hintertrieb, für die die Berliner am 18. März – auch – auf die Barrikaden gestiegen waren. Voraus gingen dem Zeughaussturm zwei Ereignisse, die die Stimmung in der Stadt zusätzlich anheizten. Sie datieren auf den 8. und 9. Juni. Das eine Ereignis war die Rückkehr des Thronfolgers, das andere die Verweigerung der Anerkennung der Revolution durch die Preußische Nationalversammlung und das Kabinett Camphausen-Hansemann.

Die Rückkehr des Prinzen von Preußen

Für Friedrich Wilhelm IV. und seine hochkonservativen Berater war es eine Prinzipienfrage, an der Thronfolge Wilhelms festzuhalten und auf dessen Rückkehr zu drängen. Denn, so pointierte Rudolf Virchow, der preußische »Militärstaat war in dem Prinzen von Preussen verkörpert, der Sturz des ersten bedingte den Sturz des zweiten, den zweiten zurückrufen heisst, den ersten wieder zu Recht einsetzen.«[1]

Die Rückkehr des Prinzen von Preußen durchzusetzen gestaltete sich indes nicht ganz einfach. Camphausen und sein Märzkabinett hatten schon in der zweiten Maiwoche versucht, den Herzenswunsch des Königs zu erfüllen und Wilhelm zurückzuholen, waren damit jedoch gescheitert. Ein endlich gefundener Vorwand, ihn zurückzuberufen, war die Anfang Mai erfolgte Wahl des Prinzen in die Preußische Nationalversammlung durch die deutschstämmigen männlichen Bewohner des Kreises Wirsitz in der Provinz Posen. Dennoch wollten viele Berliner den verhassten Kronprinzen nicht innerhalb ihrer Stadtmauern sehen. Eine Volksversammlung ›In den Zelten‹ am Abend des 14. Mai 1848, die nach unterschiedlichen Schätzungen von 15 000 bis 50 000 Menschen besucht wurde, wollte dem Prinzen erst erlauben zurückzukehren, wenn »die Nationalversammlung ihn [aktiv] ruft«.[2]

Angesichts dieser Stimmung zögerte der König, seinen jüngeren Bruder zurückzuholen. Gleichwohl verließ der Prinz England sechs Tage, nachdem die Preußische Nationalversammlung zusammengetreten war, am 28. Mai. Am 6. Juni traf er in Potsdam ein. Am selben Tag rechtfertigte Camphausen vor der Berliner Nationalversammlung die Rückkehr des Thronfolgers.

Am 8. Juni betrat der Thronfolger dann höchstselbst die Singakademie, und provozierte bereits mit seinem äußeren Erscheinungsbild:

Prinz Wilhelm von Preußen als Abgeordneter des Kreises Wirsitz in der Preußischen Nationalversammlung, 8. Juni 1848. Lithographie aus dem Neuruppiner Bilderbogen.

»Statt im Bürgerkleide erschien er in Soldatentracht«, mit dem Degen an der Seite und dem »Federhut in der Hand«. Bei seinem Erscheinen erhoben sich »einige Mitglieder der Rechten in pflichtschuldigster Devotion; aber nur für einen Augenblick; denn sogleich ertönte von der Linken und [vo]m Balcon der laute Ruf ›Sitzen bleiben!' und schnell setzten sich die [U]nterthänigen ihres gnädigen Herren wieder nieder.« In einer kurzen Rede teilte der Prinz mit, dass seine »übrigen Geschäfte« es ihm nicht erlaubten, regelmäßig an den Sitzungen des Parlaments teilzunehmen.[3] In der Öffentlichkeit trat Wilhelm in den Folgemonaten vorsichtshalber nur selten auf. In den Novembertagen sollte er der Gegenrevolution politisch den Rücken stärken, allerdings gleichfalls ohne sich offen zu exponieren.

Die verweigerte »Anerkennung der Revolution«

Kaum hatte der Thronfolger am 8. Juni den Parlamentssaal verlassen, als der Berliner Abgeordnete Julius Berends den Antrag stellte: »Die hohe

Versammlung wolle in Anerkennung der Revolution zu Protokoll erklären, daß die Kämpfer des 18. und 19. März sich wohl ums Vaterland verdient gemacht haben.«[4] Berends begründete seinen Antrag damit, dass die Berliner Märzrevolution »vielfach und von verschiedener Seite geschmäht und herabgesetzt« und die »sittliche Erhebung des Volkes zu einer Straßen-Emeute« herabgewürdigt worden sei. Gewendet an die Zentrumsfraktionen, betonte er, dass der König lediglich Versprechungen gemacht habe. Eine »Sicherheit, daß diese wirklich zur Wahrheit werden«, habe es vor dem 18. März nicht gegeben. Erst die Märzrevolution habe zur »Garantie« gemacht, dass die unverbindlich versprochenen Freiheiten auch verwirklicht würden. Gleichzeitig betonte Berends, dass die Preußische Nationalversammlung selbst »aus dieser Revolution hervorgegangen« sei, also »ihr Dasein« faktisch der Berliner Märzrevolution verdanke. Sein Antrag zielte darauf ab, dass die Abgeordneten explizit feststellten, dass ihnen »das Volk die unveräußerlichen Rechte der Selbstregierung« übertragen habe.

Berends Antrag wurde am folgenden Tag mit knapper Mehrheit (196:177) abgelehnt. »[I]n Erwägung, daß die hohe Bedeutung der großen März-Ereignisse, denen wir in Verbindung mit der Königlichen Zustimmung den gegenwärtigen staatsrechtlichen Zustand verdanken, auch das Verdienst der Kämpfer um dieselben unbestritten ist und überdies die Versammlung ihre Aufgabe nicht darin erkennt, Urtheile abzugeben, sondern die Verfassung mit der Krone zu vereinbaren«, ging man »zur Tagesordnung« über. Berends, der mit der vorbehaltlosen Anerkennung der Märzrevolution zugleich das Primat der Preußischen Volksvertretung gegenüber der Krone durchsetzen wollte, war mit seinem Antrag gescheitert, der Wille der konservativen und meisten liberalen Abgeordneten, Reformen nur im ›Einverständnis‹ mit der Krone umzusetzen, dagegen bekräftigt.

In Berlin war die Enttäuschung über diesen Beschluss groß. Sarkastisch hieß es in der »Locomotive« vom 13. Juni 1848: »Die constituierende National-Versammlung schämt sich ihrer Herkunft, wie der ungerathene Sohn seines Vaters. Die Märzrevolution, ohne welche die Herren National-Vertreter dermalen […] daheim säßen und nach wie vor geknechtet würden, ist ein zu kleinlicher Gegenstand, als daß es der Mühe verlohnte, darüber zu urtheilen.«

Stephan Born, die zentrale Persönlichkeit der Berliner Arbeiterbewegung, wandte sich in seiner Zeitschrift »Das Volk« am 10. Juni 1848 ironisch an die Liberalen, die den Antrag Berends abgelehnt hatten: »Ach, warum können wir nicht eine Königlich Preußische Revolution machen, mit dem Willen und der Genehmigung der Regierung?« Die »Berliner Zeitungshalle« vom 14. Juni 1848 sah »das ganze zweizüngige, feige, durch und durch falsche und halbe Wesen sich hervor[drängen], welches bisher den deutschen Constitutionalismus charakterisierte.« Und weiter: »Jede Macht, welche ihren Ursprung verleugnet, ist durch sich selbst gerichtet.« Tatsächlich hatte sich das Parlament, so sollte sich im Rückblick zeigen, mit seinem Beharren auf »Vereinbarung« mit der Krone das eigene Grab geschaufelt.

Bereits in den Tagen vor dem 8. Juni hatten sich auf dem Platz vor der Singakademie, dem sogenannten Kastanienwäldchen, zahlreiche Gruppen von Menschen gebildet, die die gerade in der Preußischen Volksvertretung debattierten Themen diskutierten. Am 9. Juni war der Platz belebter als sonst. Noch bevor die Abstimmung über den Berends'schen Antrag begonnen hatte, drängte eine große »Menge gegen den Eingang [...] und verlangte in ungestümer Weise Einlaß.« Die Bürgerwehr verhinderte dies. Daraufhin entsandte die versammelte Menge eine vierköpfige Deputation in das Parlamentsgebäude, die darauf drängte, dass »die National-Versammlung die Revolution« anerkenne. Sie wurde vom arrogant auftretenden Präsidenten der Nationalversammlung Karl August Milde abgewiesen.[5] Bereits das provozierte den zwar erregten, aber insgesamt friedlich gestimmten »Haufen« vor der Singakademie.

Als wenig später das Resultat der Abstimmung bekannt wurde, rief dies (so berichtete die Vossische Zeitung am 11. Juni) »eine gewaltige Aufregung hervor; man erklärte den Beschluß dahin, daß die Versammlung die Revolution verleugne, und machte auf's Neue Miene, gewaltsam gegen die Akademie vorzudringen. [...] In diesem Moment heftigster Erregtheit trat der Minister v. Arnim, aus dem Ständehause kommend, unter die Menge. Seine erste Frage war: ›Was will das Volk hier?‹ Mehrere Stimmen antworteten, sie wollten wissen, was drinnen beschlossen werde. Der Minister erwiderte: ›das werdet Ihr morgen erfahren‹, und fuhr dann fort, zum Nachhausegehen zu ermahnen, da kein Sonntag sei. Dieser allerdings verletzende Ton mißfiel, und als plötzlich eine Stimme rief:

›das ist der Minister v. Arnim‹, so drängte sich alles windschnell um seine Person, dergestalt, daß er sich im Augenblick in einem fest zusammengepreßten Knäuel einer erhitzten, tobenden Masse befand. Einige suchten den Minister zu befreien, andere schimpften und drohten, wodurch, wie gewöhnlich, der Lärm nur toller wurde«.

Auch Karl Sydow, der in die Preußische Nationalversammlung gewählt worden war, weil er am 22. März über den Gräbern der Märzgefallenen anrührende Worte der Trauer gesprochen hatte, wurde von den zahlreichen Berlinern vor der Singakademie beschimpft, weil er in der Parlamentsdebatte unmissverständlich »gegen die Anerkennung der Revolution« Stellung bezogen hatte. Kaum war der protestantische Geistliche nach dem Ende der parlamentarischen Sitzung »in das Kastanienwäldchen hinausgetreten, als man ihn umringte und bald auf dieselbe Weise eingeschlossen hatte [wie] den Minister v. Arnim.« Auch gegen Sydow »wurden wilde Drohungen ausgestoßen«. Insbesondere »hielt man ihm Doppelzüngigkeit vor.«

Bis auf die »angstvolle« Situation seien allerdings »eigentlich täthliche Misshandlungen« weder gegen Arnim, Sydow noch gegen sonst jemanden vorgekommen, beruhigte die Vossische ihre Leser. Gleichwohl boten die Vorfälle der Obrigkeit einen willkommenen Anlass, die vermeintlich chaotischen Verhältnisse in der Hauptstadt anzuprangern. Das Staatsministerium forderte umgehend den Magistrat auf, für wirksamen Schutz der Volksvertretung durch die Bürgerwehr und zusätzliche Polizeikräfte zu sorgen, und regte die beschleunigte Bildung der tatsächlich bald aufgebauten 2000 Mann starken Konstablertruppe an.[6]

Für Friedrich Wilhelm IV. war das demokratische »Berlin eine Eiterbeule, die […] aufgeschnitten werden muß über kurz oder lang«, wie er Anfang Juni gegenüber Camphausen feststellte.[7] Die ›Unbotmäßigkeit‹ des ›Volkes‹ der Hauptstadt bestärkte ihn in der Absicht, mit der Revolution möglichst bald ›aufzuräumen‹. Bereits Ende Mai spielte der Monarch seinem Bruder Wilhelm gegenüber mit dem Gedanken, »zum Schwert zu greifen« und mithilfe seines Heeres und des konservativen »Landvolks« gegen die »Berliner Ordnungs- und Zuchtlosigkeit« zu Felde zu ziehen.[8] Er war allerdings so klug abzuwarten, bis die gesamteuropäischen Konstellationen es ihm erlaubten, der Berliner Revolution ein Ende zu bereiten.

Der heimliche Abtransport von Waffen aus dem Zeughaus

Das war in der zweiten Juniwoche noch nicht der Fall. Die Rückkehr des Prinzen von Preußen und die Weigerung einer knappen Mehrheit der Preußischen Nationalversammlung, ›ihre‹ Märzrevolution ohne Wenn und Aber anzuerkennen, steigerten allerdings Empörung und Wut der Berliner über eine Obrigkeit, die mit den alten Verhältnissen anscheinend nicht wirklich brechen wollte.

Weiter aufgeheizt wurde die angespannte Situation dadurch, dass die kommunalen und staatlichen Organe die Bürgerwehr als exklusive Instrumente der Krone zur Aufrechterhaltung von ›Ruhe und Ordnung‹ erhalten wollten. Obwohl vor allem die unterbürgerlichen Schichten der Märzrevolution zum Sieg verholfen hatten, blieben sie von der Mitgliedschaft in der Bürgerwehr ausgeschlossen. Und nicht nur das: Die Krone und – ein weiterhin konservativ getönter – Magistrat ergänzten die Beschränkung der Mitgliedschaft in der kommunalen Miliz auf die Inhaber des Bürgerrechts dadurch, dass sie sämtliche Waffen einziehen wollten, die sich die Barrikadenkämpfer während der Märzrevolution verschafft hatten. Am 10. und 22. April sowie erneut am 31. Mai machte der Magistrat bekannt, dass alle »Unbefugten« ihre Waffen abzugeben hätten; andernfalls hätten sie mit scharfer Bestrafung zu rechnen. Diese Anordnungen verschafften der Forderung nach Volksbewaffnung erneuten Auftrieb.

In Aufregung gerieten weite Teile der Berliner Bevölkerung zudem, weil seit der Rückkehr des Prinzen von Preußen Gerüchte über eine bevorstehende Gegenrevolution und »den Anmarsch von Truppen gegen Berlin« ins Kraut schossen.[9] Behauptet wurde etwa, dass die zur Bewachung des Zeughauses abgestellten Soldaten mit Gewehr zum mittäglichen Essen in einer benachbarten Kaserne gingen, jedoch ohne zurückkämen, »so daß auf diese Weise die Gewehre allmählig aus dem Zeughause geschafft würden.« Ein anderes Gerücht ging dahin, dass im Zeughaus zusätzlich zu den regulären 250 Mann Besatzung »36 Mann Artillerie« versteckt seien.[10]

»Lebhaft genährt« wurden diese Gerüchte weiter durch die beflissenen, allerdings am Veto der Preußischen Nationalversammlung gescheiterten Versuche des Ministeriums Camphausen-Hannemann, Militär zum angeblichen Schutz des Parlaments wieder in die Stadt zu holen, sowie »durch die Rückerinnerung an die Wehrlosigkeit des Volks am 18.

März«. In den unteren Bevölkerungsschichten Berlins war seit Ende Mai »die Idee vorherrschend, daß das Ministerium Camphausen aus reactionären Gelüsten dem ›Volk‹ die ihm gebührenden Waffen vorenthalte, ja sogar diese Waffen fortzuschicken wage, um damit außerhalb seine Soldaten zu bewaffnen.«[11]

Gänzlich unbegründet war diese Befürchtung keineswegs. Am Nachmittag des 30. Mai brach, vom Zeughaus kommend, auf offener Straße ein mit einer Plane bedeckter Wagen zusammen. Um den Schaden zu beheben, waren die begleitenden Soldaten genötigt, den Inhalt des Wagens auf das Straßenpflaster zu legen: »hundert hübsche Gewehre! Die Umstehenden sehen's, die Menge läuft herbei; sie fürchtet, man gehe damit um, dem Volk für den Fall eines neuen Kampfes die Waffen des Zeughauses zu entziehen.« Die inzwischen auf mehrere Hundert Personen angewachsene Menge veranlasste den Wagenlenker, sein Fuhrwerk samt Inhalt zurück zum Zeughaus zu fahren. Um einen erneuten Abtransport zu unterbinden, zog wenig später »eine Schaar« misstrauisch gewordener Berliner »vor das Zeughaus, um dasselbe zu bewachen«.[12] Gegen Abend wuchsen die »großen Volks-Mengen« weiter, wie Adolph Streckfuß beobachtete, und erregten sich über die »Regierung wegen ihrer nichterfüllten Versprechungen« sowie »darüber, daß dieselbe das Zeughaus heimlich von Waffen entleeren lasse. Redner traten auf und benachrichtigten das Volk, daß allnächtlich Kähne mit Gewehren und Munition beladen, heimlich aus dem Zeughaus fortgefahren würden, welches noch immer voll Waffen sei, obgleich die Regierung als Entschuldigung für die nichterfüllte Volksbewaffnung den Mangel an denselben vorgebe. Schon an jenem Abende wurden manche Stimmen laut, welche zur Erstürmung des Zeughauses aufforderten«.[13]

Am folgenden Tag, dem 31. Mai, bemerkten Mitglieder der Bürgerwehr, dass längliche Kisten auf einen größeren Kahn geladen wurden, der in der nahe vorbeifließenden Spree vor Anker gegangen war. Unter den Augen der Menschenmenge, die sich rasch einfand, wurden die Kisten geöffnet. Sie enthielten »2000 Stück schöner, neuer, blanker Gewehre! Allgemeines Erstaunen«. Die Bürgerwehrmänner luden die Kisten sowie »100 Fäßchen mit Granatenfüllung, aus Kartätschenkugeln bestehend, und 100 Granatenkugeln« wieder aus und brachten alles zum Zeughaus zurück. Eine ebenfalls auf dem Kahn befindliche sechspfündige Kanone wurde im nicht weit entfernten Schützenhaus in Verwahrung genommen.

Das reichte der vor dem Zeughaus versammelte Menschenmenge freilich nicht. Sie bestand »auf der Entfernung des Militärs aus dem Zeughause und dessen Besetzung durch die Bürgerwehr.« Tatsächlich wurde ein Teil der Soldaten abgezogen. Nur im oberen Stock des Zeughauses blieb eine Truppenabteilung stationiert; der untere Stock und sämtliche Zugänge wurden durch schwache Bürgerwehreinheiten besetzt. Die »Tausenden von Menschen vor dem Zeughaus« zogen dennoch nicht ab; sie »blieben den ganzen Tag versammelt« und spekulierten über einen »bevorstehenden Schlag der Reaction«.[14] Camphausen fürchtete angesichts der angespannten Situation bereits für die Nacht vom 1. auf den 2. Juni, dass »das Zeughaus gestürmt und der Pöbel mit Waffen versehen würde.«[15] Handgreifliche Konflikte zwischen Zivilpersonen und den in Berlin seit Ende April wieder stationierten kleineren Truppabteilungen heizten die gereizte Atmosphäre weiter an.

Auch die im ›Volk‹ kursierende Vermutung, die Krone bereite die Gegenrevolution vor, war nicht aus der Luft gegriffen. Was die Berliner nicht wissen konnten: Spätestens seit dem 1. Juni, vermutlich schon vorher, schloss Friedrich Wilhelm IV. nicht mehr aus, das revolutionäre Berlin mit Waffengewalt niederzuwerfen. Zuvor, so schrieb er seinem Bruder Wilhelm an diesem Tag, müsse man »den [Kriegs-]Schatz und soviel an Gewehren und Artillerie als möglich aus dem Zeughaus fortnehmen«.[16]

In den folgenden zwei Wochen schienen sich die Gemüter zu beruhigen. Gleichwohl lag über der Stadt, so Streckfuß, eine »furchtbare, unheimliche Ruhe, welche stets dem Gewitter vorausgeht«. In »allen Klassen der Berliner Bevölkerung, unter allen Parteien« habe in jenen Tagen eine »tiefe, innere Aufregung« geherrscht; »alle sahen mit banger Sorge der nächsten Zeit entgegen, in welcher sie einen gewaltsamen Ausbruch fürchteten«.[17] Am 14. Juni war es dann so weit.

Der Sturm auf das Zeughaus

Bereits am Morgen dieses Tages »zeigte sich die ganze Stadt Berlin in der lebhaftesten Bewegung«. Ungeachtet eines polizeilichen Demonstrations- und Versammlungsverbots vom 10. Juni hatten sich in der Nähe der Singakademie und des nur wenige Schritte entfernten Zeughauses wieder »große Menschenmassen« eingefunden.[18] Anlass war eine anstehende Debatte in der Preußischen Nationalversammlung. Die Volksvertreter, die sich nach der Abstimmung über den Antrag auf »Anerkennung der Revolution« vom 9. Juni wegen des Pfingstfestes vertagt hatten und erst am 14. Juni wieder zusammentraten, sollten nun über einen Antrag konservativer Abgeordneten diskutieren. Wegen der beschriebenen Anfeindungen gegen Arnim und Sydow fünf Tage zuvor wollten sie schärfere Gesetze erlassen. Eine demokratische und liberale Mehrheit des Parlaments lehnte dieses Ansinnen ab.

Für die vor der Singakademie und dem Zeughaus Versammelten zeigte der Antrag dennoch, wie wichtig die Volksbewaffnung war. Gegen 14 Uhr forderten »etwa 50 bis 60 Menschen meist jugendlichen Alters« einen vor dem Zeughaus Posten stehenden Bürgerwehrmann auf, die Türen zu öffnen, weil man die dort lagernden Waffen an die Berliner ohne Bürgerrecht verteilen wolle, was dieser ablehnte. Gleichwohl blieb die Situation angespannt. In den Nachmittagsstunden sammelten sich erneut große Menschentrauben vor dem Zeughaus. Rufe wurden laut, man müsse sich »jetzt die Waffen mit Gewalt nehmen«. Insgesamt aber blieb die auf »wenigstens tausend« Personen angewachsene Menge vor dem Zeughaus bis etwa 19 Uhr ruhig.

Das änderte sich, als aus einem ›Volkshaufen‹ ein Schuss, nach anderen Angaben auch zwei oder drei Schüsse fielen. Von wem sie abgefeuert wurden, ließ sich trotz intensiver Nachforschungen später nicht mehr ermitteln. Obgleich niemand getroffen wurde, glaubte sich das spärlich besetzte Bürgerwehrbataillon angegriffen. Einige seiner Mitglieder gaben mehrere Schüsse ab. Zugleich ging eine Abteilung der Bürgergarde rabiat und ungeschickt mit Bajonetten gegen die herumstehende Menge vor und drängte diese zurück. Resultat dieses Angriffs der städtischen Miliz waren zwei Tote und zwei Schwerverwundete.

Ähnlich wie am 18. März fühlte sich die Menge durch das panische und deshalb brutale Vorgehen der nun allerdings ›bürgerlichen‹ Ordnungskräfte ›verraten‹. Einer der beiden Toten wurde zur Universität gebracht und dort eine Zeit lang ausgestellt. Den zweiten Leichnam trug eine größere Menschenmenge durch die Straßen. Eine Frau mit verwundetem, blutigem Kopf wurde auf einem Schubkarren, begleitet von zahlreichen aufgebrachten Menschen, gleichfalls umhergefahren. Zusätzlich wurden »die Massen« mit »in Blut getauchten, an Stangen befestigten Tüchern immer wieder aufs Neue aufgeregt«, berichtete die Spenersche Zeitung am 16. Juni.

»Bei dem Anblick des vergossenen Blutes entflammte sich die aufs Höchste gesteigerte Wuth der dicht geschaarten Menge und ein tobender Racheschrei durchbebte dieselbe«, so die Spenersche. »In Windeseile durchlief die Nachricht von dem thätlichen Einschreiten der Bürgerwehr die Stadt. [...] Läden und Werkstätten wurden geschlossen und andererseits eilte eine große Menge Menschen nach dem Zeughause und dem Kastanienwalde. [...] Ganze Compagnien Bürgerwehr [befanden sich] in voller Auflösung, [...] die bedrohten Punkte, namentlich das Zeughaus, schienen von Schutz entblößt. Einzelnen Wehrmännern wurden die Gewehre abgenommen, anderen geboten, die Bayonette abzunehmen, eine Anzahl Bürgerwehren heftete weiße Tücher und Streifen an ihr Gewehr, zum Zeichen des Friedens und um anzuzeigen, daß sie nicht schießen würden«, hieß in dem Bericht der ältesten Zeitung Berlins weiter.

Die versammelte Menschenmenge fühlte sich an die Märzrevolution erinnert. »Alles« sei vollständig »überzeugt« gewesen, »daß es einen Kampf gegen die Soldaten, einen neuen 18. März gelte.« »Die abenteuerlichsten Gerüchte kamen hinzu: man erzählte sich von dem Anrücken großer Militärmassen auf Berlin«. Später hieß es, dass in Potsdam ein »Barrikadenkampf« ausgebrochen sei. Gegen 22.30 Uhr trieben die Ereignisse dann ihrem Höhepunkt zu. Die Menge zertrümmerte mehrere Fenster, drang in das Zeughaus ein und begann mit der »Austheilung von Waffen und Munition jeder Art«.[19]

Die im oberen Stock stationierte Truppenabteilung zog angesichts der Übermacht der Volksmassen ab. Kaum war sie verschwunden, stürzte »jung und alt, klein und groß« nun auch in das zweite Stockwerk des Zeughauses und jeder »holte heraus, was er wollte«. Nach übereinstimmenden Berichten griffen Bürgerwehrabteilungen erst ein, als das Zeughaus großenteils schon geplündert war. Zwar sammelten Bürgerwehr und später auch das Militär viele Waffen wieder ein, nicht wenige Gewehre und Karabiner blieben jedoch verschwunden. Sie wurden offenbar in Erwartung einer zweiten Revolution gehortet.

Die Erstürmung des großen Zeughauses geschah spontan und war völlig unkoordiniert. Die politischen Vereine der Hauptstadt waren

Der Sturm auf das Zeughaus am 14. Juni 1848. Holzstich nach einer zeitgenössischen Skizze, 1898.

gänzlich unbeteiligt. Auch die Demokraten distanzierten sich später vom Geschehen. Dennoch veränderte der Zeughaussturm die Kräfteverhältnisse in Preußen erheblich: Kurze Zeit nach den Ereignissen vom 14. Juni trat das liberale Märzkabinett Camphausen-Hansemann zurück. Letzter Anlass für den Rücktritt war die beschriebene Absicht des Ministeriums, angesichts des vermeintlichen Versagens der Berliner Bürgerwehr die Preußische Nationalversammlung durch reguläre Militäreinheiten schützen zu lassen – was die Abgeordneten ablehnten.

Politische Polarisierung

Der Zeughaussturm polarisierte. Große Teile der in Berlin schmalen bürgerlichen und kleinbürgerlichen Schichten wurden durch die Geschehnisse vom 14. Juni in ihrer Furcht vor Chaos und Anarchie sowie einer neuen, vielleicht sogar sozialen Revolution bestärkt. Ihnen war bewusst, dass sich im Zeughaussturm das Verlangen der Unterschichten nach einem generell größeren Einfluss artikulierte. Eine Art ›Anti-Chaos-Reflex‹ (Richard Löwenthal) trieb die ›besseren Kreise‹ Berlins an die Seite der preußischen Krone.

Umgekehrt wurden die proletarischen Schichten der preußischen Hauptstadt noch entschiedener zu Parteigängern der radikalen Demokratie und in zunehmendem Maße auch der sozialistischen Bewegung. Dies zeigte sich nicht zuletzt an den verwendeten Symbolen: Das nationale Schwarz-Rot-Gold wurde zunehmend durch die Signalfarbe Rot verdrängt. Die rote Fahne war ursprünglich das Zeichen für den Ausnahmezustand. Sie stieg 1832 und 1834 während zweier Aufstände in Paris, die von den Unterschichten ausgingen und rasch niedergeschlagenen wurden, zum zentralen Symbol der Linken auf. 1848 versinnbildlichte die Farbe Rot dann vor allem das ›Recht auf Arbeit‹ – das von der neuen republikanischen Regierung Frankreichs am 25. Februar als Grundrecht proklamiert worden war. Der Versuch der Pariser Sozialisten, die rote Fahne statt der Trikolore zum Nationalsymbol zu erklären, blieb zwar vergeblich. Aber die französische Trikolore wurde Ende Februar – als Kompromiss zwischen der gemäßigt-bürgerlichen und der sozialistischen Strömung innerhalb der republikanischen Bewegung – offiziell mit roten Rosetten versehen. Auf diese Weise trug die frühe zweite Republik den vor allem in der französischen Hauptstadt starken radikalsozialen Unterströmungen der Revolution auch sinnbildlich Rechnung.

Die Farbe Rot, die im Sommer 1848 nicht nur in Berlin Karriere machte, brachte den herausragenden Pariser Einfluss auf die gesamteuropäische Revolution zum Ausdruck. In der preußischen Hauptstadt war dies bereits frühzeitig auszumachen: Am Abend des 18. März flatterten zwar überwiegend schwarz-rot-gelbe Fahnen auf den Barrikaden, als Symbol für den Wunsch nach nationaler Einheit und Einführung einer konstitutionellen Monarchie. Mit sichtlicher Besorgnis registrierten bürgerliche Beobachter indes, dass daneben »ein Haufen von mehr als tausend Mann vor das berliner Rathaus gezogen [kam], eine schnell improvisierte rothe Fahne vorantragend«.[20] In den stärker ›proletarischen‹ Stadtteilen sollen während der Märzrevolution schon früh weitere »Trupps unter Vortragen rother Fahnen« durch die Straßen gelaufen und außerdem an vielen Häusern rote Fahnen aufgesteckt worden sein, so der Mathematiker und Erfinder des Zeigertelegraphen August Kramer als Zeitzeuge.[21] Auch Fürst Wilhelm Radziwill erinnerte sich, dass auf

»einer Barrikade in der Nähe des Köllnischen Rathauses«, die von einem »großen Volkshaufen« verteidigt wurde, »die rote Fahne« wehte.[22]

Das demonstrative Tragen der Symbolfarbe Rot zu diesem Zeitpunkt sollte nicht überbewertet werden. Gleichwohl wurden rote Fahnen keineswegs nur »aus Zufall«[23] getragen, weil keine anderen zur Hand waren. Das Rot versinnbildlichte den Eindruck, den die Errichtung eines »Ministeriums der Arbeiter« unter Albert Martin in Paris Ende Februar 1848 bereits in den Wochen vor der Berliner Märzrevolution auf Gesellen und Fabrikarbeiter gemacht hatte.

Seit dem Zeughaussturm traten die zunächst untergründigen ›roten‹ Strömungen sichtbar an die Oberfläche. Während das Zeughaus am Abend des 14. Juni geplündert wurde, zog »ein Trupp von etwa hundert Menschen unter Vorantragung einer rothen Fahne und unter dem Rufe: Es lebe die Republik! die Königstraße entlang, nach dem Alexanderplatze«. In Erwartung einer zweiten ›Märzrevolution‹ wurde am 14. Juni eine Barrikade am Alexanderplatz (Ecke Landsberger Straße) »unter dem Wehen einer roten Fahne« erbaut, so der Bericht eines Bürgerwehrmannes. Als er zu dieser »improvisirten Festung« ging, um nach dem Grund für die Verwendung des Symbols zu fragen, wurde ihm unter Anspielung auf die blutigen Auseinandersetzungen am Zeughaus mitgeteilt, »die Bürger hätten furchtbar geschossen, die Bürger wollten die Arbeiter unterdrücken, sie [die Arbeiter] aber wollten ihrer rothen Fahne folgen«.[24] Auch an anderen Orten sollen, so notierte eine Bürgerwehrkommission zur Untersuchung der Vorfälle in ihrem Abschlussbericht, »Barrikaden mit rothen Fahnen« errichtet worden sein.

Wenn in der preußischen Hauptstadt seit dem Zeughaussturm rote Fahnen und später daneben das Schwarz-Weiß der Hohenzollern die schwarz-rot-goldene Trikolore zunehmend verdrängten, dann stand dahinter nicht zuletzt die Enttäuschung über die Politik der Regierungsliberalen. Mit der Signalfarbe Rot demonstrierten die Unterschichten, wie dringlich in ihren Augen eine dauerhafte Lösung der von der Krone wie den Märzkabinetten ignorierten ›sozialen Frage‹ war. Gleichzeitig wurde Rot zum Symbol für ›Republik‹. Den sozialen Gegensätzen lief eine politische Polarisierung parallel. Schon am Nachmittag des 14. Juni, noch vor dem Zeughaussturm, waren Worte gefallen wie: »Das königliche Haus muß gänzlich nieder, es muß bis auf den letzten Blutstropfen ausgerottet werden.« Und: »Der König und das ganze Königl. Haus müssen fortgejagt werden.«[25]

Die soziale und politische Polarisierung beschränkte sich nicht auf Berlin. Sie besaß europäische Dimensionen, wie keine zehn Tage später Ereignisse zeigten, die als Pariser »Junirevolution« oder auch »Junischlacht« in die Geschichte eingegangen sind.

Die Pariser Junischlacht

Nachdem die seit Ende April amtierende konservative französische Regierung am 21. Juni 1848 die Nationalwerkstätten, die mehr als 100 000 Menschen Brot und Arbeit gegeben hatten, für aufgelöst erklärt hatte, begannen am 22. Juni in ganz Paris blutige Auseinandersetzungen. In den Vorstädten St. Antoine, Temple und La Villette entstanden fast 4 000, teilweise riesige Barrikaden. Etwa 40 000 bis 50 000 Aufständischen standen zunächst 80 000, später 200 000 Soldaten und Mobilgardisten (Mitgliedern einer neugebildeten Ordnungsmiliz) gegenüber. Das Militär unter Louis Eugène Cavaignac legte durch den rücksichtslosen Einsatz von Artillerie und Brandraketen ganze Straßenzüge in Schutt und Asche. Die erbitterten Kämpfe, die sich bis zum 26. Juni hinzogen, kosteten wenigstens 3 000 Revolutionäre und etwa 1 600 Armeeangehörige sowie mit ihnen verbündete Mobil- und Nationalgardisten das Leben; mehr als 11 000 Aufständische wurden verhaftet, fast 5 000 ohne ordentliches Gerichtsverfahren in die Kolonien deportiert.

Mit der Junischlacht erhielt die politische Revolution europaweit stärker als zuvor eine soziale Dimension. In Paris mutierte sie zum erbitterten Klassenkrieg: »Was den Juni-Aufstand von allen ähnlich gearteten Ereignissen unterschied, die seit sechzig Jahren bei uns nicht abreißen wollen«, konstatierte etwa Alexis de Tocqueville, »ist, daß er keineswegs zum Ziel hatte, die Form der Regierung, sondern vielmehr die gesamte gesellschaftliche Ordnung zu verändern«. Es sei »nicht eine politische Auseinandersetzung (in dem Sinne, wie wir bislang diesen Begriff gebrauchten), sondern ein Klassenkampf, eine Art Sklavenkrieg« gewesen.[26] In einem Leitartikel des »London Telegraph«, der weithin Beachtung fand und unter anderem in der von Marx herausgegebenen »Neuen Rheinischen Zeitung« sowie dem von Stephan Born gegründeten Berliner Arbeiterorgan »Das Volk« nachgedruckt wurde, hieß es Ende Juni,

Pariser Junischlacht: Beschießung des Faubourg St. Antoines am 25. Juni 1848. Zeitgenössische Kreidelithographie.

dass »dieses fürchterliche Blutvergießen« in Paris »von Anfang an eine vollständige Schlacht zwischen zwei Klassen« gewesen sei.

Für die Vossische Zeitung (um nur einen von zahllosen weiteren ähnlichen Kommentaren in den Berliner Printmedien zu zitieren) vom 29. Juni 1848 war eine »tiefe Wunde der Civilisation« sichtbar geworden. Sie glaubte gleichfalls, »daß es die Grundlagen der ganzen Gesellschaft sind, gegen die man wüthete«; die Junischlacht sei letztlich gegen »das Eigenthum« gerichtet gewesen.

Wenn die gesamte europäische Öffentlichkeit geradezu hypnotisiert auf die Geschehnisse in Paris schaute, dann stand dahinter das Bewusstsein, dass die Ereignisse in der Hauptstadt Frankreichs das ›Schicksal‹ der Revolution in ganz Europa bestimmen würden. So wie in Berlin bereits die ›polnische Frage‹ die Trennlinien zwischen den verschiedenen politischen Lagern markiert hatte, schieden sich hier auch an der Pariser Junischlacht die Geister.

Die Folgen von Zeughaussturm und Junischlacht

Ernst Ludwig von Gerlach ließ sich in seinem Blatt am 8. August 1848 zu dem zynischen Bonmot hinreißen: »Man sieht, die Franzosen verstehen nicht bloß Revolution, sondern auch Reaction zu machen.« Für die radikale Linke war die Pariser Junirevolution trotz ihres Scheiterns ein Morgenrot, das eine neue Gesellschaft ankündigte. Stephan Born, seit Spätsommer 1848 unumstrittene Führungsfigur der entstehenden gesamtdeutschen Arbeiterbewegung, wertete in seiner Zeitschrift »Das Volk« am 20. Juli den so blutigen wie kurzen Bürgerkrieg in der Französischen Hauptstadt als Beginn eines »Krieges gegen den liberalen Bourgois, den Züchter weißer Sklaven, gegen die Besitzenden überhaupt«. Bereits am 4. Juli hatte Born zudem unmissverständlich festgestellt: »Wir haben das Recht, Partei zu nehmen für unsere unterdrückten Brüder, seien es Deutsche, seien es Franzosen oder Engländer, die Arbeiter trennt kein Unterschied der Sprache, keine Landesgrenze, sie haben Alle nur ein Interesse, die Befreiung aus den Fesseln der Geldherrschaft; sie haben alle einen Unterdrücker, und das macht sie gleich und vereinigt sie, sie müssen insgesammt ihn stürzen, denn keiner von ihnen kann frei sein, wenn sie es nicht Alle sind. Auf den Straßen von Paris, da fochten die Arbeiter nicht allein für ihr französisches Interesse, für uns kämpften sie mit, für uns sind sie gefallen«.

Das war ein eindrucksvolles Bekenntnis: Mit einem unüberhörbar ›kosmopolitisch‹-sozialistisch-frühkommunistischen Akzent war es sowohl gegen einen konservativ-bornierten Borussismus als auch gegen ein nationalistisches, von kulturchauvinistischen Ressentiments geprägtes »Großdeutschland« gerichtet. Soziale Kämpfe kennen keine staatlichen Grenzen. So hatte man bereits einige Tage zuvor, am 29. Juni, als ›Lehre‹ aus der Pariser Junischlacht in »Das Volk« lesen können: »[D]as Ungeheure an diesem Kampfe [ist], daß er in dem einen Lande unterdrückt, in dem andern wieder empor taucht, weil es ein gesellschaftlicher Kampf ist«, der national nicht eingebunden werden könne.

Gelernt hatten Born und seine politischen Freunde aus dem Pariser Juniaufstand außerdem, »daß der Schrecken nicht zur Unmöglichkeit geworden, daß er leider wieder seine blutige Aernte halten kann, daß die Freiheit noch ihre Opfer verlangt, daß kein Kopf fest genug auf seinem Rumpfe sitzt, den nicht die Sense einer neuen Revolution heruntermähen könnte.« Das sei die »fürchterliche Überzeugung«, die die »Pariser Arbeiterrevolution uns gegeben« habe. Und dann erklärte Born mit geradezu prophetischen Worten, dass »die Civilisation Gewalt nicht« ausschließe – auch wenn er und seine Mitstreiter weiterhin die Hoffnung nicht aufgaben, ihre Ziele mit friedlichen Mitteln erreichen zu können.

Deutlicher als zuvor gewann nach dem Berliner Zeughaussturm und der Pariser Junischlacht vor allem die sozialistische Bewegung Konturen. »Weder mit Almosengeben noch mit verkürzter Arbeitszeit und erhöhtem Arbeitslohn allein ist das große Werk gethan, ist das Proletariat mit der Wurzel ausgerottet. Noch weniger helfen dem Proletariat die konstitutionellen Güter: unbedingte Rede- und Preßfreiheit, freies Assoziationsrecht, Schwurgerichte etc. Diese Güter sind recht gut, recht schön; allein sie haben einen Fehler: sie machen das Volk nicht satt. Wir kennen nur ein Mittel: Die Besitzenden müssen ihr Privilegium aufgeben«, so Born am 20. Juli.

In Abgrenzung zur weiterhin bürgerlich geprägten demokratischen Bewegung, die sich nicht zwischen konstitutioneller Monarchie und Republik entscheiden konnte und der ›sozialen Frage‹ nur eine untergeordnete Bedeutung zuwies, wurde in Berlin Ende August die Arbeiterverbrüderung gegründet. Sie war eine Melange aus früher Gewerkschaft und sozialistischer Arbeiterpartei – mit Stephan Born an der Spitze.

Auch Berlins Demokraten wurden sich des unfertigen Charakters der Revolution zusehends bewusst. »Nichts ist umgestürzt«, klagte Gustav Julius am 2. Juli in der von ihm herausgegebenen »Berliner Zeitungshalle«. Das »Wesen, der Spiritus, die Quintessenz, die Summe und der Inbegriff der alten Zustände, gegen welche sich in den Märztagen das Volk erhob, [sind] geblieben; eine kleine Unterbrechung hat stattgefunden, eine Umwandlung aber nicht. Fragen wir unser Gefühl […], so haben wir eine Revolution gemacht, fragen wir die redenden, die schreienden Thatsachen, nein, so ist es keine Revolution. […] Am 19ten gab der Polizei- und Militairstaat nach, wich, verkroch sich, aber starb nicht, sondern wartete nur des Augenblicks, da er sacht seine tausende von Hydraköpfen zischend wieder hervorstrecken, allmählich dann seinen Schlangenleib wieder emporbäumen und endlich das Volk mit den unzähligen Windungen dieses schlüpfrigen und muskulösen Leibes wieder umstricken könnte.«

Julius sollte Recht behalten.

Ruhe vor dem Sturm

Nach der »heftigen Bewegung« vom 14./15. Juni schien in Berlin »der Zeitgeist Siesta« zu halten. Es herrschte, wie die Zeitgenossen konstatierten, eine allgemeine »politische Abgespanntheit und Schlaffheit«. Nur ab und an wurde »die unheimliche Stille vom Gesumme eines reactionären Geschmeißes, dem Zirpen eines liberalen Heimchens oder den Mückenstichen der Demokraten unterbrochen«[1] – sowie wenigen Eklats, die die Gemüter in Wallung brachten. Zwei sind besonders hervorzuheben.

»Charlottenburger Vesper«

Schauplatz des ersten Vorfalls war Charlottenburg, das damals gut 8 000 Einwohner zählte – und den Bewohnern der preußischen Hauptstadt seit jeher verhasst war. Nicht nur die »dort im Müßigange lebenden Geldsäcke«, deren »loyaler Ruhe-Fanatismus« sprichwörtlich sei, sondern ›die Charlottenburger an sich‹ galten den Berlinern seit jeher als »gemein« und »beschränkt«.[2]

Am 20. August 1848 nun kam es zu wilden Szenen gegen Mitglieder des acht Tage zuvor gegründeten demokratischen Klubs dieser Stadt. Als diese ihr Vereinslokal betreten wollten, verwehrte ihnen »eine zahlreiche Menge Volks« den Zutritt und trieb sie »höhnisch und schimpfend« in die Flucht. In eines der Häuser, in das sich die Charlottenburger Demokraten geflüchtet hatten, drangen »wohl zweihundert Kerle« ein, mit Knüppeln bewaffnet. »Sämmtlich darin Befindliche wurden unter schrecklichem Geschrei bei den Haaren herausgeschleift, auf der Straße niedergeworfen und hier mit Knütteln geschlagen, daß es einen Stein erbarmen mußte. Einige Unglückliche suchten sich durch die Flucht zu retten; sie wurden aber von der ganzen Rotte im vollen Trabe verfolgt, eingeholt, und vor den Augen des, zum Appell versammelten Militairs, fürchterlich gemißhandelt.«

Danach stürmten die »Todtschläger« weitere Häuser, in denen sie

Mitglieder des demokratischen Vereins vermuteten, und »misshandelten« deren Bewohner ebenfalls »aufs Grausamste«.[3] Das schon bald geflügelte, ironisch verharmlosende Wort »Charlottenburger Vesper« (im Sinne von religiös aufgeladener ›Brotzeit‹) stammt offenbar aus konservativer Feder – gerichtet gegen die drei Brüder Edgar, Egbert und vor allem Bruno Bauer, damals ein bekannter Religionskritiker und Linkshegelianer, der nach der Revolution zum Hochkonservativen und Antisemiten wurde; sie waren innerhalb des Demokratischen Klubs Charlottenburg die Wortführer.

In Berlin war die Empörung über den »ultra-reactionären« Überfall im Nachbarstädtchen ziemlich einhellig. Der »Publicist« sprach von einem mit »kannibalischer Rohheit« durchgeführten »Attentat gegen die Freiheit der Person und der Meinung, dessen niederträchtige Brutalität den Bürgern Charlottenburgs zur unauslöschlichen Schmach gereichen muß.« Die linksliberale National-Zeitung versicherte ihren Lesern, »nichts Ähnliches von thierischer Rohheit und Niederträchtigkeit ist uns bisher bekannt«. Und auch die Spenersche sowie die Vossische Zeitung sprachen den Charlottenburgern ihre »höchste Mißbilligung« aus.[4]

Nachdem die ersten Nachrichten über die Charlottenburger Ereignisse eingetroffen waren, fanden sich empörte Berliner noch am Nachmittag des 20. August spontan zu zwei Volksversammlungen zusammen. Es herrschte ein »wahrer Wuthsturm«. Man »wollte sogleich nach Charlottenburg ziehen, um Selbsthilfe und Rache zu üben für den der demokratischen Parthei angethanen Schimpf«. Unter den Linden wurden «mit einer kaum begreiflichen Riesenkraft die mannesstarken Pfeiler umgerissen«, »die hohen eisernen Laternenpfähle […] wie Strohhalme umgeknickt und der Gasstrom, der aus den Gasröhren an mehreren hervorquoll, an mehreren Stellen angezündet, so daß die Flammen hoch emporloderte[n]«. Nur »mit Mühe ließ sich die Menge beschwichtigen«.

Auch in den folgenden Tagen hielt die Entrüstung in der preußischen Hauptstadt gegen die nach Berlin und Potsdam dritte Residenz der Hohenzollern an. Sie ließe sich, berichtete die Berliner Tagespresse unisono, »kaum beschreiben. Sämtliche Kreise, selbst die Männer der entgegengesetzten Partei, theilen diese Entrüstung« gegen »das ›Lumpennest Charlottenburg‹«. Obwohl die »Urheber der stattgefundenen Verbrechen« nicht bestraft wurden und der Charlottenburger Magistrat sich nur zu einer höchst lauen Entschuldigung entschließen konnte, beruhigten sich die Gemüter bis Ende des Monats wieder.

Die Schlacht auf dem Köpenicker Feld

Der Schauplatz des zweiten Ereignisses war das sogenannte Köpenicker Feld, eine der Stadt südlich vorgelagerte, damals noch recht wüste Gegend. Dort kam es am 12. Oktober zum einzigen Maschinensturm, den Berlin in der Revolutionszeit erlebte. Im Rahmen der Arbeitsbeschaffungsmaßnahmen beschäftigte Notstandsarbeiter zerstörten eine Dampfmaschine, die zum Abpumpen von Grundwasser aufgestellt war. Daraufhin wurde etwa 100 Erdarbeitern gekündigt.

Um die Rücknahme dieser Entlassungen durchzusetzen, zogen am Vormittag des 16. Oktober zahlreiche Arbeiter unter dem Ruf, »›es lebe die Republik‹, unter Vorantragen einer rothen Fahne von Schacht zu Schacht«, um ihre Kollegen zu mobilisieren. Anschließend machten sie »Anstalt, sich in die Stadt zu wenden.« Schutzmannschaft und Bürgerwehr hinderten sie jedoch daran. »[A]ls ein ferneres Bürgerwehrbataillon zur Unterstützung heranrückte, eröffneten die Arbeiter einen furchtbaren Steinhagel auf die Bürgerwehr«. Als »der Steinhagel immer dichter wurde, machte [die Bürgerwehr] endlich [!] von ihren Gewehren Gebrauch und es wurde eine Zeit lang Gliederfeuer auf die Arbeiter unterhalten, in Folge dessen 5 Todte […] und mehrere Verwundete blieben«, so der Polizeipräsident.[5]

Das war erst der Beginn der Auseinandersetzungen. Denn die Schüsse der Bürgerwehrleute auf die unbewaffneten Arbeiter hatten »die ganze Gegend in Bewegung gebracht und überall sammelten sich Gruppen von Arbeitern und Volk«.[6] Nachdem die Bürgerwehr »Generalmarsch« geblasen hatte, bauten »Arbeiter« in den nahegelegenen Straßen mehrere Barrikaden. Bei den anschießenden Auseinandersetzungen erschoss die Bürgerwehr weitere fünf Arbeiter. Ein Bürgerwehrmann wurde tödlich verletzt.

Ähnlich wie am 18. März und 14. Juni trugen auch nach diesem Blutbad »Arbeiterhaufen die Leichen der auf dem Köpenickerfelde Getödteten durch viele Strassen der Stadt und endlich nach dem Schloß.« Parallel dazu verlagerten sich die Auseinandersetzungen in die inneren Bezirke Berlins. Den mindestens 4 000 bis 5 000 Erdarbeitern schlossen sich viele

Schießerei auf dem Köpenicker Feld am 16. Oktober 1848.

der (weiterhin) zahlreichen und angesichts ihrer Not erbitterten Erwerbslosen an, später außerdem Gesellen, Gehilfen und Fabrikarbeiter. Nach Einbruch der Dunkelheit flammten »in dem verbarricadirten Stadttheile Fackeln auf, die Fenster wurden zum Theil erleuchtet; die Nachtscene erhöhte die leidenschaftliche Aufregung.«[7] Erst gegen 23 Uhr gelang es der Bürgerwehr, die Arbeiter zu »zerstreuen«. Insgesamt wurden neun »Tumultanten«, bis auf einen alle dem »Arbeiterstande« zugehörig, und drei Bürgerwehrleute getötet. Mindestens 17 weitere Arbeiter wurden schwer verletzt. Für wie schwerwiegend auch die Krone die Ereignisse hielt, ist daran abzulesen, dass sich der in Potsdam weilende König am 16. Oktober durch zahlreiche »telegraphische Depeschen über den Fortgang des Aufruhrs« auf dem Laufenden halten ließ.

Auch am folgenden Tag blieb »der äußere Anblick der Stadt erregt«. Allerorten sah man »viele Gruppen, in denen lebhaft diskutiert ward«. Starke Bürgerwehrabteilungen patrouillierten durch die Straßen. Die auf dem Köpenicker Feld beschäftigten Erdarbeiter zogen in einer großen Demonstration erneut durch die Stadt, forderten »die Bestrafung der

Schuldigen« aufseiten der Bürgerwehr, eine feierliche Bestattung der getöteten Arbeiter sowie staatliche Unterstützung für die Hinterbliebenen.

Wie sehr sich der politische Wind inzwischen gedreht hatte, machte am 19. Oktober der Magistrat deutlich: Er lehnte die Forderungen der Erdarbeiter ab, weil diese »im Widerstreben und Auflehnung gegen Ordnung und Gesetz und das zu beider Schutz berufene Institut der Bürgerwehr muthwillig in ihr eigenes Verderben gerannt« seien; die Übergriffe der Letzteren erwähnte die städtische Obrigkeit nicht. Diesem Votum schloss sich die Mehrheit der Stadtverordneten an. Die städtische Obrigkeit verlangte zudem, dass die Revolution endlich beendet werden müsse: »So wenig man den Blitzstrahl, welcher ein Haus einäschere, obwohl er für die Allgemeine segensreich gewirkt, dankend hinnehme, so wenig könne auch das beständige Fortleben auf dem Boden der Revolution gutgeheißen werden.«[8]

Dass der Magistrat derartige Worte wagte, illustriert, dass die revolutionäre Bewegung ihre Offensivkraft verloren hatte. Auch den Polizeiorganen der Stadt waren die Ereignisse des 16. Oktober ein willkommener Anlass, Härte zu demonstrieren. Das Polizeipräsidium beschloss, die Konstabler, »um sie nicht erfolglos lebensgefährlichen Angriffen auszusetzen, in Zeiten ernster Unruhen mit Schießgewehren zu bewaffnen.« Am 17. Oktober wurden »1000 Bajonettflinten unter die Schutzmannschaften vertheilt«.[9] Die städtische wie die staatliche Obrigkeit bereitete sich offensichtlich darauf vor, der Revolution ein Ende zu bereiten.

Auch das Netz an juristischen Restriktionen, das auf vorrevolutionärem Recht basierte und im Prozess gegen Gustav Adolf Schlöffel bereits im Mai das erste Mal sichtbar geworden war, wurde fortgeknüpft. Prozesse gegen Verfasser, Verleger, Drucker und Verkäufer revolutionärer Flugschriften häuften sich. Volksversammlungen unter freiem Himmel machte der Polizeipräsident von seiner Erlaubnis abhängig; Übertretungen dieses Verbots wurden mit zum Teil harten Strafen geahndet. Wer abfällige Bemerkungen über den Prinzen von Preußen, den König und andere hochgestellte Personen machte, musste mit Anklagen wegen Majestätsbeleidigung rechnen. Streiks und Katzenmusiken suchten die Behörden gleichfalls mit allen Mitteln zu unterbinden. Angesichts der Stärke der demokratischen Bewegung in Berlin wagte es die Gegenrevolution allerdings weiterhin nicht, diese frontal anzugreifen.

Den Demokraten wiederum war zwar bewusst, dass die »herrschende Stille keine dauernde« bleiben würde. Sie müssten vielmehr »neue Kämpfe gewärtigen« und würden »schweren Tagen entgegensehen«.[10] Gleichwohl taten sie sich schwer, aus solchen Feststellungen praktische Konsequenzen zu ziehen.

Die Revolte des Potsdamer Füsilier-Bataillons

Insbesondere vernachlässigte die auf radikale Veränderungen orientierte Bewegung in Berlin die ›Militärfrage‹ sträflich. Dabei hatten ja die hier als ›Wendepunkte der europäischen Revolution‹ bezeichneten Ereignisse in aller Deutlichkeit gezeigt, dass die Armee noch vor der Beamtenschaft und dem Justizapparat die zentrale Säule der Fürsten und Monarchen waren, und damit auch ihrer Hoffnungen auf die Wiederherstellung der vorrevolutionären Verhältnisse. Diese letzte Stütze schien im Spätsommer allerdings gleichfalls in Wanken zu geraten.

Überrascht wurden beide Seiten durch eine (von den Demokraten schon bald so genannte) »Militär-Revolte«, die am 12. September 1848 die Garnisonstadt Potsdam, den Stolz des borussischen Hochkonservativismus, erschütterte. Dieses Ereignis machte sichtbar, dass die preußische Armee gegenüber revolutionären Einflüssen keineswegs so abgeschottet war, wie beide Seiten glaubten. Die Gegenrevolution versetzten die Vorgänge in der zweiten Hohenzollernresidenz in Hektik. Die Demokraten dagegen wurden mit neuen Hoffnungen erfüllt.

Ihren Ausgang nahm die Potsdamer Militärrevolte von einem Füsilier-Bataillon des zweiten Garde-Regiments, das »schon seit längerer Zeit nicht mehr auf die alte Weise zum blinden Gehorsam zu bewegen« gewesen sei, wie die »Berliner Zeitungshalle« berichtete. Auslöser der Ereignisse vom 12. September war die Bestrafung von Soldaten, die einige Tage zuvor eine Adresse an die Preußische Nationalversammlung unterzeichnet hatten. In dieser Adresse sprachen die Soldaten dem »Abgeordneten Stein, wegen seines von der National-Versammlung angenommenen bekannten Antrages« – der es »reactionären« Offizieren zur Pflicht machte, aus der Armee auszutreten – ihren »innigsten, wärmsten Dank« aus. Das Amendement Stein entspräche, erklärten die Soldaten, dem gemeinsamen Ziel, »unser Heer« zu einem »nach allen Seiten hin gereinigten, volksthümlichen und freisinnigen« zu machen. Erst in einer durchgreifend demokratisierten

Meuternde Soldaten vor den Communs hinter dem Neuen Palais in Potsdam, 12. September 1848. Zeitgenössischer Holzstich.

Armee, hieß es in der Adresse weiter, »erwächst der im Aufbau begriffenen Verfassung die sicherste Bürgschaft.«

Für die örtliche Militärführung war diese öffentliche Erklärung eine Blamage und Provokation. Sie reagierte auf die etwa 700 Unterschriften »aus allen Truppentheilen«, indem sie besonders ›unbotmäßige‹ Kompanien strafexerzieren ließ und eine Reihe angeblicher Rädelsführer im Militärgefangenenhaus internierte. Damit brachte sie das Fass zum Überlaufen.

Am Abend des 12. September zogen nach unterschiedlichen Angaben zwischen 60 und 100 Füsiliere ohne Waffen in die Stadt, um ihre Kameraden zu befreien. Ein Major »wollte den Versuch machen, die Soldaten zu beruhigen und zum Gehorsam zurückzuführen, fing dies aber sehr ungeschickt an, indem er des abgeschafften ›Du‹ sich bediente. Das goß nur Oel ins Feuer.« Er wurde von den Füsilieren »mit Koth beworfen und mußte sein Heil in der Flucht suchen.« Ein weiterer Offizier, »welcher in einer Droschke gefahren kam, wurde herausgerissen und geohrfeigt.«

In der Zwischenzeit hatten sich den Soldaten »Arbeiter, junge Burschen und als Demokraten bekannte Männer in großer Zahl« hinzugesellt. Sie ließen die rebellierenden Füsiliere »hochleben« und erklärten: »Soldaten und Bürger sind [eins], wir brauchen keinen Adel, nieder mit den Offizieren!« Nach einiger Zeit erschien die in Potsdam besonders konservative Bürgerwehr auf der Bildfläche, »ging mit gefälltem Bajonette vor und drängte die Volksmenge zurück«.[11] Gegen Mitternacht war die ›Ruhe‹ wiederhergestellt.

Für die Linke war die Potsdamer Militärrevolution ein hoffnungsvolles Zeichen. Die radikaldemokratische »Reform« titelte in einem Extra-Blatt vom 13. September: »Soldatenaufstand in Potsdam. Die letzten Stützen der Reaktion wanken. Unsere Brüder im Heere sind erwacht.« In einem anderen, anonymen Flugblatt ein, zwei Tage später hieß es: Endlich hätten die Soldaten »zu erkennen gegeben, daß sie nicht blinde Maschinen der Gewalt und der Offiziere sind«. Der »Geist der Geschichte, der Frühlings-Odem der Freiheit ist auch unter die Soldaten gefahren – und gar in Potsdam!«[12]

Für Leopold von Gerlach wiederum war die Potsdamer Militärrevolte ein untrügliches Zeichen dafür, dass »die immer weiter [um sich] greifende Auflösung im ganzen Lande« nun auch die Armee erfasst hatte. Er notierte am 13. September: »Die gestrigen hiesigen Vorgänge« könnten »übel wirken«. Prittwitz, seit Mai 1848 Generalkommandeur des Potsdamer Gardekorps, sprach gegenüber seinen Stabsoffizieren besorgt »von den schlechten Einflüssen, welche auf die Truppen ausgeübt würden«,[13] und fürchtete, dass die »politische Demoralisation sich immer weiter über das Land verbreiten« und »auch bald [die] Armee« erfassen werde.[14]

Das sah auch der König so. Er ernannte am 15. September deshalb General von Wrangel, der mit seinen Truppen kurz zuvor ›ruhmbedeckt‹ aus Schleswig-Holstein zurückgekehrt war, zum Oberbefehlshaber sämtlicher zwischen Oder und Elbe stationierten Truppen. Damit waren alle Einheiten, die für einen Entscheidungskampf mit der ›revolutionären‹ Hauptstadt in Frage kamen – zunächst etwa 50000, später 80000 Mann – unter einem Befehl vereinigt. Wrangel erließ zwei Tage nach seiner Ernennung zum Chef sämtlicher Truppen ›in den Marken‹ einen Armeebefehl, in dem er erklärte, dass es seine Aufgabe sei, »die öffentliche Ruhe in diesen Landen […] wieder herzustellen, wenn die Kräfte der guten Bürger hierzu nicht ausreichen«. Das sei nur bei »gegenseitige[m] Vertrauen zwischen dem Soldaten und seinem Offizier, seinem Führer« möglich. Die Soldaten sollten keinesfalls auf »Reden und Proclamationen« hören, die »an Euch gerichtet werden; hört nicht darauf, wenn sie auch noch so schmeichelhaft für Euch klingen und sie Eure Zukunft mit herrlichen Worten ausmalen, sobald Ihr die Euch gegebenen Rathschläge befolgt. Zu den Versammlungen, wo dergleichen Reden an Euch gehalten werden sollen, geht lieber gar nicht hin; hört dagegen auf meine Stimme, die Stimme Eures Generals, sie ist wohlgemeint! Haltet fest an Euren Offizieren, wie diese an Euch; zwischen beide darf sich kein fremdes Element einschleichen.«[15]

Die demokratische Bewegung ließ sich durch diesen Armeebefehl freilich nicht einschüchtern. Die linken Vereine und abgeschwächt selbst der ansonsten eher zurückhaltende liberale Konstitutionelle Klub fassten die Worte des neuen Oberkommandierenden der Marken vielmehr als Kampfansage auf.

Drei Tage später, am 20. September, äußerte Wrangel anlässlich einer Parade ›Unter den Linden‹ erneut, dass es seine Aufgabe sei, »die Ordnung aufrecht zu erhalten, wenn die Bürgerwehr unsre Hülfe verlangt«. Er »habe die Macht dazu; meine Truppen führen ein scharf geschliffenes siegreiches Schwert an ihrer Seite und Kugeln in ihren Taschen.« Das anwesende Publikum quittierte diese Bemerkungen mit eisigem »Schweigen«.

Wieder einen Tag später, am 21. September, ernannte Friedrich Wilhelm IV. den Ende 1847 verjagten ehemaligen Gouverneur des Schweizer Kantons Neuchâtel zum neuen preußischen Ministerpräsidenten, nachdem das Kabinett Auerswald-Hansemann bereits am 7. September seinen Rücktritt eingereicht hatte. Damit verschob der König die politischen Gewichte noch ein Stück weiter nach rechts.

»Hunderte von Soldaten in den Klubs«

Noch am 17. September, also demselben Tag, an dem Wrangel seinen Armeebefehl herausgegeben hatte, veranstaltete der »Bürgerwehr-Klub« eine Volksversammlung. Diskutiert wurde über die einschlägigen Beschlüsse der Preußischen Nationalversammlung sowie »über die Stellung des Militairs im Volke überhaupt«. Nach Angaben der Vossischen Zeitung »waren etwa 5 bis 6000 Menschen beisammen«, darunter »mehrere hundert Soldaten«, nach Angaben der Spenerschen Zeitung »etwa 300 Mann«. Reden für grundsätzlich demokratische Reformen des Militärwesens wurden immer wieder von »jubelndem Beifall« unterbrochen. Alle beschworen die Einheit von Soldaten und Bürgern und wandten sich gegen die »Reaction« in militärischem wie zivilem Gewande. »Zum Schluß wurde der Anfang der Verbrüderung damit gemacht, daß Soldaten und Bürger je zu zweien Arm in Arm in die Stadt zurückkehrten.« Diese Versammlung war kein Einzelfall. Der Demokratische Klub verzeichnete Mitte September gleichfalls »viele anwesende Soldaten«, ebenso der Demokratische Urwählerverein.[16]

Varnhagen von Ense übertrieb allerdings vermutlich, als er Ende September davon sprach, dass in Berlin »ganze Bataillone ihre Volksgesinnung förmlich gezeigt« hätten.[17] Der Anteil der für die demokratische Bewegung aufgeschlossenen Soldaten dürfte zehn bis 20 Prozent aller im Spätsommer in Berlin stationierten Militärs nicht überstiegen haben. Berlin und Potsdam, wo es Anfang Oktober zu weiteren ›Vorfällen‹ kam, waren im Übrigen keine Ausnahmen. In anderen preußischen Städten hatten sich die Konflikte zwischen Offizieren und Mannschaften zum Teil noch weiter zugespitzt und demokratische Strömungen gleichfalls erheblich an Einfluss unter den Soldaten gewonnen.[18] Für die preußischen Westprovinzen ist das bekannt. Aber auch andernorts in der Mark Brandenburg wurden die Nerven der Krone und Militärführung strapaziert. So kam es beispielsweise unter den in der Stadt Brandenburg stationierten Soldaten am 6. Oktober zu aufstandsähnlichen Unruhen.

In Berlin waren es allem Anschein nach in erster Linie *Einheimische,* die sich relativ offen für demokratische Einflüsse zeigten. Sie hielten, wenn sie in Berlin stationiert waren, ihre Kontakte zu (zivilen) Freunden und Bekannten aufrecht und pflegten vermutlich einen regen politischen Meinungsaustausch. Daran knüpfte die demokratische Bewegung in der Hauptstadt an.

Neben den anderen demokratischen Vereinen hielt der mitgliederstarke »Volksklub‹« in der zweiten Septemberhälfte und Anfang Oktober »an den Sonntagen Nachmittags unter dem Präsidium von Adolph Streckfuß eigene Sitzungen nur für Soldaten [ab], welche ihre Wirkung nicht verfehlten«.[19] Aus diesen Zusammenkünften entstand am 23. Oktober 1848 der *Militär-Reform-Verein*. Nach Angaben der »Bürgerwehr-Zeitung« vom 28. Oktober waren bereits auf seiner ersten öffentlichen Versammlung »mehr als 200 Soldaten zugegen.« Als Zweck des Vereins wurde festgelegt, er solle (so berichtete die liberale National-Zeitung am 26. Oktober in unbestimmten Formulierungen) »darauf hinarbeiten, daß im Militairwesen diejenigen Reformen eingeführt werden, welche als nothwendig von der Zeit anerkannt werden.« Was damit gemeint war, vor allem jedoch, wie sehr sich der Verein und sein Vorstand der im vorbürgerlichen preußischen Recht fixierten ›Gesetzlichkeit‹ verpflichtet fühlten, bringt ein längerer Bericht über die zweite Sitzung vom 27. Oktober zum Ausdruck, der in der National-Zeitung vom folgenden Tage gedruckt wurde.

Erschienen waren an diesem Tag »etwa 400 Personen, unter denen wenigstens 350 dem Militär angehörten«, und zwar »Soldaten aller Truppentheile« sowie eine Reihe Leutnants. Adolph Streckfuß als der Vorsitzende des Vereins beklagte, dass ein Unteroffizier, der in der vorausgegangenen Sitzung gesprochen hatte, dafür mit Arrest bestraft worden sei. Er hielt es dennoch »für das Passendste, vorläufig nichts dagegen zu thun, sondern die Sache erst genau zu untersuchen, um dann mit größter Entschiedenheit dafür zu sorgen, daß dem Militär« die im Gefolge der Märzrevolution zugestandenen Rechte »nicht vorenthalten werden. Zum Schluß legte er es den Soldaten ans Herz, lieber vorläufig auch einem ungerechten Befehle zu gehorchen, also nicht im Klub zu sprechen, wenn es ihnen verboten worden, aber zugleich energisch dagegen zu protestiren und nöthigenfalls sich an den Minister oder die National-Versammlung zu wenden.«

Auf diese Worte von Streckfuß hin forderte ein anwesender, offenbar von der Armeeführung mit der Beobachtung des Vereins beauftragter Hauptmann die anwesenden Soldaten auf, sich zu entfernen. Tatsächlich ging nur ein Teil der Militärpersonen.

Trotz der auf ›Gesetzlichkeit‹ und Zurückhaltung orientierenden Äußerungen von Streckfuß reagierte das für Berlin zuständige Militär-Gouvernement aufgeschreckt. Es ließ am 30. September »beim Appell sämmtlichen Soldaten« mitteilen, »daß sie, wenn es ihnen auch frei stände, den Sitzungen der Klubs beizuwohnen und zu hören, was daselbst gesprochen würde, sich jedoch von dem Besuche des Militär-Reform-

Klubs vollständig, bei Gefahr strenger Strafen, fern zu halten hätten.« Auf viele Armeeangehörige hatte jedoch auch diese Anordnung nicht die erhoffte Wirkung.

Am Abend des 30. September, unmittelbar vor Beginn der nächsten Sitzung des Vereins wurde dessen Vorsitzender Streckfuß (nach dem Bericht der National-Zeitung vom 1. November) »von einer Menge daselbst versammelter Soldaten mit Jubel empfangen, indem man ihm erklärte, dem Befehl nicht gehorchen und den Klub dennoch besuchen zu wollen. Herr Streckfuß wußte die Soldaten jedoch von diesem Vorsatze durch Zureden abzubringen, indem er ihnen versprochen hatte, daß er alles mögliche thun würde, um dem Militär das freie Vereinigungsrecht aufrecht zu erhalten, entfernten sich die meisten Soldaten, um sich in die Sitzung des demokratischen Klubs zu begeben. Im Sitzungslokale [des Militär-Reform-Klubs] selbst waren etwa 100 Personen versammelt, worunter sich trotz des Befehls etwa 30 Soldaten befanden. Nachdem der Präsident [Streckfuß] die thatsächlichen Eingriffe der Militärbehörden in eins der Grundrechte des preußischen Volks constatirt hatte, wurde das Komité [der Vorstand des Militär-Reform-Klubs, R. H.] beauftragt, dafür zu sorgen, daß der Ministerpräsident, [zugleich] auch Kriegsminister, v. Pfuel in der National-Versammlung wegen dieses Uebergriffes interpellirt und dem Militär das freie Vereinigungsrecht gesichert werde.«

Diese Sitzung vom 30. Oktober war denkwürdig. Sie besiegelte – im Rückblick betrachtet – das Schicksal der Berliner Revolution. Die Soldaten waren bis an die Grenze der Befehlsverweigerung gegangen und hatten aus ihren Sympathien für die Demokraten und deren Ideen grundlegender Militärreformen keinen Hehl gemacht. Dennoch glaubte die demokratische Bewegung Berlins, in deren Auftrag Streckfuß handelte, sie müsse weiterhin streng nach dem – von den alten Gewalten bestimmten – Recht handeln. Das war fatal. Mit seinem Beharren auf unbedingter ›Gesetzlichkeit‹ beraubte sich Streckfuß der Möglichkeit, der zum Entscheidungskampf entschlossenen Gegenrevolution in den Arm zu fallen. Ohne demokratische ›Zersetzung‹ konnte die Krone mit ihrem rückwärtsgewandten Romantiker auf dem Preußenthron die entscheidende Stütze ›Armee‹ letztlich unbeschadet erhalten.

Auch das Schicksal des Militär-Reform-Klubs hatte Streckfuß am 30. Oktober besiegelt, als er die zur ›Insubordination‹ bereiten Soldaten vertröstete, die Preußische Nationalversammlung – die am 12. Oktober in die Beratung des Verfassungsentwurfs (»Charte Waldeck«) eingetreten und damit vollauf beschäftigt war – als die hierfür legitimierten Institution würde die »reactionäre« Militärführung schon in die Schranken weisen.[20] Das war ein Trugschluss.

Wien in den »Fesseln der Zwingherrschaft«

Der Kamarilla am Hohenzollernhofe fiel nach dem Scheitern des Militär-Reform-Klubs ein Stein vom Herzen. Noch am 26. Oktober 1848 hatte Ludwig von Gerlach unter dem Eindruck der ›Berliner Verhältnisse‹ seinem Bruder Leopold geschrieben, eine allgemeine Demoralisation der Armee würde »näher droh[en], als ihr unter Potsdam'schen u. militairischen Eindrücken annehmt«.[21] Diese Gefahr war nun auch deshalb gebannt, weil die Gegenrevolution anders als die zersplitterten Revolutionsbewegungen schon früh ›europäisch vernetzt‹ handelte. So war es denn ein ›Anstoß von außen‹, der Friedrich Wilhelm IV., seiner Kamarilla und der ›Militärpartei‹ die Entscheidung erleichterte, die Revolutionsbewegung in Berlin offen niederzuschlagen: das Scheitern der Wiener Oktoberrevolution.

Vorausgegangene Ereignisse hatten der stillen Vorbereitung zu diesem Coup d'État gedient – dem offenen Bruch des im April 1848 ausgehandelten »Vereinbarungsprinzips« durch die Krone und dem militärischen Gewaltstreich, mit dem Wrangel an der Spitze preußischer Truppen am 10. November in die Landeshauptstadt einmarschierte. Von erheblicher Bedeutung war der Abschluss des Waffenstillstands von Malmö. Mit ihm hatte die Hohenzollernmonarchie eigenmächtig – ohne Beteiligung der Deutschen Nationalversammlung und der vorläufigen Reichszentralgewalt – den ersten Krieg mit Dänemark am 26. August beendet. Motiviert war dieser Waffenstillstand von preußischer Seite nicht allein von außenpolitischen Interessen: Durch den Frieden mit Dänemark würden nicht nur Russland und England zufriedengestellt, teilte Friedrich Wilhelm IV. gut zwei Monate vor dem formellen Abschluss des Waffenstillstands seiner Schwester, der Gattin des russischen Zaren, mit. Den Waffenstillstand bezeichnete er auch deshalb als eine »gute Sache«, weil »ich einen erprobten und vortrefflichen Teil der Armee disponibel bekomme«. Man könne, so der König, in kaum verklausulierter Anspielung auf die Verhältnisse in Berlin, »nicht wissen, wann man der Truppen hier bedarf. Alle Truppen aber, die in Schleswig stehen, gehören zu denen, die entweder ganz nahe oder doch an den Eisenbahnen zu Berlin disloziert sind.«[22]

Zwar kritisierten die Berliner Demokraten und die Arbeiterbewegung um Stephan Born den Abschluss des »schimpflichen Friedens«. Dass dadurch Truppen für die Niederwerfung der Berliner Revolution freigemacht wurden, scheint ihnen jedoch entgangen zu sein. Auch politisch war ihnen und ebenso den Liberalen das Thema ›Schleswig‹ keine größere Kampagne wert. Der durch den Waffenstillstand mit Dänemark und die schwankende Haltung der Paulskirche ausgelöste, von preußischen Truppen dann niedergeschlagene Frankfurter Aufstand vom 17. und 18. September war in Berlin gleichfalls kein großes Thema. Anders verhielt es sich mit der Oktoberrevolution in Wien und deren blutiger Niederschlagung Anfang November.

Dass dieser nach der Pariser Junischlacht zweite entscheidende Erfolg der alten Mächte Europas den Auslöser für die offene Gegenrevolution in Berlin bildete, kann nicht überraschen: Wien war neben Paris und Berlin die dritte europäische Revolutionsmetropole. Das Ende der Junischlacht in der französischen ›Hauptstadt der europäischen Revolution‹ und die blutig hergestellte Friedhofsruhe bildeten zugleich den Auftakt des Kampfes um die beiden verbliebenen Metropolen.

Die zweite europäische Entscheidungsschlacht im Kampf zwischen Revolution und Reaktion tobte bis Anfang November in der österreichischen Hauptstadt. Vorausgegangen waren ihr – ähnlich wie in Preußen wenig später – militärische Erfolge der Truppen der Habsburger in Gebieten dieses Riesenreiches, die außerhalb der österreichischen Kernlande lagen. Nachdem die Truppen der Habsburger unter Radetzky am 12. August 1848 Piemont-Sardinien und seine Verbündeten im ersten italienischen Nationalkrieg besiegt hatten, sahen sich Kaiser und Habsburgerhof gestärkt. In einem nächsten Schritt wollten sie die auf Autonomie bedachten Ungarn wieder unmittelbar an die Wiener Zentrale binden.

Am 3. Oktober ernannte der österreichische Kaiser den konservativen, kroatischen Generalmajor Josef Jellacic von Buzim zum Oberbefehlshaber der den Habsburgern noch loyalen ungarischen Truppen. Der

Kommandant eines kaiserlichen Grenzregiments war Anfang April 1848 zum kroatischen Banus, einer Art Vizekönig, ernannt worden und stand in heftigem Konflikt mit den Ungarn. Kurz darauf wurden Jellacic und seine Truppen von einer Armee der um die staatliche Selbstständigkeit kämpfenden Ungarn geschlagen. Kaiserlich-österreichische Truppen sollten ihm zu Hilfe kommen. Danach überschlugen sich die Ereignisse in der österreichischen Hauptstadt.

Ein in Wien stationiertes deutsches Grenadierbataillon weigerte sich am frühen Morgen des 6. Oktober, nach Ungarn zu den Truppen Jellacics abzugehen. Es rief die Wiener Bürger und Studenten, die in der österreichischen Metropole eine weit wichtigere Rolle spielten als in Berlin, zu Hilfe. Nach kurzem Kampf schlossen sich den Grenadieren weitere Truppenteile an, die übrigen flohen aus der Stadt; Wien war in der Hand der bewaffneten Revolutionäre. Das Staatsministerium löste sich überhastet auf; Kriegsminister Latour wurde an einer Laterne aufgehängt. Nach der blutigen Eroberung des Zeughauses erhielten auch die Wiener Proletarier Waffen; für sie wurde die rote Farbe wie in Paris, aber auch in Berlin und anderen Städten, gleichfalls zum politischen Symbol. Insgesamt standen etwa 100 000 Männer unter Waffen; die meisten von ihnen waren freilich nur schlecht bewaffnet.

Bereits in der ersten Oktoberhälfte begann die Einschließung Wiens. Der von den Ungarn geschlagene Jellacic zog sich mit seinen Truppen in die Nähe Wiens zurück, verstärkt durch die aus der österreichischen Hauptstadt vertriebenen Truppen. Aus Böhmen rückte der am 16. Oktober zum Feldmarschall und Oberbefehlshaber ernannte Fürst Windischgrätz mit seinen Truppen heran. Insgesamt verfügte er über ungefähr 70 000 gut ausgerüstete Soldaten.

Am 26. Oktober ließ der zu keinerlei Konzessionen bereite Windischgrätz Wien angreifen. Eine ungarische Armee, die Ende Oktober vor Wien erschien, war zu schwach, um in die Kämpfe einzugreifen. Am 1. November hatten die gegenrevolutionären Truppen unter Windischgrätz gesiegt. Aufseiten der Wiener Revolutionäre forderten die blutigen Kämpfe mehr als 2 000 Tote.

In der bundesdeutschen Erinnerungskultur ist das Ende der Wiener Revolution mit dem Schicksal Robert Blums verbunden: Blum reiste am 13. Oktober 1848 mit drei weiteren Abgeordneten der Frankfurter

»Deutsches Volk, vergeße diesen gemordeten nie ...« – Die Erschießung Robert Blums in Wien, 9. November 1848. Zeitgenössische Kreidelithographie.

Nationalversammlung in die österreichische Hauptstadt und überreichte den Revolutionären dort am 17. Oktober eine Solidaritätsadresse der Paulskirchen-Demokraten. Ab dem 25. Oktober beteiligte sich Blum als Kommandeur einer Kompanie an der Verteidigung Wiens. Am 4. November wurde er von gegenrevolutionären Truppen festgenommen und am 9. November erschossen, obwohl er als Abgeordneter der Deutschen Nationalversammlung eigentlich Immunität genoss.

In Berlin wurden die Ereignisse in Wien mit jeweils etwa zwei- bis dreitägiger Zeitverschiebung bekannt. Erst seit dem 25. Oktober berichtete die Berliner Presse ausführlich über die Wiener Oktoberrevolution. Auch die demokratische und die liberale Bewegung der preußischen Hauptstadt begannen sich erst in der letzten Oktoberwoche intensiver mit den Vorgängen in der Habsburgermonarchie zu beschäftigten – zu einem Zeitpunkt also, als in Wien die Dinge im Grunde entschieden waren. Sie ergriffen unmissverständlich und verbalradikal für die Wiener Oktoberrevolutionäre Partei.

Selbst der ansonsten meist zögerliche Konstitutionelle Klub forderte in seiner Sitzung vom 27. Oktober die inzwischen von der Deutschen Nationalversammlung in Frankfurt gebildete Reichszentralgewalt unter dem österreichischen Erzherzog Johann »fast einstimmig« auf, »ein Bombardement Wiens durch Windischgrätz oder gar eine Aufhebung der im März und Mai von den Österreichern errungenen Rechte« nicht zu dulden.[23] Der Kongress der Demokraten Deutschlands, der seit dem 26. Oktober in Berlin tagte und sich am 30. Oktober auflöste, appellierte am 29. Oktober in einem Aufruf »an das deutsche Volk«, Wien als »Hauptbollwerk deutscher Freiheit« gegen die »Fesseln einer Zwingherrschaft« unbedingt zu verteidigen.[24]

Für den Nachmittag des 29. Oktober hatte der demokratische Kongress außerdem eine Volksversammlung anberaumt. Diese Veranstaltung war, so meldete die Vossische Zeitung zwei Tage später, »sehr zahlreich besucht und ist wohl für eine der bedeutsamsten zu erklären, die je in Berlin abgehalten worden sind.« Im Zentrum der Reden stand natürlich »Wien«. Mehrere Redner übten heftige Kritik an der Deutschen Nationalversammlung und riefen – mit Seitenblick auf Jellacics kroatische Truppen und nationalistischem Unterton – zum »Widerstand gegen die Unterjochung Wiens durch die Slaven und [die] Aristokratie« auf. Heftige Kritik wurde an der Frankfurter Reichszentralgewalt geübt: Diese »leide es, daß Deutsche in Wien von Barbaren gemordet würden«. Die in der Paulskirche versammelten Abgeordneten übten überhaupt »Verrat am Volke«; das deutsche Parlament sei »zu einer Centralpolizei herabgesunken«. Beschlossen wurde, der Preußischen Nationalversammlung am 31. Oktober eine »große Sturmpetition zu Gunsten Wiens« vorzutragen. In den folgenden Tagen bildete sich zudem ein etwa 1 500 Mann zählendes Berliner Freikorps für Wien, als Kern eines (wie es in zeittypischem Pathos hieß) »todesmuthigen, kraftvollen jungen Heeres, um sich jedem Feinde mit offener Brust entgegenzustürzen« – viel zu spät, um dort noch zum Einsatz zu kommen.[25]

»Wochenlang hat man die Operationen der schurkischen Kamarilla in Österreich aus dem vereinigten Deutschland angeglotzt, und jetzt, wo es in Flammen steht, petitioniert man um Hilfe«, geißelte die von Marx herausgegebene »Neue Rheinische Zeitung« am 5. November 1848 diesen verspäteten und sinnlosen Aktionismus. Den Wiener Revolutionären konnte mit der Sturmpetition nicht mehr geholfen werden. Dafür wurden durch den Beschluss der Volksversammlung vom 29. Oktober in Berlin Ereignisse ausgelöst, die der preußischen Kamarilla endlich den ersehnten Anlass boten, die seit Langem geplante Gegenrevolution auszulösen.

Das Ende der Berliner Revolution

Der Anfang vom Ende der Berliner Revolution war die Demissionierung des Kabinetts von Pfuel am 1. November 1848. Friedrich Wilhelm IV. hatte es erst am 21. September eingesetzt und von Pfuel erwartet, dass er zügig die Gegenrevolution vorbereitete. Der neue Ministerpräsident wollte mit den Märzerrungenschaften jedoch nicht offen brechen. Das frustrierte den König. In seinem »Anti-Reactions-Erlaß« vom 23. September hielt sich Pfuel an den vorausgegangenen Beschluss der Preußischen Nationalversammlung: In der Armee seien »reactionäre Tendenzen nicht zu dulden [...] und, wo sich reactionäre Bestrebungen [...] zeigen sollten, denselben entschieden entgegenzutreten«. Außerdem versprach Pfuel, dass Offiziere und Mannschaften, »nach dem von Sr. Majestät der National-Versammlung vorgelegten Verfassungs-Entwurfe, gleich den Civil-Beamten zur Aufrechterhaltung der Verfassung« verpflichtet würden; »alle anticonstitutionellen Bestrebungen [seien] mit der Stellung eines Offiziers in der Armee unverträglich«.

Damit hatte sich Pfuel in den Augen des Königs als feiger Liberaler entpuppt. Mit der sich abzeichnenden Niederlage der Oktoberrevolution in Wien waren deshalb auch seine Tage gezählt. Bereits am 26. Oktober hatte der österreichische Gesandte in Berlin prognostiziert, dass »der Ausgang der Wiener Ereignisse auf den Gang, den man in der nächsten Zukunft hier einzuschlagen gedenkt, den wesentlichsten Einfluß haben« werde; »die dortigen Erfolge« würden die anstehenden »Entschlüsse der preußischen Regierung beding[en]«.[1]

In der Tat. Bereits Anfang Oktober hatten der König und seine Kamarilla den konservativen Hardliner und Repräsentanten der ›Militärpartei‹, Graf Brandenburg, einen Sohn Friedrich Wilhelms II. und einer Gräfin Dönhoff, zum Nachfolger Pfuels auserkoren.[2] Angesichts der politischen Kräfteverhältnisse hatten sie mit der förmlichen Nominierung jedoch gezögert. Am 1. November wagte es dann der vom blutigen Erfolg der Armee Windischgrätz‹ enthusiasmierte Friedrich Wilhelm IV., seinen Großonkel offiziell zum neuen preußischen Ministerpräsidenten zu ernennen. Das war eine Kampfansage an die »Versammlung im Comödienhause«, wie Leopold von Gerlach die Preußische Nationalversammlung verächtlich bezeichnete. Wie würde das preußische Abgeordnetenhaus darauf reagieren, dass ihm der König den »Fehdehandschuh« (Johann Jacoby) hingeworfen hatte?

Johann Jacoby und der 2. November

Das Abgeordnetenhaus ignorierte die Kampfansage des Königs an alle Pläne, aus Preußen eine konstitutionelle Monarchie zu machen, und hoffte weiter auf eine Kooperation mit dem rückwärtsgewandten »Romantiker auf dem Thron« und seinem erzreaktionären Beraterkreis. Am frühen Nachmittag des 2. November einigten sich die Fraktionen der Preußischen Nationalversammlung auf eine Adresse, in der es im konstitutionellen Duktus hieß, »eine Regierung unter den Auspizien des Grafen Brandenburg« sei »ohne Aussicht, eine Majorität in der Versammlung und Vertrauen im Lande zu gewinnen«.[3] Das war eine verfehlte Drohung. Denn das »Vertrauen« der Parlamentarier wollte der König gar nicht mehr »gewinnen«. Brisanz erhielt die Adresse allerdings dadurch, dass das Parlament beschloss, sie durch eine Delegation am Abend des 2. November dem hohen Herrn, der gerade auf Schloss Sanssouci weilte, zu überreichen. Was dann geschah, hat die Geschichte der deutschen Demokratie positiv geprägt – und ging vor allem von einer Persönlichkeit aus, die »Männerstolz vor Königsthronen« (Friedrich Schiller) zeigte.

In Potsdam angekommen, begab sich die Abordnung – so berichtete Viktor von Unruh, seit dem 28. Oktober Präsident des preußischen Parlamentes, Mitglied der Deputation und später ein prominenter Nationalliberaler sowie Unterstützer Bismarcks, den Abgeordneten am folgenden Tage – »sofort nach Sanssouci, fand aber keinen Minister anwesend«. Unruh wandte sich »an den dienstthuenden Flügel-Adjutanten und ersuchte denselben, die Deputation bei Sr. Majestät anzumelden.« Dieser Adjutant war Edwin von Manteuffel, der spätere Feldmarschall und Gegenspieler Bismarcks, ein Bruder des designierten Innenministers und späteren Ministerpräsidenten Otto von Manteuffel (der ab Ende 1850 die ›Ära der Reaction‹ personifizieren sollte).

Friedrich Wilhelm IV. und die Deputation der preußischen Nationalversammlung (3.v.l. Johann Jacoby) am 3. November 1848. Zeitgenössischer Holzstich.

Der Adjutant reagierte arrogant und behandelte die Abgesandten der preußischen Volksvertretung mit demonstrativer Geringschätzung. Er erwiderte, es sei »der Befehl ertheilt worden, Deputationen nur durch Vermittlung verantwortlicher Minister bei Sr. Majestät einzuführen«. Im konkreten Falle hätte das also geheißen: durch Mitglieder des gerade vom König eingesetzten, vom Parlament jedoch abgelehnten Kabinetts Brandenburg. Nach dieser Verlautbarung verschwand der Adjutant und ließ die Parlamentarier erst einmal warten. Schließlich kam Manteuffel »wieder und sagte, er könne die angenehme Nachricht mittheilen, daß soeben eine Depesche des Ministeriums eingegangen sei, worin Se. Majestät dringend gebeten werde, die Deputation zu empfangen«. Der König habe dann die Deputation gnädig empfangen, so Unruh in seinem Bericht, die Adresse sei »verlesen und Se. Majestät eingehändigt worden. Se. Majestät haben aber eine Antwort darauf nicht ertheilt«.[4]

Was der auf ›Realpolitik‹ und eine unbedingte »Vereinbarung« mit der Krone geeichte Unruh schamhaft verschwieg, war die berühmte Reaktion Johann Jacobys auf die unwirsche Haltung des Königs. Sie brachte erst der demokratische Abgeordnete Karl D'Ester »unter der größten Unruhe« den versammelten Abgeordneten und damit der Öffentlichkeit zu Gehör.

»Nachdem der König die Adresse aus den Händen des Präsidenten [von Unruh] empfangen hatte, und ohne von diesem angeredet worden zu sein, den Saal verlassen wollte, trat Jacoby einige Schritte vor und sprach die Worte: Majestät! Wir sind nicht bloß hierher gesandt worden, um eine Adresse zu übergeben. Wir wollen Ew. Majestät über die Lage des Landes Bericht erstatten. Wollen Ew. Majestät uns nicht Gehör geben? – Nein! sagte der König! Darauf eilte Jacoby dem sich entfernenden König noch einige Schritte weiter nach und rief in brüskem Tone: Das ist eben das Unglück der Könige, daß sie die Wahrheit nicht hören wollen! – [Daraufhin] traten fast alle [sic!] Abgeordnete an Jacoby hinan und drückten ihm ihr Befremden über sein Benehmen aus.« Lediglich D'Ester solidarisierte sich mit Jacoby. »Der Adjutant kehrte in den Saal zurück. Da trat Rodbertus heran und sagte: Wird uns der König nicht vielleicht noch eine Antwort geben? – Der Adjutant antwortete: Nach den von (Hrn.) Jacoby so eben gesprochenen Worten glaubt Se. Majestät dies um so weniger thun zu dürfen.«[5]

Deutlich wird: Die große Mehrheit der Volksvertreter scheute den offenen Konflikt mit der Krone. Sie wagte nicht, gegen die provozierend schnöde Behandlung durch den König und seinen Adjutanten aufzubegehren. Stattdessen schurigelte sie lieber den aufmüpfigen Jacoby. Dabei war der zitierte Bericht noch unvollständig: Während der Parlamentspräsident die offizielle Adresse der Nationalversammlung verlas, kehrte Friedrich Wilhelm IV. ihm und den anderen Mitgliedern der Parlamentsdeputation demonstrativ den Rücken zu und faltete die Schöße seines Uniformrockes auseinander. Das war eine unmissverständliche Geste. Sie sollte die berühmte Aufforderung Götz von Berlichingens an den kaiserlichen Hauptmann versinnbildlichen. Was er den Deputierten gegenüber nur andeutete, sprach er wenig später unverblümt aus, nachdem er sich mit seinen Freunden zum abendlichen Tee versammelt hatte: »›They pretend that I shall write them an answer with my own hand‹« und zitierte dann die berühmte »Antwort an den Trompeter im ›Goetz von Berlichingen‹«: ›Leckt mich am Arsch‹.[6]

In den folgenden Tagen waren der Verlauf der Audienz und die Worte Jacobys allgemeines Stadtgespräch. Der Demokratische Klub erklärte, Jacoby habe sich »den Dank des gesammten Vaterlandes verdient«. Alle würden »ihm mit Gut und Blut zur Seite stehen, um endlich eine von Fürstenlaune unabhängige Grundlage der Volksfreiheit und des Volksglückes zu erlangen!«[7] Am Abend des 5. November zogen »mehrere tausend« Demokraten in einem Fackelzug zum Hotel Jacobys und dankten ihm. In seiner Antwort an die Demonstranten klagte Jacoby: »Worte verhallen machtlos an dem Ohre der Könige.« Er forderte dazu auf, die »blutig errungene Volkssouveränität« gegen »die Willkür des Absolutismus« zu verteidigen.[8]

Den Hochkonservativen war der Mut Jacoby Anlass, ihren Vorurteilen freien Lauf zu lassen. Das seit seiner Gründung antisemitische Massenblatt Kreuz-Zeitung schwadronierte mit Blick auf Jacoby über den »Strahlenglanz der jüdischen Unverschämtheit«. Dieser selbst sollte seinen radikaldemokratischen Positionen treu bleiben: Er wurde im Unterschied zu vielen Liberalen und Demokraten des Jahres 1848 nicht zu einem Anhänger Bismarcks und kandidierte 1874 bei den Reichstagswahlen sogar für die Sozialdemokratie.

Unter dem Strich zeigen die Vorgänge vom 2. und 3. November: Obwohl die Preußische Nationalversammlung deutlich links von der Deutschen Nationalversammlung stand, war von ihr kein entschiedener Widerstand gegen die offen gegenrevolutionäre Politik der Krone zu erwarten. Bezeichnend ist, dass die Mehrheit der Abgeordneten einen Antrag der Linken zu Beginn der Sitzung vom 4. November, wenigstens eine Kommission einzusetzen, welche »die Lage des Landes in Berathung nehmen und darauf bezügliche Vorschläge« machen sollte, als »nicht dringlich« ablehnte.[9]

Auch die politischen Vereine Berlins verzichteten in der ersten Novemberwoche weitgehend auf eigene Aktivitäten. Sie beschieden sich im Wesentlichen damit, die Vorgänge im preußischen Abgeordnetenhaus zu kommentieren – und schoben sie ins Zentrum der Geschehens. Tatsächlich jedoch war die Preußische Nationalversammlung, wie Bruno Bauer wenig später rückblickend konstatierte, »in den Kampf hineingerannt, ohne ihn ernstlich zu wollen, ohne auf ihn vorbereitet zu seyn«.[10] Das ›Schicksal‹ der Berliner Revolution hing infolgedessen vor allem vom

König und dem von ihm eingesetzten gegenrevolutionären Ministerium sowie – als dem letztlich entscheidenden Machtfaktor – vom Militär ab. Diese gingen nun zügig daran, ihre Positionen zu konsolidieren und auszubauen.

Die Gegenrevolution

Tempo war aus der Perspektive der Gegenrevolution auch deshalb angesagt, weil die demokratische Bewegung unter den einfachen Soldaten und in niederen Offiziersrängen Fuß zu fassen begann. Bei einem längeren Zögern wäre es zu einer weiteren ›Zersetzung‹ der Armee gekommen. Anfang November ging die Armeeführung deshalb daran, die innermilitärischen Disziplinarregeln weiter zu verschärfen und zugleich auf materielle Anreize zu setzen, auf die Austeilung von »Geld, Schnaps, Bier«.[11]

Am 9. November war es dann so weit. Friedrich Wilhelm IV. ließ der Preußischen Nationalversammlung mitteilen, er fühle sich »bewogen, den Sitz der zur Vereinbarung der Verfassung berufenen Versammlung von Berlin nach Brandenburg zu verlegen«. Als Begründung dienten ihm unter anderem »aufgeregte Volkshaufen«, die am 31. Oktober »das Sitzungs-Lokal der Versammlung förmlich belagert und, unter Entfaltung der Zeichen der Republik, den Versuch gemacht [hätten], die Abgeordneten durch verbrecherische Demonstrationen einzuschüchtern.« Damit das Parlament in Ruhe tagen und seine Verfassungsberatung zu Ende bringen könne, wolle er die Sitzung vertagen. Am 27. November sollte es dann in der vergleichsweise stillen Stadt Brandenburg wieder zusammenkommen.

Vorgetragen wurde die königliche Botschaft vom neuen Ministerpräsidenten Brandenburg. Der wurde mit längeren, lautstarken Missfallensbekundungen begrüßt – und erklärte dann knapp, dass die Nationalversammlung »ihre Berathungen sofort abbrechen« müsse; »jede Fortsetzung der Verhandlungen« sei »ungesetzlich«. Die Abgeordneten weigerten sich, dieser Zumutung nachzukommen, und beschlossen, die Sitzung fortzusetzen. Mit überwältigender Mehrheit wurde ein Antrag der Linken und des linken Zentrums angenommen, dass die Preußische Nationalversammlung weiterhin in Berlin bleiben werde und die Krone kein Recht habe, das Parlament gegen seinen Willen zu vertagen oder aufzulösen.[12]

Trotz des faktischen Coup d'État der Krone blieb die Stadt am 9. und 10. November »vollkommen, sogar auffallend ruhig«, beobachtete die Vossische Zeitung. »[S]elbst der souveräne Lindenclub ist nicht an seiner Ecke«, wunderte sich auch der Paulskirchen-Abgeordnete Friedrich Daniel Bassermann,[13] den die Deutsche Nationalversammlung als Reichskommissar nach Berlin gesandt hatte. Bassermann sollte den Konflikt zwischen dem Preußischen Parlament und der Krone moderieren – angesichts der Entschlossenheit Friedrich Wilhelms IV. zur Gegenrevolution ein vergebliches Unterfangen, sodass Bassermann am 17. November unverrichteter Dinge wieder abreiste.

Waren die Berliner wie gelähmt, reagierte die Börse auf die Vorgänge vom 9. November nervös. Sie »notirte im Anfange die Course um mehrere Procente schlechter«. Aus Angst vor einer erneuten Revolution verließen an diesem Tag zudem »viele Personen, namentlich aus den reicheren Ständen, die Stadt«. In den Abendstunden wurden erste Plakate angeschlagen, die gegen den Staatsstreich der Krone Stellung bezogen. Die wurden zwar »bei Laternenlicht eifrig gelesen«. Gleichwohl herrschte am 9. und auch am 10. November weiterhin »die größte Ruhe und Eintracht. [...] Die Bürgerwehr hat sich nach Hause begeben«.[14]

Rückkehr des Militärs und passiver Widerstand

Wie gedachte nun die Preußische Nationalversammlung auf die Herausforderungen zu reagieren? Unruh, der »Hauptvertreter der bisherigen schwankenden Centrumspolitik« (Adolph Streckfuß), erklärte als Parlamentspräsident, dass es »meine feste Überzeugung ist, wir dürfen [...] den Gewaltschritten der Krone nur passiven Widerstand entgegensetzen« – und erntete damit unter den Abgeordneten ein »allgemeines Bravo«.

Darüber, welche Formen dieser »passive Widerstand« annehmen sollte, fassten die Abgeordneten auch am 10. November keinen Beschluss. Das Berliner Parlament vermied »sogar, Gesetzesvorlagen zu beraten«, wunderte sich Reichskommissar Bassermann. Stattdessen »bringt [es] die kritische Zeit mit gleichgültigen Petitionen zu«. De facto beschränkte sich die Preußische Nationalversammlung darauf, die weiteren Schritte der Krone abwarten.[15] Und die blieb in der Tat nicht müßig.

Bereits am Morgen des nächsten Tages machten Gerüchte über den unmittelbar bevorstehenden Einzug von General Wrangel an der Spitze einer Streitmacht von knapp 15 000 Mann die Runde. Eine am späten Vormittag des 10. November an den Straßenecken angeschlagene Bekanntmachung des Polizeipräsidenten kündigte dann offiziell an, dass »zur Verstärkung der Garnison« zahlreiche Truppen einrücken würden. Zwischen 14 und 15 Uhr begann der Einmarsch des Militärs (der eigentlich schon für den 4. November angesetzt war[16]).

»Es hatten sich viele Menschen aufgestellt, und durch die Reihen dieser friedlichen, im Gefühl ihres Rechts und ihrer Freiheit dastehenden Volksmenge zogen sie hin, Kompagnie auf Kompagnie, unter Musik, die heitere Melodien spielte. Auf jeden, der für die großen Interessen, die in solchen Augenblicken auf dem Spiel stehen, für Wohl und Wehe des preußischen Volkes einen Sinn hat, machte dieser militairische Aufzug, diese über das Pflaster dumpf hinrollenden Kanonen, diese langen Züge der Grenadiere, trotzdem, daß ein Bataillon z. B. die Melodie: Komme doch, komme doch, komm‹ du Schöne, spielen ließ, nur den Eindruck einer Leichenparade.« Bei den meisten der Zuschauer herrschte »finsteres Schweigen, unterbrochen von Geschrei, Gehöhne und Geschimpfe, womit namentlich der jugendliche Theil des Publikums die heranfahrenden Train- und Bagage-Wagen empfing.«[17]

Zu einem bewaffneten Konflikt zwischen den Bürgerwehrabteilungen, die vor dem 1821 gebauten Schauspielhaus postiert waren, in das die Preußische Nationalversammlung umgezogen war, und den Truppen kam es nicht. Das Kommando der Bürgerwehr hatten entsprechend der Weisung Unruhs beschlossen, »passiv« zu bleiben. Wrangel teilte mit, das neue Sitzungsgebäude der preußischen Volksvertretung werde durch Militär »verschlossen werden, sobald die Herren, welche sich darin befinden, sich aus demselben entfernt hätten.« Das war gegen 17 Uhr der Fall.

Ansonsten blieb Berlin auch an diesem Tag »so ruhig, daß man staunen musste«, schrieb der Handlungsdiener Gustav Dalchow seinen Eltern am 13. November 1848.[18] »Die Arbeiter fehlen ganz«, stellte die Vossische Zeitung überrascht fest. »Nichts von Bummlergesichtern, keine Arbeiterrottirungen«, wunderte sich auch die bürgerliche Augsburger Allgemeine.

Die Unterschichten der preußischen Hauptstadt erwarteten sich von ›ihrem‹ Parlament offensichtlich nichts mehr. Es sei ein »den *guten* Ständen angehöriges Publikum« gewesen, das die Abgeordneten der preußischen Nationalversammlung am Morgen des 11. November bei ihrem Gang vom Mylius Hotel zum Hotel de Russie – dem nächsten provisorischen Tagungsort – begleitet habe, berichtete dieselbe Zeitung einen Tag später. Für die Vossische warf dies »die Frage auf, wie es kommen mag, daß in diesem Augenblicke, wo es sich um so hochwichtige, auf die ganze Zukunft unseres Staates einwirkende Entscheidungen handelt, von denjenigen Volksmassen, welche früher, bei weit geringeren Anlässen viele Stunden lang das Versammlungsgebäude umlagerten, jetzt auch nicht das Mindeste zu sehen war?«

Die Antwort auf diese Frage und damit die Erklärung für die dahintersteckende Enttäuschung lässt sich relativ leicht geben: Die in Berlin damals hochpolitisierten Unterschichten standen überwiegend aufseiten der radikalen Demokratie sowie der seit Mitte 1848 erstarkenden sozialistischen Bewegung. Die Verdrängung der ›deutschen Farben‹ durch rote Fahnen und sonstige ›republikanische‹ Symbole seit dem Sommer hatten dies unübersehbar zum Ausdruck gebracht. Sie wollten sich für eine konstitutionelle Monarchie, wie sie den in den Parlamenten und auch der Preußischen Nationalversammlung dominierenden Liberalen vorschwebte, nicht mehr einsetzen – zumal sich die parlamentarischen Mehrheiten dem Engagement für die sozialen Belange der ärmeren Bevölkerungsschichten weitgehend verweigert hatten.

Gesellen und Arbeiter konzentrierten sich auf ihre eigenen außerparlamentarischen Organisationen, die sie mit Mühe aufgebaut hatten. Sie wollten die frühen Gewerkschaften, die noch nicht lange konsolidiert waren, möglichst unbeschädigt durch die politische Krise führen. Die im Spätsommer gegründete Arbeiterverbrüderung stellte in ihrer Tagespolitik die materiellen Interessen und sozialpolitischen Forderungen der Arbeitnehmerschaft in den Vordergrund – und beschränkte sich ebenfalls auf eine lediglich verbale Unterstützung der preußischen Volksvertretung.

Die Ausrufung des Belagerungszustandes

Seit dem Einmarsch Wrangels glich die Hauptstadt Preußens einem »militärischen Lager«. Das Schloss und die anderen öffentlichen Gebäude waren »bis unter die Dächer voll Soldaten«. Die im Schauspielhaus »campirten Soldaten« vergnügten sich »in Ermangelung anderer Beschäftigung« damit, »auf den Bänken der Volksvertreter die parlamentarischen Verhandlungen [zu] parodiren«. Die militärische Disziplin sei »sehr locker« gewesen, notierte Fanny Lewald als Zeitzeugin. »Nie, so lange ich lebe, habe ich so viel betrunkene Soldaten gesehen als jetzt.«[19]

Krone und Kamarilla freuten sich ihres durchschlagenden Erfolges. Der König war am Abend des 10. Novembers in einer so »heiteren, muthvollen Stimmung« wie schon lange nicht mehr, beobachtete der österreichische Gesandte.[20] Zwar war mit dem Einmarsch der Truppen am 10. November und dem Ausbleiben eines aktiven Widerstandes der revolutionär-demokratischen Gegenseite die Revolution in Berlin faktisch beendet. Es dauerte jedoch noch einige Tage, um sie auch förmlich ›zu schließen‹.

Die letzten Tage der Preußischen Nationalversammlung glichen einem Katz-und-Maus-Spiel. Vom 11. bis 13. November tagte sie relativ ungestört im Schützenhaus. Danach wurden die Abgeordneten von Subalternoffizieren und kleineren Truppenabteilungen von einem Sitzungslokal ins andere getrieben. Am 15. November, abends kurz vor 21 Uhr, mussten die noch verbliebenen 227 Mitglieder des »Clubs Unruh«, wie die preußischen Abgeordneten von den Konservativen hämisch genannt wurden, dann abrupt ihre letzte Versammlung beenden. Kurz zuvor und schon in Anwesenheit eines mit einer Auflösungsordre versehenen Hauptmanns hatten sie den Aufruf zur Steuerverweigerung beschlossen. Als die Abgeordneten »auf die Straße hinaustraten, fanden sie dort, statt der jubelnden und ihnen zujauchzenden Massen, nur wenig Umstehende, und eine lautlose Stille.«[21]

Auch die meisten anderen Maßnahmen gingen weitgehend geräuschlos über die Bühne. Bereits am 11. November war die Bürgerwehr durch eine königliche Ordre aufgelöst worden. Am 12. November verkündete Wrangel für »die Stadt Berlin und deren zweimeiligen Umkreis« den Belagerungszustand. Auf Grundlage der daraus folgenden, eigentlich nur für Kriege üblichen Generalkompetenz ordnete Wrangel noch am selben Tag an, dass »alle Clubs und Vereine zu politischen Zwecken geschlossen« seien. Bei Tage durfte »keine Versammlung von mehr als 20 Personen, bei Nacht keine von mehr als 10 Personen auf Straßen und öffentlichen Plätzen stattfinden«. Alle Wirtshäuser waren um 22 Uhr zu

Auflösung der preußischen Nationalversammlung im Berliner Schauspielhaus durch Soldaten des Generals Wrangel am 15. September 1848. Zeitgenössische Radierung.

schließen. »Plakate, Zeitungen und andere Schriften [dürften] nur dann gedruckt, öffentlich verkauft oder durch Anschlag verbreitet werden«, wenn »das hiesige Polizeipräsidium die Erlaubniß hierzu ertheilt« habe. Weitere Maßregeln betrafen die Ausweisung aller Fremden »binnen 24 Stunden« sowie die sofortige Entwaffnung aller »hierzu nicht befugten« Personen. Am 13. November untersagte Wrangel den »Anschlag sowie jede andere Art der Veröffentlichung und Verbreitung von Plakaten und Flugschriften« politischen Inhalts.

Am selben Tag verbot Wrangel die »Berliner Zeitungshalle« und alle anderen demokratischen Blätter sowie drei satirische Zeitschriften. Redakteuren der Vossischen und der Spenerschen Zeitung, die beide ihr Erscheinen nicht einstellen mussten, erklärte der General unumwunden, dass ein Verbot ihrer Blätter »sofort eintreten werde, sobald in die genannten Zeitungen Artikel aufgenommen werden, in welchen ein frecher, unehrerbietiger Tadel oder Verspottung der Anordnungen im Staate enthalten, Mißvergnügen und Unzufriedenheit der Bürger gegen die Regierung oder Maßregeln des Oberhauptes des Staats Sr. Majestät, des Königs, veranlaßt werde«. Die Redakteure »unterwarfen sich« und »gelobten« namens ihrer Blätter »mittels Handschlag Sr. Excellenz eine strenge, gewissenhafte Befolgung dieser Anordnung«.[22] Bei ihnen ersetzte fortan die Schere im Kopf die äußere Zensur.

Wie sich die breiten, mit der demokratischen Bewegung Berlins sympathisierenden Bevölkerungsschichten angesichts dieser Situation fühlten, hat Fanny Lewald anschaulich beschrieben: »Überall Gruppen, stille, flüsternde Gruppen, Bürger, welche die Bulletins an der Mauer lesen, mit dem Kopf schütteln und nicken, und dann stumm weiter gehen.« Viele Demokraten glaubten sich in einer Art unsichtbarem Kerker, als hätten die Soldaten »ein eisernes Netz über uns gespannt, als wäre uns selbst der Anblick des Himmels entzogen.« »Die Thore sind offen, die Straßen sind frei – aber man hat dennoch das Gefühl, sich in einem Gefängnisse zu befinden.«[23]

Durchbrochen wurde der Zustand dieser erzwungenen Ruhe und verbreiteten Lähmung nur von einem »merkwürdigen Wetteifer im Zettelabreißen«. »Das Volk riß die [...] Proklamation des Königs und die Bekanntmachungen der Minister und des Polizei-Präsidenten aller Orten ab, während Offiziere und Soldaten umherliefen und die Plakate der National-Versammlung abrissen, in welchen die Entwaffnung der Bürgerwehr und die Verhängung des Belagerungszustandes als ungesetzliche Maaßregel bezeichnet werden.«

Einzelne Straßen seien so stark mit Plakatfetzen Wrangel'scher Bekanntmachungen »übersät« gewesen, dass »es aussah, als ob Schnee gefallen wäre.« Der Magistrat wusste sich nicht anderes zu helfen als dadurch, dass er »die Bekanntmachungen des Polizei-Präsidenten und der Minister durch aufgestellte Jungen den Leuten in die Hände stecken ließ, um solche so vor dem Zerreißen zu schützen«.[24]

Von solcherart ›unorganisiertem Widerstand von unten‹ abgesehen, blieb die demokratische Bewegung zunächst gelähmt. Die Klubs waren auf den Ausnahmezustand gänzlich unvorbereitet. Der mitgliederstärkste Verein der Stadt, der Demokratische Klub, wollte sich am 14. November treffen. Zu einer Sitzung kam es an diesem Tag allerdings nicht mehr; die Straße, in der sich das Vereinslokal befand, war vom Militär systematisch abgeriegelt worden.

Berlin im Belagerungszustand. Zeitgenössische Karikatur.

Der am 15. November von der Preußischen Nationalversammlung mit großer Mehrheit ausgerufene Steuerverweigerung-Akt, den das rechte Zentrum um Viktor von Unruh ohnehin bestenfalls halbherzig unterstützt hatte, erwies sich als Fehlschlag. Zwar erhielten die parlamentarischen Steuerverweigerer in einer Reihe von Städten, insbesondere im Westen Preußens und in Schlesien, einige Unterstützung. Die Krux dieses »passiven Widerstandes« war, dass Steuern nur zahlen oder verweigern konnte, wer über ausreichendes Einkommen oder Vermögen verfügte. Das waren neben dem Adel, der in seiner überwiegenden Mehrheit als Bündnispartner der aufgelösten Abgeordnetenversammlung ausschied, die bürgerlichen Schichten, ferner der wohlhabende Mittelstand. Beide Bevölkerungsgruppen waren der Revolution jedoch müde, sofern sie denn überhaupt die Freiheitsbewegung unterstützt hatten. Die sozialen Unterschichten, die in der preußischen Metropole und auch den meisten anderen größeren Städten die überwältigende Bevölkerungsmehrheit stellten und die zentralen sozialen Trägerschichten der Revolution gewesen waren, wurden von diesem ›Widerstand‹ von vornherein ausgeschlossen. Der Berliner Volksmund machte deshalb aus dem »passiven Widerstand« die »aktive Feigheit«.[25] Auch den Demokraten galt der Aufruf zum Steuerboykott (so der Zeitgenosse Adolf Stahr) als ein »Schwert ohne Klinge«, aus »hölzernem Eisen«, dem überdies auch noch »der Griff gefehlt« habe.[26]

Am 5. Dezember 1848 wurde die Preußische Nationalversammlung schließlich aufgelöst, nachdem in der Stadt Brandenburg am 27. November nicht genügend Abgeordnete zusammengekommen waren – weil sich die linke und die linksliberale Fraktion des Parlaments geweigert hatten, auf Befehl des Königs in die von Berlin gut sechzig Kilometer entfernte Stadt umzuziehen. Dieser Vorgang gehört bereits in die Geschichte der nachrevolutionären Ära – ebenso wie der königliche Oktroi einer Verfassung am selben Tag.

Nachmärz

Die am 5. Dezember bekanntgemachte »Verfassungs-Urkunde für den preußischen Staat« sorgte für allgemeine Überraschung. In ihrem Wortlaut orientierte sie sich nämlich an dem Entwurf, den die zuständige Kommission der Preußischen Nationalversammlung vorgelegt hatte, an der »Charte Waldeck«. So schrieb sie unter anderem die Gleichheit aller (männlichen) Preußen, die uneingeschränkte »Preßfreiheit«, das Versammlungs- und Vereinigungsrecht, die Freiheit des religiösen Bekenntnisses und von Wissenschaft und Lehre sowie weitere Grundrechte, außerdem die Aufhebung aller Ausnahmegerichte, abgesehen von der Militärjustiz, und die Abschaffung der Todesstrafe fest. Bestätigt wurde außerdem die – für die Befriedung des flachen Landes enorm wichtige – entschädigungslose Aufhebung der meisten bis 1848 noch bestehenden feudalen Pflichten und Abhängigkeiten.

Welche Vorteile eine solche scheinbar demokratische Verfassung besaß, hatte der belgische König Leopold I. seinem preußischen Kollegen Friedrich Wilhelm IV. unmittelbar nach der Pariser Februarrevolution nahegebracht: »Unsere ultra-liberale Konstitution hat in solch einem Augenblick das Gute, daß es nicht an Mitteln fehlt, die Stimmung und die Wünsche des Landes zu konsultieren.«[1] Eine liberale Verfassung, wie sie in Belgien 1831 eingeführt worden war, fungiere (so Leopold I.) als Revolutionsprophylaxe. Zusammen mit einem Parlament entstand eine Art politisches Frühwarnsystem. Wenn von diesem alarmierende Signale ausgingen, konnten Monarch und Regierung frühzeitig reagieren und gegebenenfalls weitere Zugeständnisse zwecks »Erhaltung des monarchischen Prinzips« (Leopold I.) machen – ein Prinzip, das 1848 nicht nur in England, sondern auch in den Beneluxstaaten sowie den skandinavischen Ländern ziemlich gut funktioniert hatte.

Dem auf dem »Gottesgnadentum« beharrenden preußischen König war zwar jede Verfassung zuwider. Er hatte auch im Dezember 1848 »ein wenig Bauch-Weh«[2] und wollte die erste preußische Verfassung anfangs partout nicht unterschreiben. Indessen konnten Graf Brandenburg und Leopold von Gerlach ihn schließlich überzeugen, dass man keinen »so großen Werth auf solche papierne Verfassung legen« dürfe. Entscheidend sei die beruhigende Wirkung, die von ihr ausgehe. Die eine Verfassung sei, erklärte Gerlach, »so gut und schlecht als die andere, sie müssen sämmtlich bekriegt und überwunden werden, es fragt sich nur, ob es jetzt schon Zeit ist, diesen Krieg zu beginnen«. [3]

Bereits die Verfassung selbst enthielt eine Reihe von Artikeln, die die großzügig formulierten Grundrechte erheblich relativierten. So war – im Unterschied zu dem Entwurf, den die Verfassungskommission der Preußischen Nationalversammlung ausgearbeitet hatte – ein Eid der Armee auf die Verfassung nicht vorgesehen, wie überhaupt die meisten der Grundrechte für das Militär keine Gültigkeit besitzen sollten. Der König blieb uneingeschränkt Oberbefehlshaber des Heeres und entschied über Krieg und Frieden. Eine erste Kammer – das ›Herrenhaus‹ aus (seit 1853/55 definitiv) erblichen Fürsten, Grafen und Freiherren aus Regionen, die sich Preußen im Laufe der Zeit einverleibt hatte, sowie vom Monarchen ernannten Mitgliedern – bildete das Gegengewicht zur zweiten Kammer, zum ›Abgeordnetenhaus‹. Damit war eine wirkungsmächtige Barriere gegen ›allzu‹ demokratische und liberale Beschlüsse der ›zweiten‹ Kammer errichtet. Im Januar 1849 sollte letztere – noch – nach einem allgemeinen und gleichen Wahlrecht gewählt werden, ehe für das Abgeordnetenhaus Mitte 1849 das bis 1918 in Preußen geltende Drei-Klassen-Wahlrecht eingeführt wurde.

Zusätzliche Sicherungen der Interessen der Krone waren in den Artikel 105 eingebaut: Im Falle der Auflösung oder Vertagung der parlamentarischen Kammern konnte das Ministerium einseitig »Verordnungen mit Gesetzeskraft« erlassen. Das war eine Bestimmung, die im Zusammenspiel mit dem Recht des Monarchen, das Parlament aufzulösen oder zu vertagen, der Krone ein beträchtliches Übergewicht gegenüber den parlamentarischen Körperschaften sicherte.

Der Artikel 110 beinhaltete, dass nicht nur im Kriegsfalle, sondern auch bei »Aufruhr« – ein sehr dehnbarer Begriff – alle wichtigen Grundrechte, nämlich das Versammlungs- und Vereinigungsrecht, das Recht auf persönliche Freiheit, Gleichbehandlung vor den Gerichten sowie

Unverletzlichkeit der Wohnung, »zeit- und distriktsweise außer Kraft gesetzt« werden konnten. Friedrich Wilhelm IV. brachte den Sinn dieses Artikels präzise auf den Punkt: »In Zeiten hoher Gefahr übernimmt der König die Diktatur.«[4] Entfallen waren außerdem die von der Verfassungskommission der Preußischen Nationalversammlung anvisierte Abschaffung des Adels ebenso wie das dort vorgesehene Grundrecht eines jeden Preußen, Waffen zu tragen. Selbstredend firmierte Friedrich Wilhelm IV. in der Präambel der Dezember-Verfassung wieder als König »von Gottes Gnaden«. Das Christentum wurde erneut Staatsreligion (Artikel 14).

Die Börse, das Barometer für die Stimmung des Berliner Wirtschaftsbürgertums, reagierte auf den Verfassungsoktroi mit einer Hausse. Magistrat und eine allerdings sehr knappe Mehrheit der Stadtverordneten von 47 gegen 44 Stimmen äußerten offiziell »freudige Gefühle«.[5]

Die verschiedenen politischen Strömungen in Berlin nahmen die Verfassung, wie nicht anders zu erwarten, sehr unterschiedlich auf. Die Konservativen verlangten eine Revision der Verfassung nach ihren Wünschen – und waren damit am 31. Januar 1850 auch erfolgreich. Manchem Altliberalen ging die Verfassung ebenfalls zu weit. Hansemann und andere Rechtsliberale schlugen vor, Zensusbestimmungen wie nach dem späteren Drei-Klassen-Wahlrecht für die Zweite Kammer gleich einzuführen. Sie wollten die in den Städten überwiegend demokratischen, auf dem Land dagegen zu erheblichen Teilen konservativ orientierten Unterschichten von politischen Entscheidungsprozessen möglichst weitgehend ausschließen.

Nachdem sich der anfängliche »unbesonnene Rausch der verblendeten Freude über den glänzenden Flitter der neuen Verfassung«[6] verflüchtigt hatte, positionierten sich Demokraten, Linksliberale und ebenso die sozialistische Arbeiterbewegung entschieden gegen die Verfassung. Allerdings durften sie Kritik unter dem Belagerungszustand nur verhalten äußern. Sie artikulierten sie nachdrücklicher erst, als der zu Jahresbeginn einsetzende Wahlkampf für die Wahlen vom 22. Januar 1849 ein offeneres Wort erlaubte. Der Bezirks-Central-Verein der preußischen Hauptstadt – das Koordinationsparlament der noch Ende 1848 um die 100 basisdemokratischen Klubs in den Stadtteilen – sprach am 16. Dezember 1848 von einer »als Gnadengeschenk bewilligten Verfassung«.

Diese biete den »gröbsten Willkürlichkeiten« der Krone breiten Raum.[7] Die linksliberale National-Zeitung erklärte am 7. Dezember 1848: »Der Absolutismus kann geben und nehmen; kann verleihen und verweigern – wie es ihm gefällt.« Der »Wille des Volks« würde im »absoluten Staate nur angesehn wie der unreife Wille eines Unmündigen«.

Der ›Durchmarsch‹ sämtlicher von den Demokraten aufgestellten Kandidaten bei der Januarwahl 1849 verweist darauf, dass die Mehrheit mindestens der männlichen Bevölkerung der Stadt diese Meinung teilte und sich in der Ablehnung des Verfassungsoktrois einig war. Für die Berliner waren die in dem von der Krone ja nur aus taktischen Erwägungen eingeführten Grundgesetz versprochenen Freiheiten außerdem bereits deshalb Makulatur, weil sie in der preußischen Hauptstadt ohnehin suspendiert waren: Der über Berlin verhängte Belagerungszustand galt bis zum 28. Juli 1849.

Die offen demokratischen Printmedien waren am 13. November verboten oder ihr Erscheinen mindestens erschwert worden. Die »Berliner Zeitungshalle« als weit über die Grenzen der preußischen Hauptstadt beachtete Tageszeitung musste ihr Erscheinen im März 1849 endgültig einstellen. Bei den verbliebenen Zeitungen ergänzte die Selbstzensur die äußere Zensur.

Die Abgeordnetenhauswahlen vom Januar 1849

Nicht nur die Meinungsfreiheit galt nichts mehr. Auch alle demokratischen Vereine wurden aufgelöst. Das Versprechen freier und gleicher Wahlen ließ sich dagegen nicht so einfach zurücknehmen. Nicht verboten wurden deshalb die nach dem Vorbild der Pariser Sektionen von 1790 für die einzelnen Stadtteile gebildeten, dem eigenen Verständnis nach überparteilichen Bezirksvereine. Sie bildeten den organisatorischen Rahmen für die von führenden Berliner Demokraten und Linksliberalen gegründeten Wahlvereine. Mitte Dezember schlossen sie sich in Berlin zu einem »Central-Comité für volksthümliche Wahlen im Preußischen Staate« zusammen. »Was die Parteistellung dieses Comités betrifft, so ist es ein aus Männern der äußersten Linken und des linken Centrums gemischtes.«[8]

Im Unterschied zu den Wahlen vom Frühjahr 1848 wurde im Januar 1849 der Wahlkampf von den jeweiligen politischen Richtungen, den

›Parteien‹ geprägt, die sich in Preußen ja erst im Revolutionsjahr hatten ausbilden können. Nach dem Bekanntwerden der Wahlergebnisse konnte der im Dezember 1848 von Berlin ins anhaltinische Dessau – von Frühjahr 1848 bis Sommer 1850 eine selbst im Vergleich zum republikanischen Baden radikaldemokratische Hochburg – verlegte »Central-Ausschuß der Demokraten Deutschlands« jubeln, »daß die Demokratie einen glänzenden Sieg errungen hat.«[9] Vor allem mit Blick auf die Hauptstadt war diese Freude berechtigt: Von den insgesamt gut 1 300 Wahlmännern waren ungefähr 700 dem eindeutig demokratischen Lager zuzuordnen, etwa 270 dem mit diesem verbündeten linken Zentrum, nur 350 dagegen dem rechten Zentrum bzw. der Rechten.[10]

Obgleich das Bündnis der Rechten und des rechten Zentrums prominente Gegenkandidaten wie den ehemaligen Ministerpräsidenten Camphausen aufbot, setzte sich in allen Berliner Wahlkreisen die Linke eindeutig durch. Die Vossische Zeitung erschreckte sich am 6. Februar, in Berlin sei »die Wahl so radikal demokratisch [ausgefallen], als es nur gedacht werden kann.« Berlin war im Revolutionsjahr zur ›Roten Hochburg‹ geworden: Von den neun Abgeordneten galten acht als Repräsentanten der ›entschiedenen Demokratie‹. Unter ihnen waren Johann Jacoby, Benedikt Waldeck und Georg Jung, die schon in der Preußischen Nationalversammlung der Linken Profil gegeben hatten. Der einzige Liberale, Karl Rodbertus, wurde Anfang 1849 nicht wegen seiner politischen Ansichten gewählt, sondern weil die wiedererstarkte Obrigkeit ihn zuvor aus Berlin ausgewiesen und damit zum politischen Märtyrer gemacht hatte.

Friedrich Wilhelm IV. habe, so kolportierte Varnhagen von Ense am 7. Februar, »über die Berliner Wahlen mit den Zähnen geknirscht, mit der Faust auf den Tisch geschlagen, auf die Behörden geschimpft, die immer so weise und sicher wären und nachher, wenn es zur Sache käme, rathlos und dumm dastünden«. Des einen Leid war des anderen Freud. Auf den »sehr belebten Straßen« beobachtete Varnhagen »viele fröhliche Gesichter. An allen Bilderläden steht das Volk dicht gedrängt und freut sich der Bildnisse der linken Abgeordneten«.[11]

Der überwältigende Wahlerfolg, den die Berliner Demokraten vor allem den Wählern aus den Unterschichten zu verdanken hatten, veranlasste den Polizeipräsidenten dazu, den Innenminister eindringlich davor zu warnen, den Belagerungszustand in der preußischen Hauptstadt aufzuheben.[12] Das Ausnahmerecht wurde in Berlin um weitere vier Monate verlängert.

Keine nationale Einheit ohne demokratische Rechte

Der 28. März 1849 ist ein markantes Datum der deutschen Geschichte. An diesem Tag wurde die erste deutsche Reichsverfassung durch das in der Frankfurter Paulskirche tagende Parlament angenommen – und mit ihr Friedrich Wilhelm IV. zum deutschen Kaiser gewählt. Enthusiastische Kommentare nicht zuletzt der Berliner Presse brachten zum Ausdruck, wie stark der Wunsch breiter bürgerlicher Schichten nach der Einheit Deutschlands war. In den Unterschichten und auch im demokratisch orientierten Bürgertum der preußischen Hauptstadt war dagegen von nationaler Euphorie kaum etwas zu spüren. »Denkt man zurück an die Begeisterung, an den Enthusiasmus«, mit dem in den ersten Wochen nach der Märzrevolution 1848 in Berlin die deutsche Einheit gewünscht worden sei, »so muß man erstaunen darüber«, dass der Beschluss der Paulskirche zur deutschen Einheit und die Wahl des »König[s] von Preußen zum erblichen Kaiser der Deutschen so ruhig hingenommen wird«, stellte etwa die National-Zeitung am 31. März 1849 fest. Sie bot auch gleich die Erklärung für den fehlenden Enthusiasmus an: »Die Einheit sollte, getragen von der eben errungenen Freiheit, selbst die Trägerin der Freiheit sein. Jetzt aber lastet schwerer Druck auf der Freiheit, überall ist sie in Frage gestellt. […] Die Regierungen betrachten die Demokratie, die Gleichberechtigung und die Selbstbestimmung des Volkes als ihren Feind, dem sie möglichst den Garaus machen möchten. Weil die Demokratie, die nun einmal das belebende Prinzip ist, sich überall angegriffen, eine reactionäre Bewegung in Gang sieht, weil sie für die Freiheit, den gründlichen Fortschritt, das gleiche Recht überall zu fürchten und zu kämpfen hat – darum fehlt der erhebende, fördernde, freudige Aufschwung.«

Für das Berliner »Volk« besaßen die Wiederherstellung und der Ausbau demokratischer Rechte Priorität. Die deutsche Einheit war dem nachgeordnet: Letztere war, so die National-Zeitung am letzten Märztag, »von Anfang an gedacht als die Erscheinungsform und die Gewähr der Freiheit.« Seit November 1848 sehe sich »das Volk«, hieß es dort weiter,

Friedrich Wilhelm IV. mit der Deputation der Frankfurter Nationalversammlung am 3. April 1849. Stahlstich nach einer Zeichnung von Rudolf Geißler, 1861.

jedoch »von seiner eigenen Sache wieder zurückgedrängt«. Es merke, dass »darauf ausgegangen wird, es wieder nur als die Masse zu betrachten, die die Regierungen handhaben und formen, wie es ihnen gefällt.« Das erkläre die »scheinbare Gleichgültigkeit« der Berliner gegenüber der Wahl Friedrich Wilhelms IV. zum deutschen Kaiser.

Obwohl auch in Frankfurt bekannt war, dass der preußische König unter keinen Umständen gewillt war, aus den Händen der Deutschen Nationalversammlung die (wie er formulierte) »Krone aus Dreck und Letten« zu empfangen, verließ die »Kaiserdeputation« die Mainmetropole am 30. März 1849 zunächst guten Mutes. Am 2. April kam sie in Berlin an. Am nächsten Tag folgte die Ernüchterung. Friedrich Wilhelm IV. brachte gegenüber der Deputation der Paulskirche in schroffem Ton zum Ausdruck, dass das Nationalparlament mit ihm nicht rechnen könne. Er wolle auf keinen Fall »Deutschlands Einheit« unter »Verletzung heiliger Rechte« und entgegen seinen »früheren ausdrücklichen und feierlichen Versicherungen ohne das freie Einverständnis der gekränkten Häupter, der Fürsten und freien Staaten Deutschlands« aufrichten.[13] Einen Monat später teilte das Ministerium Brandenburg der Frankfurter Zentralgewalt »definitiv« mit, dass der König die ihm angetragene Kaiserwürde aufgrund »der in Frankfurt beschlossenen Verfassung« nicht annehme. Die am selben Tag, dem 28. April 1849, eingeleitete preußische ›Unionspolitik‹, der erste Versuch einer Reichseinigung von oben, sollte Ende November 1850 scheitern.

»Szenen des Aufruhrs«: Die Auflösung des preußischen Parlaments

Nach der Ablehnung der Kaiserkrone, die Friedrich Wilhelm IV. von der Paulskirche angetragen worden war, forcierte eine breite demokratische und liberale Bewegung in allen deutschen Staaten eine Kampagne, um der vom preußischen König ablehnten Reichsverfassung und damit einer wirklichen konstitutionellen Monarchie doch noch zur Durchsetzung zu verhelfen. Neben 28 deutschen Regierungen und zahlreichen Landesparlamenten erkannte auch die Zweite Kammer des preußischen Parlaments am 21. April 1849 die Reichsverfassung an. Sie verwarf außerdem die ›Unionspolitik‹ Friedrich Wilhelms IV.[14] Damit war der »zweite preußische Staatsstreich« (Manfred Botzenhart) vorprogrammiert. Denn innenpolitisch wollte der Monarch keine Opposition gegen die von ihm als Fürstenbündnis (mit einem schwachen Parlament) konzipierte ›deutsche Einigung‹ dulden. Letzter Auslöser, die Zweite Kammer des preußischen Parlaments aufzulösen, war ein Beschluss der Abgeordneten am 26. April, in dem sie die Fortdauer des Belagerungszustandes ohne Zustimmung des preußischen Parlaments als ungesetzlich bezeichneten.

Anders als die Börse, auf die das entsprechende Dekret »keinen nachtheiligen Eindruck« machte, wie die Vossische Zeitung einen Tag später lakonisch anmerkte, reagierte das ›Volk‹ Berlins. Es sah mit der Auflösung der Zweiten Kammer am 27. April und der absehbaren Verschärfung des Wahlrechts eine letzte demokratische Säule wegbrechen. Noch am selben Tag kam es zu Demonstrationen und blutigen Straßenschlachten. Sie forderten insgesamt sieben Tote und mindestens 14 Schwerverletzte. Wie die an diesem und den folgenden zwei Tagen insgesamt knapp 100 Verhafteten gehörten sie »überwiegend dem Arbeiter- und Handwerkerstande« an.[15] In ihrem Ablauf erinnern die Vorgänge entfernt an den 18. März 1848. Anders als während der Märzrevolution wurde das ›Volk‹ nun aber von ›den Bürgern‹ alleingelassen.

Ausgelöst wurden die schweren Auseinandersetzungen, so ein Zeuge der Vorfälle, durch »einige höhere Offiziere«,[16] die durch die Stadt schlenderten und erregt debattierende Berliner mit »Bemerkungen« provozierten, die »die Fortdauer des Belagerungszustandes« rechtfertigten. »[Z]wei dieser unserer liebenswürdigen Tyrannen wollten die Canaille [außerdem] belehren, daß die Kammer ganz mit Recht aufgelöst sei und erhielten demnächst einige reglementsmäßige Prügel als Honorar«, so der Berliner Korrespondent der Neuen Rheinischen Zeitung. Daraufhin, so der Berichterstatter der Vossischen, zogen die Offiziere »die Degen und hieben mit denselben um sich«. Das »aufgeregte Volk« wiederum traktierte danach »die Offiziere mit den ausgerissenen Stangen, entriß Einem den Degen und zerbrach denselben«, eine für die Militärs demütigende symbolische Handlung. Ungefähr zur selben Zeit wurde außerdem »ein Militärposten von etwa zehn Mann vom Volke mit Latten und Brettern angegriffen«. Das »Volk« bewarf das sich zurückziehende Militär mit Steinen. Als Feldzeichen diente dabei »ein alter Sack, nebst einem rothen Streifen, als improvisirte Fahne«.

Für die militärische Obrigkeit war das eine unerhörte Provokation. Sie führte am frühen Abend »endlich Detachements vom Kaiser-Franz-Regiment« und damit Truppen heran, die bereits an den Kämpfen vom 18. März 1848 beteiligt gewesen waren. »[V]om Volke mit Pfeifen und Zischen empfangen«, stellten sich Soldaten »an allen Ecken des Platzes« auf, besetzten »alle Ausgänge« und drängten »das Volk in einem Winkel zusammen«. Sie praktizierten damit am 27. April 1849 wie ein gutes Jahr zuvor ein Verfahren, das gut 120 Jahre später als ›Leberwursttaktik‹ in die Geschichte eingehen sollte.

Nachdem das Militär alle Fluchtmöglichkeiten versperrt hatte, folgte »wie der Donner auf den Blitz die Salve«, die mehrere Personen tötete. Ähnlich wie am 18. März 1848 schürte das brutale Vorgehen der Truppen die Aufregung. Immer größere Menschenmassen strömten von außen in die Stadtmitte. Barrikaden wurden improvisiert. Diesmal allerdings gelang es dem Militär, durch ein von Anbeginn rücksichtsloses Eingreifen den Konflikt in Grenzen zu halten. Gegen 23 Uhr war schließlich »alles still«. In den folgenden Tagen wiederholten »sich ähnliche Szenen des

Aufruhrs«. Erneut zogen »große Volkshaufen, deren Führer mit rothen Schärpen und Mützen bekleidet waren und unter Vortragung einer rothen Fahne, mit dem Rufe: ›Es lebe die Republik‹ in mehreren Straßen umher«. Unvorbereitet und unkoordiniert, wie diese Demonstrationen waren, gelang es den Truppen durch rabiates Vorgehen, ›Ruhe und Ordnung‹ wiederherzustellen.

Die Krone nutzte die blutigen Vorfälle vom 27. bis 29. April, um die Einführung eines Zensuswahlrechtes für das Preußische Abgeordnetenhaus zu rechtfertigen. Das neue Wahlgesetz vom 30. Mai 1849 gliederte die Gesamtheit der Wahlberechtigten nach dem Steueraufkommen in drei Klassen auf, die jeweils ein Drittel der Abgeordneten für die Zweite Kammer zu bestimmen hatten. Dieses – wie der Berliner Volksmund es taufte – »Groschen-Gesetz«[17] galt in Preußen bis 1918. Es war höchst ungerecht: 1849 gehörten in Berlin lediglich 2,7 Prozent der Urwähler der I. Klasse, 9,6 Prozent der II. Klasse an. Die Stimmen dieser 12,3 Prozent besaßen ein doppelt so großes Gewicht wie das der übrigen 87,7 Prozent der wahlberechtigten Berliner, die der III. Klasse zugeordnet wurden. Wahlberechtigt waren 76 957 Männer oder nicht einmal 20 Prozent aller Berliner Einwohner. Das demokratische »Central-Comité zur Wahrung des verfassungsmäßigen allgemeinen Wahlrechts im Preußischen Staate« rief einen Wahlboykott aus. Wohl auch deshalb lag die Wahlbeteiligung in der preußischen Hauptstadt lediglich bei 45,8 Prozent[18] und damit weit unter dem Niveau von Anfang Mai 1848 und vom Januar 1849.

Restriktionen und Repressionen

Wenn am 27. Juli 1849 schließlich der über Berlin verhängte Belagerungszustand aufgehoben wurde, dann war dies nicht nur auf das Scheitern der demokratisch-republikanischen Bewegungen in Sachsen und im Südwesten Deutschlands kurz zuvor zurückzuführen. Die Niederlagen dort sowie das Ende der Revolutionen in Italien (Rom und Venedig) und in Ungarn erleichterten der preußischen Staatsführung zwar zweifelsohne die Suspendierung des Belagerungszustandes in der Hauptstadt. Entscheidend war jedoch, dass die Krone und die Regierung des Grafen Brandenburg vorher dafür gesorgt hatten, dass die Berliner nicht ›übermütig‹ werden konnten. Verantwortlich für die auch nach der nominellen Aufhebung des Belagerungszustandes weiter geltende Einengung der

Bewegungsfreiheit der Berliner war der am 18. Dezember 1848 zum Polizeipräsidenten berufene (und jüngst zum ›Modernisierer‹ ausgerufene) Karl Ludwig Friedrich von Hinckeldey.[19] Als Chef der Berliner Polizei und »Generalpolizeidirektor« sowie (seit 1853) Leiter der »Abteilung Polizei« im Innenministerium zeichnete er nicht zuletzt für den Aufbau einer modernen Geheimpolizei in der Hohenzollernmonarchie verantwortlich; er war so etwas wie ein informeller ›Polizeiminister‹ Preußens.

Von Hinckeldey veranlasste Verordnungen vom 29. und 30. Juni 1849 erlaubten die weitere Kontrolle des Vereinswesens. Alle Versammlungen mussten der Polizeibehörde 24 Stunden vor Veranstaltungsbeginn gemeldet werden. Die Zensur wurde wieder eingeführt, obwohl die Presse- und Meinungsfreiheit in der oktroyierten Verfassung nominell garantiert war. »Jetzt bei Preßfreiheit sind wir viel schlimmer dran als früher unter der Censur«, klagte ein preußischer Buchhändler im Frühjahr 1850.[20] Seit dem 28. Juli benötigten alle Personen, die Berlin besuchten, sogenannte Aufenthaltskarten, eine Art Visum, wenn sie länger als zwei Tage bleiben wollten. Diese wurden »nur an bekannte, zuverlässig königlich gesinnte Leute verabfolgt«.[21] Auch das Briefgeheimnis war so wenig gehütet, »daß selbst der Vertreter Preußens am Bundestag [des Deutschen Bundes] manche seiner Briefe der Post nicht anzuvertrauen wagte.«[22] Sogar die mittelalterliche Strafe des Prangerstehens, 1848/49 stillschweigend außer Kraft gesetzt, wurde Ende April 1850 wieder eingeführt.

Eine weitere Verordnung vom selben Tage verbot das Tragen aller äußeren Verbindungs- oder Vereinigungszeichen von ausschließlich roter Farbe bzw. solcher Zeichen, in denen die rote Farbe vorherrschte. Wie sehr revolutionäre Symbole die Obrigkeit schreckten, machte Hinckeldey erneut deutlich, als er noch viereinhalb Jahre nach dem Ende der Revolution das Tragen von Calabreser-Hüten – wie sie der badische Rebell Friedrich Hecker getragen hatte – untersagte.[23] Ein Zugeständnis blieb immerhin. Man durfte weiterhin, nun allerdings wortlos, ›Dampf ablassen‹: Das Rauchen auf öffentlichen Plätzen blieb weiterhin erlaubt.

Auch wenn Revolutionen scheitern, sind die politischen und gesellschaftlichen Verhältnisse danach andere als zuvor. Zur überaus zwiespältigen ›Modernität‹ Preußens gehört, dass die Krone die Ende 1848 erlassene Verfassung in der Folgezeit formaliter nicht außer Kraft setzte. Das war taktisch klüger als die Politik der Habsburgermonarchie, die die dort am 4. März 1849 oktroyierte Verfassung bereits 1851 ersatzlos aufhob. Die hinter der Beibehaltung der von Friedrich Wilhelm IV. gnädig gewährten preußischen Verfassung stehende Absicht brachte Leopold von Gerlach Mitte 1852 in die Formel: »durch Unterbauen verdünnen, begründen und antirevolutionär machen«.[24] Gleichzeitig banden der Hohenzollernmonarch und seine Berater mit der oktroyierten Verfassung das aufstrebende Bürgertum an sich. Dessen Mehrheit sah sich zudem durch das Mitte 1849 in Kraft gesetzte Drei-Klassen-Wahlrecht begünstigt, machte dieses doch das ökonomische Gewicht – und nicht, wie bis 1848, ständische Vorrechte – zum Kriterium und damit bürgerliche Wählerstimmen weit wertvoller als proletarische.

Dass das freiheitlich klingende Verfassungsrecht und die konkrete politisch-juristische Praxis extrem auseinanderklafften, bekamen vor allem Sozialisten, Demokraten und Linksliberale zu spüren. Auf Basis einer Art von informellem Radikalenerlass waren vor allem Ärzte und Lehrer einem erheblichen Druck ausgesetzt. So wurde der republikanisch gesinnte Rudolf Virchow für einige Zeit aus Berlin und Preußen vertrieben. Die Möglichkeit des Berufsverbots für Lehrer war bereits in der Verfassung vom 5. Dezember 1848 versteckt (§ 19). Sie mussten, so die gummiartige Formulierung, die jegliche behördliche Willkür legitimierte, gegenüber den Staatsbehörden ihre »sittliche, wissenschaftliche und technische Befähigung« nachweisen. Zahlreiche Lehrer wurden diszipliniert oder gleich entlassen, ebenso freisinnig orientierte Staatsanwälte und Richter.

Prozesse wegen Majestätsbeleidigung und »Terrorismus«

Bereits ab Mitte Mai 1848 hatten Staatsanwälte und Richter gegen vermeintliche Staatsfeinde wie Gustav Adolf Schlöffel wieder vorrevolutionäres Recht angewendet. Nach dem Ende der Revolution konnten sie sich vor Arbeit kaum retten. »Die Prozesse wegen Majestätsbeleidigung mehren sich in ärgerlicher Weise; jeder Handwerker, Knecht oder Bursche, der im Trunk oder Übermuth ein Schimpfwort ausstößt und angezeigt wird, bekommt ein- oder mehrjährige Strafarbeit«, notierte Varnhagen von Ense im Sommer 1849.[25]

Manche der Anklagen wurden mit der ausgesprochen ›modern‹ anmutenden Formel »Terrorismus« begründet. Das hatte der preußische

Justizminister Wilhelm Rentelen veranlasst. Er stellte am 8. Dezember 1848 in einem Schreiben an die Präsidenten der Oberlandesgerichte fest, dass viele Richter während der Revolution »nicht den Muth und die Unerschrockenheit gezeigt« hätten, »dem Terrorismus mit Erfolg entgegenzutreten«.[26] Damit machte er einen Terminus ›justiziabel‹, der anschließend Eingang in politische Verfahren fand.

Unter dem Vorwurf, »Terrorist« zu sein, wurde auch Adolph Streckfuß vor Gericht gezerrt, einer der zentralen Repräsentanten der moderaten demokratischen Bewegung in Berlin und Brandenburg. Ihm warf die Staatsanwaltschaft keine drei Jahre nach dem Ende der Berliner Revolution vor, er habe sich »unumwunden dahin artikulirt«, dass die demokratische Bewegung »vor nichts zurückbeben« dürfe und »unerschrocken den Vernichtungskrieg gegen alle Feinde der Demokratie« führen müsse. Streckfuß habe, so der Vorwurf, die 1848er-Bewegung wegen ihres zögerlichen Handelns dafür, dass sie den angeblich demokratischen »Terrorismus nicht bis zur äußersten Consequenz zu verfolgen die Kraft besessen« habe, sogar noch gescholten. Durch eine breite und farbige Schilderung historischer Ereignisse habe Streckfuß – der in den 1860er-Jahren als erster Berlin-Historiker (mit seinem Werk »Vom Fischerdorf zur Weltstadt«) bekannt wurde – beim preußischen Volk »Beifall für die terroristische Herrschaft« radikaler »Revolutionsmänner« hervorrufen wollen.[27]

Zum »Terroristen« war Streckfuß aus der Sicht der Anklage geworden, weil er in den ersten Jahren nach der Revolution als politischer Schriftsteller äußerst produktiv gewesen war: Neben einer Broschüre über Robert Blum (April 1850), einem 830 Seiten starkes Werk über den »Freiheitskampf der Ungarn« vom selben Jahr, weiteren Büchern über die Dresdner Mairevolution sowie das abenteuerliche Leben von Johann Gottfried Kinkel 1848/49 und Darstellungen zur europäischen Revolution von 1848/49 hatte Streckfuß 1851 »Ein Buch der Republik« verfasst: Dort verglich er die Verfassung der ersten französischen Republik mit der Anfang 1850 novellierten preußischen Verfassung. Dieser Vergleich fiel nicht zum Vorteil der letzteren aus. ›Gefährlich‹ schienen der Obrigkeit diese Schriften, weil Streckfuß für ein breites Publikum schrieb, »für den Arbeiter, der nach mühsam vollendetem Tagewerk gerne ein Buch zur Hand nimmt, um sich zu belehren, seinen Geist auszubilden und einen Blick zu werfen auf die politische Lage seines Vaterlandes.«

Freispruch nach einem Prozess wegen Hochverrat gegen Johann Jacoby vor dem Gericht in Königsberg, 8. Dezember 1849. Zeitgenössischer Holzstich.

Gegenstand des Prozesses vom September 1851 war eine weitere, ein halbes Jahr zuvor herausgekommene Schrift: »Die große französische Revolution und die Schreckensherrschaft«. Bereits die Einleitung der kleinen Schrift war aus der Sicht der Staatsanwaltschaft höchst ›terroristisch‹. Denn dort hieß es: »Wir leben in einer wild bewegten, traurigen Zeit. Nach den herrlichen Tagen des März 1848, in dem das deutsche Volk aus dem langen, politischen Todesschlaf endlich zum Bewusstsein seiner Kraft kam« habe die demokratische Bewegung allerdings »gewaltige Fehler begangen, Fehler, hervorgegangen aus unserer Unkenntnis der Geschichte, hervorgegangen aus dem unglückseligen Vertrauen, welches wir zu den herrschenden Parteien hegten, denen wir uns blindlings übergaben. Die Geschichte hätte uns [...] zeigen sollen, dass der größte politische Fehler, den ein Volk begehen kann, der ist, wenn es Vertrauen hat zu den augenblicklichen Inhabern der Gewalt, der ist, wenn es nicht mit starker Hand selbst seine Freiheit beschützt, und sich das einmal Errungene aus den Händen winden lässt.«

Aus der Geschichte müsse man lernen, so Streckfuß selbstkritisch. Deshalb habe er sich dem Gegenstand »Große Französische Revolution« zugewandt. Er wolle »aus ihr uns eine Lehre und eine Warnung für die Zukunft schöpfen, auf dass wir einst, in einer besseren Zeit, nicht wieder in dieselben Fehler verfallen, die wir schon einmal begangen haben [...]. Aus der Geschichte der französischen Revolution wollen wir lernen, dass ein Volk, wenn es einig ist, wenn es den felsenfesten energischen Willen besitzt, seine Freiheit zu erringen, durch keine Macht der Welt gezwungen und zurückgehalten werden kann. Die Revolutionsgeschichte des vorigen Jahrhunderts soll unsere erhabene Lehrerin der Gegenwart sein, um uns kräftig zu machen für die Freiheitsbestrebungen der Zukunft«.[28]

Das war zu viel. Das Verfahren gegen Streckfuß wurde denn auch vom Ministerpräsidenten und gleichzeitigen Innenminister Otto Freiherr von Manteuffel – jüngst zum kalt »kalkulierenden Pragmatiker« der Gegenrevolution aufgewertet[29] – höchstselbst angestoßen. Wegen der »Gemeingefährlichkeit der Schrift« wies Manteuffel das Berliner Polizeipräsidium an, umgehend »die Belangung des Streckfuß bei dem Staats-Anwalte zu beantragen«.[30]

Bemerkenswert ist, dass die anfangs mit dem Verfahren befasste Staatsanwaltschaft sich nicht von Manteuffel instrumentalisieren ließ. Sie sah in den zitierten Äußerungen und anderen Passagen der Schrift von Streckfuß »nicht den Thatbestand einer strafbaren Handlung«. Auch die »Rathskammer des Stadtgerichts wies den Antrag auf Einleitung der Untersuchung zurück.« Der Oberstaatsanwalt verfügte vielmehr »die Freigebung der unter Beschlag gelegten Schrift«. Der Innenminister und der Berliner Polizeipräsident gaben freilich nicht auf – und fanden schließlich einen willfährigen Staatsanwalt. Dieser legte Berufung ein und der Anklagesenat des Kammergerichts ließ die Anklage gegen Streckfuß nun doch zu. Der Staatsanwalt warf dem demokratischen Schriftsteller vor, dass er »unverhohlen« die »Ereignisse der französischen Revolution des 18. Jahrhunderts und die an der Spitze derselben gestandenen Terroristen verherrlichen« wolle. Der Bezug auf die Phase des Grand Terreurs in der ersten Französischen Revolution (1792–1794) sei lediglich vordergründig. Tatsächlich sei es Streckfuß darum gegangen, »dem deutschen Volke die Lehre darzulegen, wie es zu geeigneter günstiger Zeit klüger und energischer zu verfahren habe, um die Demokratie zur unumschränkten Herrschaft zu bringen«. Sein Ziel sei es, »im Namen der angeblichen Freiheit auf der betretenen Bahn der Revolution alles vor sich her zu zermalmen, was ihm sich hemmend entgegenstelle«. Sein Ideal sei die »noch jenseits des Robespierre'schen Terrorismus liegende sozialdemokratische [!] Republik«.

Mit anderen Worten: »Soziale Demokratie« und »sozialdemokratische Republik« gehörten für den willfährigen Staatsanwalt zur höchsten Form »terroristischer« Verbrechen, weit vor ›einfachem‹ Landes- und Hochverrat. Streckfuß habe sogar Robespierre in den Schatten gestellt, nämlich den »Ausrottungskrieg« gefordert, den die Jakobiner zu Ende zu führen sich gescheut hätten. Er sei mithin ein ›geistiger Brandstifter‹ der übelsten Sorte.

Das war starker Tobak. Aufschlussreich ist allerdings auch, mit welchem Selbstbewusstsein die Richter und die (1849 für politische Prozesse eingeführten) Geschworenen gegenüber den Zumutungen des Staatsanwaltes Rückgrat zeigten: Das Kammergericht sprach Streckfuß frei. Preußen war zwar keine konstitutionelle Monarchie; aber es war Anfang der 1850er-Jahre noch ein Rechtsstaat.

Nachrevolutionäre Massenbewegungen

Verärgert hatte Streckfuß die Obrigkeit nicht zuletzt, weil er seit November 1848 einer der Organisatoren der Berliner »Volkspartei« war. Hinter deren Gründung stand ein Lernprozess. Denn bis dahin hatten »sich die verschiedenen Fraktionen der Demokratie fast noch feindlicher gegenüber standen, als selbst die Partei des Volkes der der Reaction«.[31] Die Möglichkeit zur Zusammenfassung der Berliner Demokraten, Liberalen und Sozialisten in der »Volkspartei« bot sich, weil eine auf den Wahlkampf 1848/49 orientierte ›Parteipolitik‹ zunächst erlaubt blieb und die zahlreichen Bezirksvereine weiterexistieren konnten.

Insgesamt zählte die Volkspartei, die von einem Parteirat geleitet wurde, den die Volksvereine je nach Größe mit Delegierten beschickten, 5000 bis 10000 Mitglieder. Wer ihr angehören wollte, musste sich ohne Wenn und Aber für die Wiederherstellung eines allgemeinen und gleichen Wahlrechts einsetzen. Deshalb, aber auch weil sie sich für die von der Frankfurter Paulskirche verabschiedete Reichsverfassung exponierte, machte sich die Volkspartei bei der Krone keine Freunde. Bereits

Anfang 1849 wurden ihre Versammlungen von der Polizei auseinandergesprengt. Das preußische Versammlungs- und Vereinsgesetz vom 11. März 1850 und die Schließung der noch bestehenden demokratischen Vereine besiegelten auch das Ende der Volkspartei.

Deren große Bedeutung unterstich Rudolf (von) Gneist mit der Feststellung, dass »eine eigentliche Parteibildung bei uns erst seit dem Dezember [1848] datirt«; die politischen Klubs der Revolutionsmonate bildeten »nur die theoretischen Anfänge dazu«.[32]

Am weitesten entwickelt war indes nicht diese demokratische Partei, sondern die Arbeiterbewegung. Sie hatte sich mit der Ende August 1848 in Berlin gegründeten Arbeiterverbrüderung eine Organisation geschaffen, die zwischen ›Gewerkschaft‹ und ›Partei‹ stand und zum Vorläufer der späteren Sozialdemokratie wurde. Aber auch die Konservativen ›modernisierten‹ sich. Für sie waren die Abgeordnetenhauswahlen vom Januar 1849 und die im Vorfeld im Dezember 1848 entstandenen Wahlkomitees ebenfalls »ein wichtiges Sprungbrett auf dem Wege zur Parteibildung«.[33] Sie hatten zudem keine Restriktionen durch den preußischen Staat zu befürchten, im Gegenteil.

Zur wichtigsten konservativen Massenorganisation entwickelte sich nach der Revolution der »Treubund mit Gott für König und Vaterland«. Er wurde in unmittelbarer Reaktion auf die für die Demokraten günstigen Wahlmännerwahlen vom 22. Januar 1849 zunächst unter der Bezeichnung »Royalistenbund« gegründet.[34] Mit diesem Bund gelang es dem politischen Konservativismus, in der preußischen Hauptstadt auf breiter Basis Fuß zu fassen. Um die Jahreswende 1849/50 zählte der Treubund allein in Berlin etwa 9000 bis 10000 Mitglieder, 1851/52 sogar rund 16000. Mit diesem Bund, in den man eintreten, aus dem man jedoch nicht austreten konnte, gelang den Konservativen zeitweilig ein politischer Einbruch auch in unterbürgerliche Schichten. Die Führung des Treubundes rekrutierte sich allerdings aus ganz anderen Kreisen als die einfache Mitgliedschaft. Zumindest die ersten amtierenden »Großmeister« waren Grafen; das weitere Führungspersonal gehörte ebenfalls überwiegend dem Adel oder einem ›gehobenen‹ Bürgertum an.

Die Öffentlichkeit beeindruckte der Treubund durch massenwirksam inszenierte Großveranstaltungen und eindrucksvolle Illuminationen, etwa zum Geburtstag von Friedrich Wilhelm IV. am 15. Oktober

1849 oder zum Jahrestag der Einsetzung des Ministeriums Brandenburg. Organisationsstrukturell verstand sich der – freimaurerähnlich in drei »Grade« gegliederte – Treubund als Negation des revolutionären Parteienpluralismus: Das preußische Volk sollte unter dem Dach der Monarchie »brüderlich« und zugleich ständisch hierarchisiert in dem Bund aufgehen.

Die relativ hohe Wahlbeteiligung bei den ersten Drei-Klassen-Wahlen vom Juli 1849 und die für die Konservativen günstigen Ergebnisse auch in Berlin verdankten sich maßgeblich dem Treubund: Dessen Agitationstrupps gingen in einigen Vierteln von Haus zu Haus, um Wahlberechtigte unter Druck zu setzen. Die Wahl selbst war nicht mehr geheim, sondern öffentlich – und in vielen Wahlvorständen saßen Treubund-Mitglieder. Kampfreden von Treubundagitatoren, die von bewaffneten Trupps ›geschützt‹ bzw. erst durchgesetzt wurden, dienten nicht nur zu Wahlkampfzeiten der Einschüchterung des politischen und religiösen Gegners. Varnhagen nennt als Beispiel den Auftritt des protestantischen Predigers Krummacher. Eine mit schweren Stöcken bewaffnete Treubund-Schar habe diesem Anfang 1850 Einlass in eine Versammlung der freireligiösen Gemeinde Berlins verschafft; die eingeschüchterten Gemeindemitglieder mussten dann eine der aggressiven Reden Krummachers über sich ergehen lassen.[35] Auch in anderen Fällen scheinen nach Hunderten zählende Treubund-Scharen zu ähnlichen Zwecken als Schlägertrupps eingesetzt worden zu sein. Wohl mit Blick auf diese ›Parteimiliz‹ bot der Vorstand des Berliner Treubundes dem Kriegsministerium im Konflikt Preußens mit Österreich und Russland um die Unionspolitik 1849/50 »eine bewaffnete Schar treuer Bürger« als »Heimatschutz« für den Fall an, dass die zu diesem Zeitpunkt in Berlin stationierten Soldaten gegen einen äußeren Feind abrücken müssten.[36]

Die Präsenz mit Schlagstöcken bewaffneter, milizartiger Treubund-Trupps bringt recht drastisch das seit Ende 1848 veränderte politische Kräfteverhältnis zum Ausdruck: Während der Revolution hielten konservative Bürger mit ihrer politischen Haltung meist hinter dem Berg, aus Furcht vor auch handgreiflichen Antworten der Unterschichten. Seit Anfang 1849 werden sich umgekehrt viele Demokraten und Liberale kaum getraut haben, ihre Ansichten offen zu äußern – aus Angst vor Treubund-Schlägern. Ergänzt wurden diese Methoden offener Einschüchterung der politischen Gegner durch ein »organisirtes Spionirsystem«, das der Treubund Anfang der Fünfzigerjahre aufbaute. Seine so gewonnenen Erkenntnisse bot er dem Berliner Polizeipräsidenten an. Hinckeldey lehnte allerdings ab; er wollte den Treubund nicht zu einem ›Staat im Staate‹ machen.

* * *

Nach gescheiterten – oder auf ›halbem Weg‹ steckengebliebenen – Revolutionen gewinnen offen gegenrevolutionäre und zu einem harten Vorgehen auch gegen Reformer entschlossene Bewegungen in vielen Fällen die Zustimmung breiterer Bevölkerungsschichten und politisches Gewicht. In Deutschland ist dafür vor allem die zweite Revolution von 1918/19, mit der ihr folgenden krisengeschüttelten Weimarer Republik, der Ernennung Hitlers Anfang 1933 zum Reichskanzler und der anschließenden ›Machtergreifung‹ der Nationalsozialisten ein fatales Beispiel.

So weit kam es Mitte des 19. Jahrhunderts glücklicherweise nicht. Der Treubund erreichte bereits Anfang der Fünfzigerjahre den Zenit seines politischen Einflusses. In der »Neuen Ära« unter Wilhelm I. und Bismarck verlor er rasch an Bedeutung. 1864 löste sich der Treubund auf. Umgekehrt kräftigte der 1851/52 einsetzende wirtschaftliche Aufschwung, der durch die forcierte Industrialisierung für gut zwei Jahrzehnte an Stetigkeit gewann, mit Beginn der ›Bismarck-Ära‹ neben den liberalen und demokratischen Strömungen auch die Arbeiterbewegung. Alle drei ›Parteien‹ sogen aus der Revolution von 1848 – trotz ihres Scheiterns – anhaltend politische Energien. Dahinter stand auch das zeittypische Gefühl, dass ›den Fortschritt‹ – den Liberale, gemäßigte Demokraten und Sozialisten sehr unterschiedlich auslegten – nichts aufhalten könne. Dieses Gefühl, dass sich auf Dauer letztlich niemand dem gesellschaftlichen Aufbruch entgegenstemmen könnte, trug bis 1914 auch das Gedenken an und die Erinnerungspolitik um die Revolution.

Der Friedhof der Märzgefallenen

Im Zentrum des Gedenkens an die Berliner Revolution von 1848 steht der Friedhof der Märzgefallenen. Dessen Geschichte und damit die Geschichte der Erinnerungspolitik an den 18. März begann früh – zwei Tage nach dem Ende der Barrikadenkämpfe und dem Abzug der Truppen aus der Stadt.

Volkstümliches Gedenken (1848 bis 1852)

Bereits am 21. März 1848 beschloss die Berliner Stadtverordnetenversammlung, den gefallenen Barrikadenkämpfern ein Denkmal zu errichten[1] bzw. eigentlich sogar zwei, nämlich eines auf dem Friedrichshain, ein anderes in Stadtmitte. Mehrere Vorschläge für die geplanten Monumente wurden eingereicht. Die demokratischen Vereine mahnten den Magistrat, die Errichtung des Denkmals auf dem Friedrichshain nicht zu verzögern. Auch das Anfang 1849 gewählte demokratisch geprägte Preußische Abgeordnetenhaus machte die Errichtung eines Denkmals für die Märzgefallenen zur eigenen Sache. Der politische Wind hatte sich zu diesem Zeitpunkt indes längst gedreht.

Aber auch ohne Denkmal wurde der Friedhof zum zentralen Symbol der Berliner Märzrevolution. Noch während der Revolutionsmonate, am 4. Juni 1848, organisierten die demokratischen Vereine Berlins eine Großdemonstration zum Friedrichshain. Nach Angaben der Vossischen Zeitung waren »mindestens Zweidrittheile«, nach denen der National-Zeitung »wenigstens ein Viertel der gesammten Berliner Bevölkerung auf den Beinen«. Das wären zwischen 100 000 und 250 000 Menschen gewesen. Nach den Eindrücken der Zeitgenossen waren noch mehr Berliner unterwegs als am 22. März. Erst etwa drei Stunden, nachdem die Spitze der »unabsehbare[n] Schaaren unter Fahnen und Bannern« den Friedrichshain erreicht hatten, kamen schließlich auch die letzten an den Gräbern der Märzgefallenen an.[2]

Gedächtnisfeier für die Märzgefallenen im Friedrichshain am 4. Juni 1848. Zeitgenössische Lithographie aus dem Neuruppiner Bilderbogen.

Auch von 1849 bis Mitte der Fünfzigerjahre pilgerten trotz einer oft »schneidend kalten und unfreundlichen Witterung« alljährlich am 18. März, »als kaum das Tageslicht dämmerte, unabsehbare Züge von Menschen nach dem Friedrichshain hinaus«. Sie »gehörten meist dem Arbeiter- und Handwerkerstande und den jüngeren Generationen der Bevölkerung an« und verwandelten den Friedhof mit zahllosen Kränzen und Blumen in einen »lieblichen Garten«. Gegen Abend kam es in den ersten Jahren nach der Märzrevolution regelmäßig zu heftigen und blutigen »Zusammenstößen« zwischen »Volkshaufen« und den verhassten Konstablern, die sich bis in die späte Nacht hinzogen.[3] Nicht nur in der Hauptstadt, sondern in (mindestens) ganz Preußen war die Berliner Märzrevolution zum Symbol für den demokratischen Aufbruch geworden.

Seit Anfang der Fünfzigerjahre versuchten der Berliner Magistrat und der Polizeipolizeipräsident dann, Gedenkveranstaltungen im Friedrichshain mit allen möglichen Tricks zu unterdrücken. 1850 sollte der

Begräbnisplatz der Märzgefallenen Planungen für den neuen Ostbahnhof zum Opfer fallen.[4] Auch nachdem diese Pläne fallengelassen worden waren, hielt der Magistrat daran fest, die im Friedrichshain »liegenden Leichen der in der März-Revolution von 1848 Gebliebenen nach den betreffenden Parochial-Kirchenhöfen zu translociren«.[5] Daraufhin erhob sich ein Sturm der Empörung. Erst Ende 1858 gab der Magistrat seine Pläne zur Umbettung der Märzgefallenen endgültig auf.

Die Abriegelung des Friedhofs (1852 bis 1861)

Konnte man das Ärgernis schon nicht aus der Welt schaffen, so sollte es doch nach Möglichkeit vor den Augen der Öffentlichkeit verborgen werden. Bereits Mitte 1852 wurden bis auf einen sämtliche nach der »Gruftstätte führende Wege auf Anordnung der Behörden planirt und zu Baumpflanzungen umgeschaffen«. Der letzte Weg zum Begräbnisplatz wurde im Frühjahr des folgenden Jahres »umgepflügt und mit Kartoffeln bestellt«, der Platz selbst mit einem Zaun umgeben.

Ende der Fünfzigerjahre wurde der inzwischen verfallene Zaun durch eine stabile Bretterwand ersetzt und zusätzlich dichtes und dorniges Gestrüpp gepflanzt. Mit Beginn der ›Neuen Ära‹ änderten sich die Verhältnisse, »der Zutritt zu den Grabstätten [wurde] dem Publikum wieder gestattet«. Gleichwohl verfielen die Gräber in der Folgezeit erneut. Sie (so hieß es in der Anfrage eines linksliberalen Stadtverordneten aus dem Jahre 1889) passten »besser für eine Hundehütte als für einen Friedhof von dieser Bedeutung, kurz, der allgemeine Zustand ist ein ganz abscheulicher«.[6]

Die Pflege des Friedhofs und die Errichtung eines 1897 von der Stadtverordnetenversammlung beschlossenen schmiedeeisernen Tores lehnte der Polizeipräsident mit dem bemerkenswerten ›Argument‹ ab, mit dem Portal würde »ein dauerndes Erinnerungszeichen der Berliner Revolution« geschaffen. Er könne eine derartige »politische Demonstration zur Verherrlichung der Revolution aus allgemeinen ordnungspolizeilichen Gründen nicht gestatten«.[7]

Märzfeiern (1862 bis 1914)

Bereits seit 1862 registrierte die Polizei an den Jahrestagen der Märzrevolution erneut regen Publikumsverkehr auf dem Friedhof. Abermals zu einer Massenbewegung wurde das unorganisierte ›volkstümliche‹ Gedenken an die Opfer der Militärgewalt vom 18. März, als die Sozialdemokratie, nach eigenem Selbstverständnis legitime Erbin der revolutionären Bewegung von 1848, Ende der Sechzigerjahre diese Tradition aufgriff.

Höhepunkte waren das 25- und das 50-jährige Jubiläum der Märzrevolution. Am 18. März 1873 sollen nach polizeilichen Angaben, die vermutlich zu niedrig angesetzt waren, allein am Nachmittag weit mehr als 10 000 Menschen an den Gräbern der Märzgefallenen versammelt gewesen sein. Sie gedachten neben dem Barrikadenkampf von 1848 freilich auch des Aufstandes der Pariser Kommune, dessen Beginn sich an diesem Tag zum zweiten Male jährte. Am Abend desselben Tages kam es zu von der Polizei provozierten blutigen Auseinandersetzungen, die einen Toten und viele verwundete Kundgebungsteilnehmer forderten.[8]

Friedlicher ging es 25 Jahre später zu: Seit dem frühen Morgen des 18. März 1898 strömten mehr als 15 000 Menschen zum Friedrichshain. An den von der Sozialdemokratie organisierten, abendlichen Gedenkfeiern in einer Reihe großer Säle nahmen noch mehr Menschen teil. Zu einem Eklat kam es an diesem Tag im Reichstag. Der Vorsitzende der SPD, August Bebel, nutzte die Debatte über eine Gesetzesvorlage zur Reform der Militärgerichtsbarkeit, um nachdrücklich an die Revolution von 1848 zu erinnern. Als er an das Rednerpult trat, hielt er eine (unvollständige) Liste mit den Namen der Märzgefallenen in der Hand, »deren Blut«, so Bebel, »mit dem vieler Hunderter Verwundeter das Straßenpflaster Berlins röthete«, weil sie von der preußischen »Soldateska niedergemetzelt wurden«. Es sei, erklärte Bebel weiter, »eine Infamie sondergleichen, die Männer, die damals ihr Leben in die Schanze schlugen und für ihre Ideale kämpften, als ›Gesindel‹ zu beschimpfen«, wie die Konservativen es täten. Hätten die Barrikadenkämpfer vom 18. März 1848 einen dauerhaften Sieg errungen, wäre »das verrottete Staatssystem wie das verrottete Militärsystem« der Hohenzollern sowie das »Junkerthum« beseitigt und »das Deutsche Reich in ganz anderer Macht und Herrlichkeit als heute [1898] schon damals gegründet worden,« erklärte der SPD-Vorsitzende und erntete dafür »großen Lärm rechts! Lebhaftes Bravo links!« Für die Rechte im Reichstag waren Bebels »Verherrlichung« des Barrikadenkampfes 50 Jahre zuvor und die »Leidenschaftlichkeit, mit welcher er die Revolution verteidigt«, eine Provokation und ein Beweis dafür, »daß man wohl jeden Gedanken daran wird aufgeben müssen, daß die sozialdemokratische Partei eine stille und ruhige Reformpartei geworden ist.«[9]

Deutlich wird: Das Gedenken an die gefallenen Revolutionäre polarisierte wie kaum ein anderes Ereignis – noch 50 Jahre nach der Revolution und darüber hinaus. Der 18. März war, jedenfalls in Berlin, der »1. Mai«, selbst nachdem Ende der Achtzigerjahre der 1. Mai international zum alljährlichen Kampftag der linken Arbeiterbewegung geworden war. Und er blieb dies bis 1914: Seit den 1890er-Jahren wurde die Begräbnisstätte der Märzgefallenen Jahr für Jahr von 10 000 und mehr der Sozialdemokratie nahestehenden Menschen aufgesucht.[10] In der Erinnerungskultur war die Märzrevolution tief verankert: »Daß sich der Friedhof der Märzgefallenen im Friedrichshain befindet, weiß jeder Berliner von Kindesbeinen an, wenn ihm diese Tatsache auch geflissentlich in den Schulen verschwiegen wird«, hieß es 1910.[11]

Gedenkstätte für radikale Pazifisten (1914 bis 1918)

Die hohe symbolische Bedeutung des Friedhofs und die mit ihm verbundenen Hoffnungen auf eine bessere Welt zeigten sich auch in der Mitte und gegen Ende des Ersten Weltkriegs, dessen Beginn gleichzeitig das Ende eines revolutionären Traditionsbezugs der Sozialdemokratie markierte:[12] Am 18. März 1916 legten Arbeiter aus den Argus-Werken, einer auf Rüstungsproduktion umgestellten großen Motorenfabrik in Reinickendorf, einen Kranz nieder, der dies unmissverständlich zum Ausdruck brachte. Sie standen offensichtlich den linkssyndikalistischen, in Berlin starken »Revolutionären Obleuten« nahe, die im Januar 1918 einen Massenstreik gegen den Krieg organisieren und während der Revolution von 1918/19 eine zentrale politische Rolle spielen sollten. An den Gräbern selbst ertönten, auch in den folgenden Jahren, revolutionäre Lieder – etwa Freiligraths »Trotz alledem« oder die »Arbeitermarseillaise« (die »Internationale«). Die Inschrift einer abgeschnittenen Kranzschleife erinnerte mit der deutschen Übersetzung eines Gedichtes von Pierre Jean de Béranger aus dem Jahr 1818 daran, dass Internationalismus und europäische Solidarität schon 100 Jahre zuvor in Teilen der Revolutionsbewegung verbreitet waren.

Helenen, Russen, Italiener, Briten,
Erwacht, es naht die große Stunde nun!

Ihr, Söhne Deutschlands, habt genug gestritten.
Und ihr Franzosen, lasst die Waffen ruhn!
Ihr alle blutet an derselben Wunde,
Zerbrecht die dumpfe Kette, die Euch bannt!
Schließt Eure Reih'n zum großen Völkerbunde,
Und reichet Euch die Bruderhand!

Am 18. März 1917 zeigte sich besonders eindrücklich, wie sehr die Märzrevolution von 1848 und die Gräber der getöteten Barrikadenkämpfer zum Symbol für einen unerhörten und systemkritischen Pazifismus geworden waren, zugespitzt auf einer Kranzschleife in einer Strophe aus Heinrich Heines berühmten Gedicht vom Juli 1844. Anwesende Polizisten schnitten sie ›selbstverständlich‹ ab:

Ein Fluch dem König, dem König der Reichen,
Den unser Elend nicht konnte erweichen,
Der den letzten Groschen von uns erpreßt,
Und uns wie Hunde erschießen läßt –
Wir weben, wir weben!

Vor allem Jugendliche nutzten in diesem Jahr den Friedhof der Märzgefallenen, um ihre Ablehnung des Krieges und des Wilhelminischen Systems zu demonstrieren. Bemerkenswert ist außerdem, dass es eine junge Frau war, eine ungelernte Arbeiterin, noch keine 20 Jahre alt, die 1917 die Rede auf der kleinen und von der Polizei dann auseinandergetriebenen Kundgebung hielt. Die jungen Leute standen nicht allein. Arbeiter einer Militäreffektenfabrik legten im selben Jahr im Friedrichshain einen Kranz mit der folgenden Aufschrift nieder: »Der 18. März [1848] ist ein Todestag für Euch. Der 4. August [1914] ein Todestag für uns.«

Erneute Bestattungen und republikanische Erinnerungspolitik (1918 bis 1932)

So nimmt es denn nicht wunder, dass die Gedenkstätte im Friedrichshain seit November 1918 von zahllosen Menschen besucht wurde. Darüber hinaus wurde sie ein zweites Mal zu einem ›aktiven‹ Friedhof: Neben den Märzgefallenen wurden insgesamt 29 Arbeiter und Matrosen bestattet, die zwischen Mitte November und Ende Dezember getötet wurden.

Trauerzug zur Beisetzung der im Dezember getöteten Matrosen auf dem Weg zum Friedhof der Märzgefallenen, 29. Dezember 1918.

Den Trauerzügen vom 20. November, sowie vom 21. und 29. Dezember folgten zahllose Menschen.[13]

Allerdings hatte sich die seit 1914 sichtbar gewordene Spaltung der sozialistischen Arbeiterbewegung inzwischen vertieft. Das zeigte sich an den teilweise sehr unterschiedlichen Schätzungen über die Zahl der Kundgebungsteilnehmer, an der Ausgestaltung sowie der politischen Kommentierung der Bestattungsfeierlichkeiten – und an der schließlichen ›Mumifizierung‹ des Friedhofs der Märzgefallenen. Denn die Jahreswende 1918/19 markierte für diesen Erinnerungsort einen scharfen Bruch: Auf Druck vermutlich auch des Rats der Volksbeauftragten – der ›Revolutionsregierung‹, aus der wenige Tage zuvor die Vertreter der 1915/16 entstandenen Unabhängigen Sozialdemokratie (USPD) ausgeschieden waren – beschloss der Berliner Magistrat, die Opfer des Berliner Januaraufstandes nicht mehr auf dem Friedhof der Märzgefallenen zu bestatten. Stattdessen wurden sie weitab vom Zentrum auf dem großen Friedhof in Friedrichsfelde, heute bekannt als »Friedhof der Sozialisten«, begraben. Immerhin wurde im November 1925 das lange geplante Eingangsportal eingeweiht.

Bereits zwei Jahre zuvor, 1923, zeichnete sich deutlich ab, dass die Sozialdemokratie auf der einen und linksozialistische sowie kommunistische Strömungen auf der anderen Seite unterschiedliche Traditionen zu 1848 auszubilden begonnen hatten. Friedrich Ebert knüpfte in diesem Jahr an Formen des Erinnerungskults an, die die Liberalen im wilhelminischen Kaiserreich etabliert hatten – und ignorierte in seiner Festansprache in der Paulskirche zum 75. Jubiliäumsjahr den ›18. März 1848‹ als die ursprüngliche sozialdemokratische Tradition. Ebert gab sich staatsmännisch und würdigte das »edelste Wollen« der Abgeordneten der Frankfurter Nationalversammlung, insbesondere ihre Verfassungsarbeit als »Leitgedanken« der »Arbeit von Weimar«.[14]

Die sozialdemokratische Presse folgte ihm hierin nicht. Sie erinnerte weiterhin an die Märzrevolution. Im »Vorwärts« vom 18. März 1923 hieß es wolkig, die »Vorkämpfer der Freiheit« seien 75 Jahre zuvor für »eine Meinung gestorben« und ihrer »selbstgewählten Sache bis in den Tod treu geblieben«. Die KPD wiederum suchte den ursprünglich sozialdemokratischen Totenkult um die Märzgefallenen mit verbalrevolutionärem Impetus fortzusetzen. Sie verfiel dabei allerdings ins politische Klischee, das mit den Verhältnissen vom März 1848 wenig zu tun hatte: »Proletarier waren es, die [am 18. März 1848] die Schlacht schlugen – während die große Bourgeoisie, in deren Interesse sie geschlagen wurde, zitternd zusah und bereits den Verrat vorbereitete«, so die »Rote Fahne« am 18. März 1923.

Die Gräber verwildert (1933 bis 1945)

Nachdem Reichspräsident Paul von Hindenburg dem neuen Reichskanzler Hitler, seinem »Kabinett [der] nationalen Einheit« und (damit) der NS-Bewegung die Macht übergeben hatte, ging die Zahl der »Märzgefallenen« in die Hunderttausende. Gemeint waren damit diejenigen, die vornehmlich aus Opportunismus noch im Februar, März und April 1933 der NSDAP beitraten. Mit dem ironischen, geflügelten Wort von den »Märzgefallenen« blieb die Berliner Revolution von 1848 auch zwischen 1933 und 1945 gegenwärtig.

Zugleich freilich zeigte sich in den Jahren des »Dritten Reiches«, dass sich Erinnerungen, die an bestimmte Räume gebunden sind (»lieux de mémoire«/Pierre Nora), zwar weit dehnen, indes nicht beliebig gestalten lassen. Hitler und seiner Gefolgschaft war »1848« durchaus präsent. Am 13. März 1938 feierte der »Führer« des nun »Großdeutschen Reichs« in seiner Rede auf dem Wiener Opernplatz den Einmarsch der Wehrmacht in Österreich als Erfüllung des Traumes der großdeutschen Nationalisten der Deutschen Nationalversammlung in der Paulskirche.[15] Die Berliner Barrikadenkämpfe vom 18. März, der Friedhof im Friedrichshain, aber auch die Preußische Nationalversammlung und überhaupt das für Demokraten und für Sozialisten ›tolle Jahr‹ 1848 eigneten sich dagegen *nicht* für eine nationalsozialistische Geschichtsaneignung. Die Märzrevolution ließ sich – so biegsam die Nazis und ihre Propaganda auch waren – einfach nicht für das NS-Regime instrumentalisieren. Sie stand und steht für fundamentale Demokratie und ließ (und lässt) sich nicht für nationalistische und rassistische Ziele einspannen. Die Nazis ließen den Friedhof und seine Gräber verwildern. Während des Zweiten Weltkrieges wurde ein Besuch der Begräbnisstätte im Friedrichshain zu einem Zeichen stiller Resistenz gegen das NS-Regime, wie Erinnerungsberichte nahelegen.[16]

Gespaltenes Gedenken nach 1945

Nach dem Zusammenbruch des NS-Regimes trat dann im Jahr 1948 noch deutlicher zutage, was sich bereits während der Weimarer Republik abgezeichnet hatte: Die Erinnerungskultur doppelte sich, nicht zuletzt in den staatsoffiziellen Ritualen zum 100. Jahrestag der Märzrevolution. Zwar wurden die Feiern im Schatten des eskalierenden Kalten Krieges noch gemeinsam vorbereitet. Geografisch zufällig, war es jedoch vor allem die SED, die die Feierlichkeiten in Berlin prägte – weil mit dem Friedrichshain und den in Stadtmitte gelegenen Schauplätzen der Berliner Barrikadenkämpfe die Gedenkorte dafür im sowjetischen Sektor Berlins lagen.

1998 ›verschwand‹ im offiziellen, nun wiedervereinigten Berlin die Erinnerung an die Märzrevolution. Wäre die Stadt zu diesem Zeitpunkt noch geteilt gewesen, hätte die erinnerungskulturelle Konkurrenz in Ost wie West vermutlich zu opulenten Ausstellungen und groß angelegten Veranstaltungen geführt. Dass die bundesdeutsche Zentralausstellung

Gedenkstein auf dem Friedhof der Märzgefallenen, enthüllt zum 100. Jahrestag der Revolution am 18. März 1948.

1998 nicht in der Bundeshauptstadt stattfand, sondern nach Frankfurt am Main verlegt wurde, kam einem geschichtspolitischen Bekenntnis gleich: Nicht die Barrikadenkämpfe, die Revolutionen zu Beginn des Jahres 1848 sollten gewürdigt werden, sondern das deutsche Nationalparlament – das freilich ohne die Wiener und Berliner Märzrevolution nicht zustande gekommen wäre. Lässt die Wahl Frankfurts zum Zentralort der Erinnerung an die Revolution 150 Jahre danach auf eine museale »Abgeschlossenheit des Ereignisses« und überhaupt einen »Relevanz«-Verlust der Revolution von 1848 schließen, wie vor einigen Jahren behauptet worden ist?[17] Das ist bereits für Frankfurt, vor allem aber für Berlin zu bezweifeln. Die 1978 gegründete und bis heute unermüdliche »Aktion 18. März«, die sich die Erinnerung an die Märzrevolution auf ihre Fahnen geschrieben hat, und noch mehr die vom Paul-Singer-Verein seit 2009 initiierten Aktivitäten, den Gedenkort Friedhof der Märzgefallenen als ein Grundstein der europäischen Demokratie zu verankern, zeugen vom Gegenteil.

Unbequem mag der historische Revolutionsort Berlin sein, weil sich an seinem Beispiel illustrieren lässt, dass der Umbruch im Frühjahr 1848 und die gesellschaftlichen Forderungen und Veränderungen der gesamten Revolutionszeit nicht im oft vorschnell vergebenen Etikett ›bürgerliche Revolution‹ aufgehen. Die Revolution besaß von Anbeginn eine starke soziale Dimension. Die einstige preußische Hauptstadt ist ein Ort, an dem sich den verschiedenen Ebenen der revolutionären Umbrüche um die Mitte des 19. Jahrhunderts – Barrikade, Klubs, Parlament, ›Straße‹ – so markant wie in keiner anderen Stadt nachspüren lässt, von Wien und Paris abgesehen. Am Beispiel Berlin zeigt sich zudem, dass Revolutionen nicht oberflächlich bleiben müssen, nicht nur zu institutionellen Wandlungen führen. Sie können die Gesellschaft und die Individuen grundsätzlich durchrütteln und verändern. Der Fundamental*demokratisierung*, die die Berliner 1848 erlebten, schob die Gegenrevolution freilich schon nach wenigen Monaten einen Riegel vor. Zugleich ›modernisierte‹ sich die Gegenrevolution, angefangen vom Aufbau von Polizeimannschaften nach englischem Vorbild bis hin zu einer vom Monarchen oktroyierten Verfassung, die durch gleichzeitige umfassend repressive Gesetze kalkuliert »ausgedünnt und antirevolutionär gemacht« wurde, sowie zu einem Drei-Klassen-Wahlrecht, das die Unterschichten bis 1918 de facto weitgehend von der politischen Willensbildung ausschloss. Insofern ist das Revolutionsjahr auch die Geburtsstunde des ›modernen Preußens‹. Nichtsdestotrotz sogen insbesondere die frühe Arbeiterbewegung und die Demokraten beträchtliche politische Energien aus den Erlebnissen und Erfahrungen von 1848; sie erklären wesentlich den demokratischen Aufbruch und ebenso die relative Stärke der sozialistischen Arbeiterbewegung im letzten Drittel des 19. Jahrhunderts.

Erinnerungspolitisch ist das Berlin des Jahres 1848 auch und gerade künftig für eine positive demokratische Traditionsbildung zentral, auf der lokalen, nationalen und europäischen Ebene: Die bis in den Vormärz hinein eher verschlafene Hauptstadt der Hohenzollernmonarchie wurde im Revolutionsjahr kräftig durchlüftet und zu einer städtischen Metropole mit Ausstrahlung weit über die Grenzen Preußens hinaus. Politisch wurde Berlin zur ›Roten Hochburg‹, bis 1933 (und darüber hinaus). Im nationalen Maßstab wurde Berlin vor 175 Jahren – trotz der Paulskirche in Frankfurt am Main – zur ›informellen Hauptstadt‹ Deutschlands. Weit wichtiger noch, gerade aus heutiger Perspektive, ist, dass die preußische Landeshauptstadt zu den *europäischen* Revolutionsmetropolen gehörte. Auf ›Berlin 1848‹ und seinen Traditionen basieren wesentlich die deutsche wie die europäische Demokratie.

Anhang

Anmerkungen

»Zu den Waffen!«

1 Zitate: Bericht des in Berlin akkreditierten Gesandten (Botschafters) Joseph Graf v. Trauttmansdorff an Metternich vom 13. März 1848, in: Staatsarchiv (StA) Wien, Staatskanzlei (StK) Preußen, K. 194, Bl. 380 ff.; Brief Virchows an seinen Vater vom 11. März 1848, in: ders., Briefe an die Eltern, S. 130; Unruh, Erinnerungen, S. 82.

2 Benda, In Berlin ist Revolution, S. 27.

3 Zitate: Angerstein, Berliner März-Ereignisse, S. 31, Anm.; Wolff, Revolutionschronik (RC), I, S. 129; Braß, Berlins Barrikaden, S. 55.

4 »Berlinische Nachrichten von Staats- und gelehrten Sachen«, kurz: Spenersche Zeitung (SZ), nach: Wolff, RC, I, S. 128.

5 Diese und die folgenden Zitate: Gutzkow, Schwarzer Bär, S. 535; Frenzel, Berliner Märztage, S. 26; Angerstein, März-Ereignisse, S. 33 f.; Boerner, Erinnerungen, I, S. 131; außerordentliche Beilage des ›Publicisten‹ vom 19. März 1848; Berlin in der Bewegung von 1848, S. 550 f.

6 Braß, Barrikaden, S. 63, 74; Berlin in der Bewegung, S. 553; anonymer Augenzeuge nach: Wolff, RC, I, S. 160.

7 Angerstein, März-Ereignisse, S. 38.

8 Frenzel, Berliner Märztage, S. 28 f.; Dalchow an seine Eltern vom 27. bzw. 19. März 1848, in: Landesarchiv Berlin (LAB), E Rep. 200–19 [NL Dalchow, Acc. 2036], Nr. 201 bzw. 200.

Stadt im Aufbruch: Berlin im Vormärz

1 Vgl. Hachtmann, Epochenschwelle, S. 56–61. Zur sozialen Zusammensetzung: ebd., S. 204 f. (Tab. 1).

2 Heine, Reise, S. 182.

3 Angaben nach: Hachtmann, »… Magnet«, S. 178 f. (Tab. 1 und 2).

4 Burckhardt, Briefe, S. 33; Gustav Kühne, Mein Carneval in Berlin, Braunschweig 1843, nach: Holmsten (Hg.), Berlin, S. 118 f. bzw. S. 128 f.

5 Dieterici, Statistische Übersicht, S. 211 f. Diese und die folgenden Angaben nach: Hachtmann, Berlin 1848, S. 69–79.

6 Dieses und das folgende Zitat: Bettziech, Berlin und Potsdam, S. 28.

7 Zu den Lebenshaltungskosten vgl. die Angaben Heinrich Grunholzers (einem später prominenten Pädagogen und Mitglied des Schweizer Nationalrats) in seiner Sozialreportage: Erfahrungen eines jungen Schweizers, S. 241 f.

8 Zeitgenössische Zitate nach: Holmsten (Hg.), Berlin, S. 124 ff.

9 So der konservative Sozialreformer Gaebler, nach: Geist/Kürvers, Berliner Mietshaus, I, S. 445.

10 Zitate: Dronke, Berlin, S. 38; Sass, Berlin, S. 17.

11 Königlich privilegierte Berlinische Zei-

tung von Staats- und gelehrten Sachen, kurz: Vossische Zeitung (VZ) vom 22. und 23. April 1848.

12 Zitate: Streckfuß, 500 Jahre, S. 950; Biedermann, Geschichte des Ersten Preußischen Landtags, nach: Meyer, Das öffentliche Leben, S. 88; Brief Wilhelm v. Kügelgens an seinen Bruder Gerhard vom 25. April 1847, in: ders., Lebenserinnerungen, S. 110.

13 Zitate nach: Meyer, Öffentliches Leben, S. 98 f.; Bergmann, Wirtschaftskrise, S. 60 f.

14 Friedrich Engels, Tagebuch eines Hospitanten, in: Rheinische Zeitung vom 10. Mai 1842, nach: MEW, Bd. 42, S. 249.

15 Springer, Berlins Straßen, S. 228 f.

16 Dronke, Berlin, S. 305.

17 Bauer, Bürgerliche Revolution, S. 175.

18 Immediatvorstellung des Magistrats vom 22. Aug. sowie Erwiderung des Königs vom 2. Okt. 1845, nach: Hachtmann, »… ein gerechtes Gericht Gottes«, S. 217 f.

19 Zitate: Schreiben der I. Abt. des Polizeipräsidiums an den Magistrat vom 10. Dez. 1846, in: Geheimes Staatsarchiv Preußischer Kulturbesitz/Berlin (GStA PK), I. HA Rep. 77, Tit. 1072, Nr. 1, Bd. 1, Bl. 16–17 Rs.

20 Ausführlich: Wernicke, Vormärz – März – Nachmärz; Hachtmann, Bürgerlicher Bildungsverein.

21 Bericht des Polizeipräsidenten v. Hinckeldey vom 1. Mai 1850, in: GStA PK, I. HA Rep. 77, Tit. 1072, Nr. 3, Bd. 1, Bl. 396 bis 397 Rs.

22 Springer, Berlins Straßen, S. 31.

23 Eintrag Varnhagens vom 22. April 1847, in: ders., Tagebücher, Bd. 4, S. 71.

24 Streckfuß, 500 Jahre, S. 938.

25 So einer von ihnen später: Frenzel, Berliner Märztage, S. 9 f.

26 Berlin in der Bewegung, S. 539. Thronrede nach: Verhandlungen Vereinigter Landtags, 1847, I, S. 20 ff.

27 Nach: Valentin, Geschichte, I, S. 82.

Am Vorabend der Märzrevolution

1 Unvollendet gebliebene Darstellung Varnhagens der Ereignisse des Jahres 1848, in: ders., Tagebücher, Bd. 4, S. 175.

2 Zitate: Wolff, RC, I, S. 14; Allgemeine Augsburger Zeitung (AAZ) vom 15. März; VZ und SZ vom 11. März 1848; Boerner, Erinnerungen, I, S. 96 ff.; Bericht Trauttmansdorffs vom 15. März 1848 in: StA Wien, StK Preußen, K. 194, Bl. 385 Rs.

3 Zitate: Gutzkow, Schwarzer Bär, S. 529.

4 Bericht des Polizeirats Duncker vom 18. März 1848, in: GStA PK, I. HA Rep. 77, Tit. 501, Nr. 3, Bd. 2, Bl. 285 Rs.

5 Alle Zitate: Gutzkow, Schwarzer Bär, S. 531.

6 Ein Exemplar der lithografierten, handschriftlichen Petition befindet sich in LAB, E Rep. 200–28 [Acc. 2675], Nr. 28; als Reproduktion auch in: Illustrierte Geschichte, S. 84. Das folgende Zitat: Boerner, Erinnerungen, I, S. 96.

7 Zitate: Mannheimer Abend-Zeitung, nach: Wolff, RC, I, S. 53; Schreiben Franz Dunckers an Jacob Venedey vom 8. März 1848, in: Bundesarchiv (BA) Berlin, N 2316/11 (Nachlass Venedey), Bl. 10 Rs.

8 Prittwitz, Berlin 1848, S. 45 f.

9 Vgl. Hachtmann, Berlin 1848, S. 171 f.

Die Barrikadenkämpfe

1 Roerdansz, Vorwort zu: ders. (Hg.), Gefangene Berliner, S. 5.

2 Waldersee, Berliner Märztage, S. 21. Das folgende Zitat nach: Wolff, RC, I, S. 169.

3 So der Direktor des Köllnischen Gymnasiums, Ernst Ferdinand August, nach: Wolff, RC, I, S. 182 f.

4 So Roerdansz, Gefangene, S. 80 f. (der den Leidensweg der einzelnen Gefangenen in einem umfänglichen Buch protokolliert hat). Die folgenden Zitate: ebd., S. 88 f., 100.
5 Diese und die folgenden Zitate: Wolff, RC, I, S. 170 f.
6 Brief eines unbekannten Augenzeugen, vermutlich eines Verwandten von Johann Jacoby, an H. Lichtheim vom 20. März 1848, in: Jacoby, Briefwechsel, S. 619.
7 Boerner, Erinnerungen, I, S. 136.
8 Zitate: Prittwitz, Berlin 1848, S. 258, 301, 303 f.; Rachfahl, Friedrich Wilhelm IV. im Lichte neuer Quellen, S. 413.
9 Zitate: VZ vom 22. März 1848.
10 Nach: »Berliner Zeitungshalle« (BZH) vom 21. März 1848.
11 Ausführlich zu den Gerüchten in Berlin: Hachtmann, Macht des Gerüchts, Zitate: S. 191.
12 Zur Typologie der Gerüchte 1848 in Berlin (mit vielen Beispielen): ebd., S. 203–210.
13 Quelle: Hachtmann, Berlin 1848, S. 179. Angaben zu den Märzgefallenen aktualisiert auf Basis der Datenbank der Gedenkstätte »Friedhof der Märzgefallenen« (Stand: 1. Juni 2022).
14 Quelle: Hachtmann, Jugendrebellion, S. 21. Angaben zu den Märzgefallenen aktualisiert auf Basis der Datenbank der Gedenkstätte »Friedhof der Märzgefallenen« (Stand: 1. Juni 2022).
15 Zitate: Meyerinck, Straßenkämpfe, S. 114 f.; Boerner, Erinnerungen, I, S. 138, 150.
16 Extra-Blatt des »Demokraten«, undatiert (Anfang Juni 1848), nach: Obermann (Hg.), Einheit und Freiheit, S. 435.
17 Karl Nobiling, Aufzeichnungen, in: GStA PK, I. HA Rep. 94, IV. O. b., Nr. 4, pars I, Bl. 61. Der Stadtrat Nobiling war im März und April 1848 Verbindungsmann zwischen Magistrat und Militärführung.
18 Bericht des bayerischen Gesandten in Berlin Maximilian Josef Graf von Lerchenfeld(-Köfering) vom 27. März 1848, in: Hauptstaatsarchiv München, MA III, Nr. 2626; BZH vom 2. Juli 1848.
19 Nach: Varchmin, Mehr Licht, S. 24 bzw. Schwarz, Verluste der preußischen Armee, S. 53.

Die ersten Tage nach der Märzrevolution

1 Zitat: AAZ vom 25. März 1848. Der namentlich nicht gezeichnete Artikel war am 20. März von Varnhagen verfasst worden.
2 Bericht Trauttmansdorffs vom 18./19. März 1848, in: StA Wien, StK Preußen, K. 195, Bl. 421.
3 Nach: Wolff, RC, I, S. 249 f.
4 Streckfuß, Das freie Preußen, 1, S. 75 bzw. 82.
5 Furrer, Schweizerländli 1848, S. 23 f.
6 Roon, Denkwürdigkeiten, S. 136 bzw. Varnhagen an Troxler vom 5. April 1848, in: Archiv der Akademie der Wissenschaften (AAdW), NL Varnhagen, Bl. 43.
7 A. Kramer an seinen Bruder vom 20. März 1848, nach: Zeitschrift für Geschichte (ZfG) 2. Jg./1954, S. 320.
8 Angerstein, März-Ereignisse, S. 61.
9 Berlin in der Bewegung, S. 568.
10 Zitate: SZ vom 21. März 1848; Boerner, Erinnerung, I, S. 203 ff.; Braß, Barrikaden, S. 107 f.; anonyme Flugschrift »Die Öffnung des Polenkerkers in den blutigen Tagen in Berlin« (mit der Rede Mieroslawskis), nach: Deutsche und Polen, S. 173 f.; Streckfuß, Freies Preußen, I, S. 68.
11 Rede vor der Universität, nach: SZ vom 22. März 1848.
12 Nach: GStA PK, VI. HA Rep. 92, Nl Preußen W. I. v., Nr. 3.
13 Brief Virchows an seinen Vater, vom

24. März 1848, in: ders., Briefe an seine Eltern, S. 87.
14 Hettling, »Früchtereiches Samenkorn«, S. 28.
15 Alle Zitate: VZ vom 23. März 1848.
16 Zitate: Stern, Geschichte des deutschen Volkes, S. 76; VZ vom 23. März 1848; Boerner, Erinnerungen, I, S. 233 f.
17 Zitate: Ebd., sowie VZ vom 23. März 1848.
18 Zur Platzierung des Friedhofs der Märzgefallenen ausführlich: Grabau, Der Friedhof der Märzgefallenen und sein urbanes Umfeld.
19 Alle Grabreden in: Wolff, RC, I, S. 324 f.
20 Vgl. ebd., S. 325.
21 Als Druckschrift, in: LAB, F Rep. 310 Sammlung 1848 [Rep. 240, Acc. 685], Nr. 32 bzw. Zentrum für Berlin-Studien (ZBSt), 1848 Flg., M. 3. Auszugsweise auch in: Wolff, RC, I, S. 415.

Im Revolutionsrausch

1 Zitate: Brief Virchows an den Vater vom 24. März 1848, in: Virchow, Briefe, S. 140; der Zeitgenosse (damals Schüler) W. Krieger, nach: Löhken, Revolution, S. 72; Lewald, Erinnerungen, II, S. 4.
2 Springer, Berlins Straßen, S. 131.
3 Zitate: Berlin in der Bewegung, S. 554, 569 f.; VZ vom 20. März und SZ vom 21. März 1848.
4 Zitate: Krummacher, Selbstbiographie, S. 204, 208; Lewald, Erinnerungen, II, S. 4.
5 Nach: Wolff, RC, I, S. 346.
6 Ausführlich (inkl. Zitate) Springer, Berlins Straßen, S. 80, 112–118, 120; Hachtmann, Berlin 1848, S. 628–631.
7 Springer, Berlins Straßen, S. 73 f., 130.
8 Diese und die folgenden Zitate: Springer, Berlins Straßen, S. 73 f., 130; Genée, Zeiten, S. 110 f.
9 Zitate: National-Zeitung (NZ) und VZ vom 2. Aug. 1848; Streckfuß, Freies Preußen, II, S. 208.
10 Genée, Zeiten, S. 110.
11 Alle Zitate: Stern, Geschichte, S. 140, sowie Wolff, RC, III, S. 54.
12 Nobiling, Bürgerwehr, S. 8. Kuhr, Denkwürdigkeiten, II, S. 83.
13 Gutachten Nobilings vom 17. April 1848, über die Einrichtung der Bürgerwehr, in: Brandenburgisches Landeshauptarchiv Potsdam, Rep. 37 Boitzenburg, Nr. 4029, hier: Bl. 15 Rs.
14 Zitate: Wolff, RC, I, S. 289; VZ vom 25. März 1848; Personen und Zustände, S. 7.
15 Nach: VZ vom 9. und 19. April sowie 18. und 23. Juli; SZ vom 17. April 1848; Nobiling, Bürgerwehr, S. 81.
16 Rimpler, Bürgerwehr, S. 4.
17 Unruh, Erfahrungen, S. 71.
18 Schreiben des Majors zur Disposition v. Mack an den Magistrat vom 4. Juli 1848, in: LAB StA, A Rep. 001-02, Nr. 2439, Bl. 267 u. Rs.

»Clubs, so zahlreich, wie das Jahr Tage hat«

1 Zitate: NZ vom 29. Juni bzw. VZ vom 27. Aug. 1848.
2 Berichte des Polizeipräs. an den Innenminister vom 20. Juli bzw. 27. Okt. 1848, in: LAB, A Pr.Br.Rep. 030 Polizeipräsidium Berlin, Tit. 94, Nr. 14377, Bl. 4 u. Rs., sowie GStA PK, I. HA Rep. 77, Tit. 501, Nr. 3, Bd. 3, Bl. 28 f., 85 f., 120 f.
3 Stern, Geschichte, S. 143 f.
4 Bericht des Polizeipräs. an den Innenminister vom 27. Okt. 1848, in: GStA PK, I. HA Rep. 77, Tit. 662, Nr. 1, Bd. 1, Bl. 84 bzw. 119.
5 Zur Sozialstruktur dieser und weiterer politischer Vereine vgl. Hachtmann, Berlin 1848, bes. S. 277 (Tabelle 5).
6 VZ und SZ vom 1. Aug. 1848; Streckfuß, Freies Preußen, II, S. 205.
7 Ebd., S. 207; VZ vom 3. Aug. 1848.

8 Nach: Hachtmann, Berlin 1848, S. 277 (Tabelle 5).
9 Streckfuß, Volkspartei, S. 3f.
10 Berlin in der Bewegung, S. 578.
11 Nach: Sitzung des Central-Vereins vom 30. Sept., nach: SZ vom 10. Okt. 1848. Vgl. auch VZ vom 8. Okt. 1848. Hierzu und zum Kontext: Hachtmann, Berlin 1848, S. 638–641.
12 Zitate: VZ vom 28. Juli und 10. Aug.; NZ vom 12. Sept. 1848.
13 Nach: BZH vom 7. Juni 1848.

Frauen in der Revolution

1 Nach: Wolff, RC, Bd. II, S. 210.
2 Büchsel, Erinnerungen, S. 110.
3 Im Wortlaut auch in: Hummel-Haasis, S. 166, sowie Hachtmann, »... nicht die Volksherrschaft durch Weiberherrschaft trüben«, S. 12f.
4 Nach: NZ und SZ vom 8. Aug. 1848.
5 Eingesandt F. v. Bülows in der VZ und SZ vom 10. Okt. 1848.
6 KrZ vom 3. Okt. 1848.
7 Nach Hachtmann, Berlin 1848, S. 515, bzw. ders., »Weiberherrschaft«, S. 19.
8 Nach: BZH vom 5. Okt. 1848.
9 Petition der Berliner Strumpfwirkergesellen vom 25. März bzw. der Berliner Schneidermeister vom 10. April 1848, in: LAB, A Rep. 016, Nr. 67, Bd. I, Bl. 149 Rs.; GStA PK, I. HA Rep. 120 Ministerium für Handel und Gewerbe, B. I. 1, Nr. 60, Bd. 2, Bl. 420.
10 Lewald, Erinnerungen, II, S. 9.

Brotproteste, Börsenpanik und Arbeitertumulte

1 Muzio, Physiognomie Berlins, S. 106.
2 Zitate: VZ vom 1. und 6. März 1848; AAZ vom 4. März 1848.
3 VZ vom 6. März 1848.
4 Zitate: ›Publicist‹ vom 22. April 1848.
5 Vgl. Protokoll in: LAB, A Rep. 000-01-02, Nr. 128.
6 Boerner, Erinnerungen, Bd. I, S. 264f. Zusammensetzung der Berliner und Wiener Erdarbeiter nach beruflicher Herkunft, Alter und Geschlecht in: Hachtmann, Berlin 1848, S. 442 und 444 (Tabelle 11 und 12).
7 Alle Zitate: Springer, Berlins Straßen, S. 62.
8 Zitate: Struve/Rasch, Zwölf Streiter, S. 185–187; BZH vom 21. April 1848; Wolff, RC, II, S. 16.
9 Springer, Berlins Straßen, S. 63. Die folgenden Zitate aus dem »Volksfreund« No. 4 und 5.
10 Alle Zitate: Publicist vom 13. Mai 1848.
11 Schreiben des Kammergerichts-Vizepräsidenten Worke an Justizminister v. Bornemann vom 16. Mai 1848, in: GStA PK, I. HA Rep. 84a Justizministerium, Nr. 50252, Bl. 4.
12 Springer, Berlins Straßen, S. 62.

Streiks, Rebellionen und Katzenmusik

1 Vgl. Hachtmann, Berlin 1848, S. 432. Nicht erfolgreich waren die Zigarrenarbeiter, die am 7. April für einige Stunden die Arbeit niederlegten.
2 Born an Marx vom 11. Mai 1848, in: Weber, Revolutionsbriefe, S. 143, S. 144.
3 Nach der von Stephan Born herausgegebenen Zeitung: »Volk« vom 10. Juni 1848.
4 Bericht eines französischen Reisenden, nach: Hachtmann, »... mißverstandene Freiheit« – Arbeitshaus, S. 70.
5 »Publicist« vom 18. bzw. 23. März 1848.
6 Nach: Hachtmann, »... mißverstandene Freiheit« – Arbeitshaus, S. 63. Danach auch das Folgende.
7 VZ vom 21. April 1848; Wolff, RC, II, S. 162.
8 Schreiben der Administration des Arbeitshauses an den Magistrat vom 19. April 1848, nach: Hachtmann, »... mißverstandene Freiheit« – Arbeitshaus, S. 72.

9 SZ vom 19. Sept. 1848.
10 Bericht der Administration des Arbeitshauses vom 23. Sept. 1848, nach: Hachtmann, »... mißverstandene Freiheit« – Arbeitshaus, S. 74.
11 Bericht der Leitung des Arbeitshauses vom 5. Nov. 1848, nach: ebd., S. 76.
12 SZ vom 4. und 5. Nov. 1848; KrZ vom 7. Nov. 1848.
13 Vgl. Bericht der Leitung des Arbeitshauses vom 5. Nov. 1848 sowie VZ und SZ vom 4. und 5. Nov. 1848.
14 SZ vom 23. Febr. 1849.
15 Vgl. SZ vom 15. April; BZH vom 16. April 1848.
16 Springer, Berlins Straßen, S. 96 f.
17 Zitate: Streckfuß, Freies Preußen, II, S. 29 f.
18 Friedrich Harkort, An die Berliner und die Provinzen, vom 1. Juni 1848, nach: Wolff, RC, III, S. 41.
19 Bericht Kobers vom 30. Sept. 1848, nach: Gailus, Straße und Brot., S. 396. Das folgende Zitat: KrZ vom 1. Okt. 1848.
20 Büchsel, Erinnerungen, IV, S. 55.
21 Krummacher, Selbstbiographie, S. 205.

Protestantismus und Judenfeindschaft

1 Angaben sowie Zitat nach: Hachtmann, »... ein gerechtes Gericht Gottes«, S. 212, 250.
2 Nach: Geist/Kürvers, Berliner Mietshaus, I, S. 386.
3 Zum Folgenden ausführlich: Hachtmann, Prediger wider alle demokratischen Teufel.
4 EKZ 1848 (26. April), Sp. 313, bzw. EKZ 1848 (21. Juni), Sp. 467 f.
5 EKZ 1848 (1. Nov.), Sp. 886.
6 EKZ 1848 (19. April), Sp. 301–304.
7 Zitate: Krummacher, Selbstbiographie, S. 204. Das folgende Zitat: ebd., S. 202.
8 Nach: Schubert, Evangelische Predigt, S. 89.
9 Nach: Boeckh, Predigt in Berlin, S. 317.
10 Nach: Schubert, Evangelische Predigt, S. 74.
11 Krummacher, Selbstbiographie, S. 205.
12 EKZ 1848 (1. April), Sp. 243 bzw. 248.
13 EKZ 1848 (26. April), Sp. 313.
14 EKZ 1848 (21. Juni), Sp. 465 f.
15 Alle Zitate aus: EKZ 1848, Sp. 927 f.
16 Prittwitz, Berlin 1848, S. 149, 241 f.
17 (Schulz), Berliner Märztage, S. 72.
18 Brief an Bunsen vom 8. Dez. 1847, in: Ranke (Hg.), Briefwechsel Friedrich Wilhelms IV., S. 169, 172.
19 Nach: Behnen, Probleme des Frühantisemitismus, S. 274.
20 Nach: Meisner (Hg.) Friedrich III. Tagebücher, S. 15.
21 Vgl. Wolff, RC, II, S. 115 f.
22 Zunz an S.M. Ehrenberg vom 7. April 1848, in: ders., Jude, Deutscher, Europäer, S. 273.
23 SZ vom 22. März 1848.
24 VZ vom 23. Aug. 1848.

Märzministerien und Nationalversammlungen

1 Nach: SZ vom 17. April 1848.
2 Nach: Hachtmann, Berliner Juden, S. 71.
3 Denkschrift Hansemanns über Preußens Lage und Politik, Aug./Sept. 1940, nach: Hansen (Hg.), Rheinische Briefe, 2.2, S. 197 (Dok. 59).
4 Nach: Reichensperger, Erlebnisse eines alten Parlamentariers, S. 97.
5 Wehler, Gesellschaftsgeschichte, II, S. 738.
6 Nach: Boch, Grenzenloses Wachstum? S. 213.
7 Vgl. Hachtmann, Berlin 1848, S. 342, Anm. 64.
8 Nach: MEW, Bd. 6, S. 109.
9 Nach: Hansen, Rheinische Briefe, Bd. 2.2, S. 180. Das folgende Zitat nach: Gailus, Straße und Brot, S. 395.
10 »Locomotive« vom 1. April 1848.
11 Angaben nach: Hachtmann, Berlin 1848, S. 301 (Tabelle 6).

12 Valentin, Geschichte, II, S. 42 f.
13 SZ vom 1. Juli 1848.
14 Hierzu und zum Folgenden ausführlich: Hachtmann, Berlin 1848, S. 671 ff.
15 In: GStA PK, I. HA Rep. 77, Tit. 501, Nr. 3, Bd. 3, Bl. 83 Rs.
16 In: ebd., Tit. 662, Nr. 1, Bd. 1, Bl. 88 bzw. LAB, A Pr.Br.Rep. 030 Polizeipräsidium Berlin, Tit. 94, Nr. 14377, Bl. 31 u. 34.
17 Griesheim, Deutsche Zentralgewalt und preußische Armee, S. 6, 9 f., zit. nach dem Exemplar, das der österreichische Gesandte – wegen des »großen Aufsehens«, das die Broschüre erregte – seinem Bericht vom 28. Juli 1848 beilegte. In: StA Wien, StK Preußen, K. 196, Bl. 79–95.
18 Titel der bahnbrechenden Arbeit von Günther Wollstein. Zur im Folgenden zitierten ›Polendebatte‹: Wollstein, »Großdeutschland« der Paulskirche, S. 146–149.
19 Verhandlungen Frankfurt, Bd. 2, S. 1143, 1145 f.
20 Ebd., Bd. 1, S. 664 f., nach: Petersen, Deutsche Antworten, S. 63 f. (Dort viele weitere Beispiele.)

Wendepunkte dere europäischen Revolution

1 Virchow an seinen Vater vom 18. Mai 1848, in: ders., Briefe an die Eltern, S. 150.
2 Nach: Wolff, RC, II, S. 520.
3 Zitate: Stahr, Preußische Revolution, I, S. 321 bzw. 324; Verhandlungen PrNV, I, S. 154; NZ vom 9. Juni 1848, nach: Wolff, RC, III, S. 157.
4 Rede Berends‹ in: Verhandlungen PrNV, I, S. 156. Zur nachfolgenden Diskussion und Abstimmung (inkl. Zitate) vgl. ebd., S. 156–171.
5 Vgl. (inkl. Zitate): VZ vom 11. Juni 1848, sowie Schreiben des Präsidenten der PrNV an das Staatsministerium vom 10. Juni bzw. (im Wortlaut identisch) Bericht Mildes über die Vorfälle vom 9. Juni 1848, in: GStA PK, I. HA Rep. 169, Vereinigter Landtag, Vereinigter ständischer Ausschuss und Nationalversammlung 4 Spez. Nr. 9, Bl. 16–20; ebd., I. HA Rep.77, Tit. 501, Nr. 3, Bd. 3, Bl. 4–7 bzw. in: LAB, Rep. 001-02, Nr. 2439, Bl. 194–196 Rs.
6 Vgl. Schreiben des Staatsministeriums vom 10. Juni und des Innenministers Auerswald vom 11. Juni 1848, jeweils an den Magistrat, in: GStA PK, I. HA Rep. 77, Tit. 501, Nr. 3, Bd. 3, Bl. 2–3 Rs. sowie Bl. 12 u. Rs. bzw. LAB, Rep. 001-02, Nr. 2439, Bl. 189–190, sowie Hofmann, Ministerium, S. 162 f.
7 Nach: Brandenburg (Hg.), Friedrich Wilhelm IV. Briefwechsel, S. 138.
8 Schreiben Friedrich Wilhelms IV. an den Prinzen von Preußen vom 25. Mai und 1. Juni 1848, in: GStA PK, Rep. 92, Nl Preußen, W. I. v., Nr. 3.
9 So die vom Großen Handwerkerverein herausgegebene »Deutsche Arbeiter-Zeitung« (DArZ) vom 3. Juni 1848 (mit ›Belegen‹).
10 Zitate: Blesson, Bürgerwehr, S. 13; »Locomotive« vom 30. Mai 1848.
11 Gneist, Berliner Zustände, S. 16.
12 Zitate: VZ vom 31. Mai; BZH vom 1. Juni; DArZ vom 3. Juni 1848; Wolff, RC, III, S. 95.
13 Streckfuß, Freies Preußen, II, S. 59 f.
14 Zitate: SZ und VZ vom 1. Juni; DArZ vom 3. Juni 1848; Streckfuß, Freies Preußen, II, S. 60; Wolff, RC, III, S. 95 f.
15 Nach: Caspary, Camphausens Leben, S. 219.
16 Schreiben Friedrich Wilhelms IV. an den Prinzen von Preußen vom 1. Juni 1848, in: GStA PK, Nl. Preußen W. I. v., Nr. 3; im Wortlaut auch in: Brandenburg, Briefwechsel, S. 138 f.
17 Streckfuß, Freies Preußen, II, S. 114.
18 Ebd., S. 117.

19 Zitate: BZH vom 18. Juni 1848; VZ vom 16. Juni 1848.
20 Außerordentliche Beilage des »Publicisten« vom 18. März sowie VZ vom 20. März 1848.
21 A. Kramer an seinen Bruder vom 18. März 1848 (gegen 18 Uhr), nach: ZfG 2. Jg./1954, S. 316.
22 Nach: Anhang zu: Prittwitz, Berlin, S. 467.
23 So Streckfuß, 500 Jahre, S. 986
24 Bericht eines Emil Brachvogel, in: DArZ vom 24. Juni 1848. Das folgende Zitat nach: Wolff, RC, III, S. 337.
25 So der in den Unterschichten populäre Tierarzt Friedrich Ludwig Urban, nach: »Publicist« vom 13. Juli 1848.
26 Alexis de Tocqueville, Souvenirs, nach: Willms, Paris, S. 331 f.

Ruhe vor dem Sturm

1 »Locomotive« vom 3. Juli 1848; Streckfuß, Freies Preußen, II, S. 172, 281 f.
2 Springer, Berlins Straßen, S. 205 f.
3 Alle Zitate: »Publicist« vom 22. Aug. 1848.
4 Diese und die nächsten Zitate: »Publicist«, VZ und SZ vom 22. Aug.; NZ vom 23. Aug. 1848;
5 Zitate: Bericht des Polizeipräs. an den Innenminister vom 17. Okt. 1848 in: GStA PK, I. HA Rep. 77, Tit. 501, Nr. 3, Bd. 3, Bl. 283–285.
6 Rimpler, Bürgerwehr, S. 69.
7 Zitate: Bericht des Polizeipräsidenten vom 17. Okt. 1848, Bl. 285–287; NZ vom 18. Okt. 1848.
8 Zitate: SZ vom 20. und 21. Okt. sowie NZ vom 20. Okt. 1848.
9 Bericht des Polizeipräsidenten vom 17. Okt. 1848, Bl. 292 sowie dessen Bekanntmachung vom selben Tag.
10 »Locomotive« vom 3. Juli 1848. Das folgende nach: Hachtmann, Potsdamer Militärrevolte.
11 Zitate: BZH vom 14. bis 16. Sept.; »Publicist« vom 14. Sept. 1848 (jeweils Augenzeugenberichte).
12 Das Extrablatt der »Reform«. Das zitierte sowie zahlreiche weitere Flugblätter zu den Potsdamer Vorfällen finden sich in: ZBSt, 1848 Flg., M. 20; LAB, F Rep. 310 Sammlung 1848 [Rep. 240, Acc. 685]; GStA PK, Rep. 92, Nl Stein, M.
13 Alles nach: Gerlach, Denkwürdigkeiten, I, S. 195 bzw. 197.
14 In: BA Berlin, 90 Ge 6, Nr. 16, Bl. 91.
15 Nach: VZ vom 19. Sept. 1848, bzw. Streckfuß, Freies Preußen, II, S. 350 ff.
16 Zitate: VZ vom 30. Aug. sowie 18. und 19. Sept.; SZ vom 19. Sept. 1848.
17 Eintragung vom 25. Sept. 1848, in: Varnhagen, Tagebücher, Bd. 5, S. 208.
18 Vgl. Müller/Müller, Brandenburg, S. 485.
19 Streckfuß, Freies Preußen, II, S. 350.
20 Vgl. ebd., S. 479.
21 In: BA Berlin, N 2094/16 (Nachlass von Gerlach), Bl. 107.
22 Friedrich Wilhelm IV. an Alexandra Feodorowna vom 22. Juni 1848, nach: Haenchen, Revolutionsbriefe, S. 113.
23 Nach: VZ vom 29. Okt. 1848.
24 In: LAB, F Rep. 310 Sammlung 1848 [Rep. 240, Acc. 685], Nr. 494; GStA PK, XII. HA (Amtsdrucksachen), IV. Flugblätter und Plakate, Nr. 27/II. Im Wortlaut auch in: Streckfuß, Freies Preußen, II, S. 489 f.; Obermann, Einheit, S. 608 f.
25 Zitate: NZ vom 31. Okt. 1848; VZ vom 7. Nov. 1848.

Das Ende der Berliner Revolution

1 Berichte Trauttmansdorffs vom 23. und 26. Okt. 1848, in: StA Wien, StK Preußen, K. 196/I, Bl. 93 bzw. 111 f.
2 Eintragung Leopold von Gerlachs vom 10. Okt. 1848, in: Gerlach, Denkwürdigkeiten, I, S. 214 f.
3 Verhandlungen PrNV, III, S. 320.
4 Ebd., S. 334.

5 Episode und die Worte Jacobys nach dem Bericht der konservativen »Deutschen Reform« vom 3. Nov., im Wortlaut auch in: VZ bzw. SZ vom 5. Nov. 1848.
6 Notiz Ernst Ludwig von Gerlachs vom 2. Nov. 1848, in: ders., Nachlaß, I, S. 132.
7 In: LAB, F Rep. 310 Sammlung 1848 [Rep. 240, Acc. 685], Nr. 529; ZBSt, 1848 Flg., M. 22.
8 Plakat, das am 6. Nov. an den Straßenecken angeschlagen war, in: ebd. Beide Plakate im Wortlaut auch in: Streckfuß, Freies Preußen, II, S. 565 f.
9 Verhandlungen PrNV, III, S. 346 ff.
10 Bauer, Bürgerliche Revolution, S. 285.
11 Varnhagens vom 7. Nov. 1848, in: ders., Tagebücher, Bd. 5, S. 266.
12 Verhandlungen PrNV, III, S. 408.
13 In: BA Berlin, DB 54/61 II, Bl. 158 ff.
14 VZ vom 10. Nov. 1848.
15 Bericht Bassermanns vom 10. Nov. 1848, in: BA Berlin, DB 54/61 II, Bl. 160 Rs.
16 Vgl. Gerlach, Denkwürdigkeiten, S. 231.
17 Diese und die folgenden Zitate: VZ und NZ vom 11. Nov.; AAZ vom 13. Nov. 1848.
18 In: LAB, E Rep. 200-19, [Acc. 2036], Nr. 202.
19 Zitate: Berlin in der Bewegung, S. 596 f.; Lewald, Erinnerungen, II, S. 329 bzw. 331 (Eintrag vom 18. Nov. 1848).
20 Bericht Trauttmansdorffs vom 11. Nov. 1848, in: StA Wien, StK Preußen, K. 196/I, Bl. 165.
21 Berlin in der Bewegung, S. 596.
22 Protokoll der Übereinkunft als Anlage zum Schreiben Wrangels an das Innenministerium vom 15. Nov. 1848, in: GStA PK, I. HA Rep. 77, Tit. 501, Nr. 3, Bd. 3, Bl. 272 u. Rs.
23 Lewald, Erinnerungen, II, S. 323.
24 Zitate: VZ vom 14. Nov. 1848; AAZ vom 16. und 17. Nov. 1848.
25 Nach: Grünthal, Zwischen König, Kabinett und Kamarilla, S. 174.
26 Stahr, Preußische Revolution, S. 354.

Nachmärz

1 Schreiben Leopolds I. an Friedrich Wilhelm IV. vom 28. Febr. 1848, in: Haenchen, Revolutionsbriefe, S. 25.
2 Brief Friedrich Wilhelms IV. an Bunsen vom 13. Dez. 1848, in: Ranke, Briefwechsel, S. 235.
3 Gerlach, Denkwürdigkeiten, I, S. 248 ff.
4 Nach: Frahm, Entstehungs- und Entwicklungsgeschichte, S. 282.
5 Adreßentwurf des Magistrats vom 15. Dez. 1848, in: LAB, Rep. 001-02, Nr. 2435, Bl. 248–249.
6 BZH vom 12. Dez. 1848.
7 In: LAB, F Rep. 310 Sammlung 1848 [Rep. 240, Acc. 685], Nr. 650; GStA PK, BPH, Rep. 192, Nl Saegert, K. W., Nr. 12, unpag. Im Wortlaut auch in: Obermann (Hg.), Flugblätter, S. 361–365.
8 Demokratische Urwähler-Zeitung No. 2, vom 30. Dez. 1848.
9 »Demokratischer Urwähler« vom 2. Febr. 1849.
10 Neue Rheinische Zeitung (NRhZ) vom 26. Jan. 1849.
11 Varnhagen, Tagebücher, Bd. 6, S. 46 bzw. 48.
12 Vgl. Bericht Hinckeldeys vom 26. Febr. 1849, GStA PKI, HA Rep. 77, Tit. 501, Nr. 3, Beih. 3, Bl. 48 f., 53 ff., 57 Rs. f.
13 Nach: Huber (Hg.), Dokumente, 1, S. 329.
14 Ausführlich (inkl. Zitat): Botzenhart, Parlamentarismus, S. 621–630.
15 NZ vom 30. April und 1. Mai 1849.
16 Die folgenden Zitate aus: Undatierte Denkschrift des Innenministeriums (Ende Juli 1849), in: GStA PK, I. HA Rep. 77, Tit. 501, Nr. 3, Beih. 3, Bl. 98

Rs.–99 Rs.; VZ und NZ vom 29. April, NRhZ vom 1. und 2. Mai 1848.

17 Nach: Bernstein, Revolutions- und Reactions-Geschichte, 1, S. 300.

18 Ausführlich, Hachtmann, Berlin 1848, S. 805 ff.

19 Bericht Hinckeldeys vom 26. Febr. 1849, in: GStA PK, I. HA Rep. 77, Tit. 501, Nr. 3, Beih. 3, Bl. 54 Rs. Zur freundlichen Bewertung Hickeldeys (»innovativ and ambitious«) vgl. Ross, Beyond the barricades, z. B. S. 7, 143 ff.

20 Nach: Siemann, Gesellschaft im Aufbruch, S. 65 f.

21 So der liberale Stadtverordnete Kochhann, Mitteilungen, IV, S. 15 f.

22 Stern, Geschichte Europas, S. 489.

23 Vgl. Streckfuß/Fernbach, 500 Jahre, S. 722; Bericht Hinckeldeys an das Innenministerium vom 23. März 1853, in: LAB, A Pr.Br.Rep. 030 Polizeipräsidium Berlin. Tit. 94, Nr. 9795, Bl. 45 Rs.

24 Gerlach, Denkwürdigkeiten, I, S. 628.

25 Varnhagen, Eintrag vom 27. Juni 1849, in: Tagebücher, Bd. 6, S. 241 f.

26 In: GStA PK, I. HA Rep. 84a (Justizministerium), Nr. 47944, Bl. 127–129 bzw. 131–132.

27 Nach: Publicist vom 12. Sept. 1851.

28 Dieses und alle folgenden Zitate, sofern nicht anders ausgewiesen: ebd. Ausführlich (inkl. der folgenden Zitate): Hachtmann, Adolf Streckfuß.

29 So (resümierend) Ross, Beyond the barricades, S. 202 f.

30 Ministerium des Innern an das Berliner Polizeipräsidium vom 13. April 1851, in: GStA PK, I. HA Rep. 84a (Justizministerium), Nr. 47944, Bl. 5 f.

31 Streckfuß, Organisation der Volkspartei, S. 7.

32 Gneist, Berliner Zustände, S. 118.

33 Zitat: Schwentker, Konservative Vereine, S. 249.

34 Ausführlich: Fischer, Treubund, S. 60–127; Hachtmann, Berlin 1848, S. 824–832.

35 Eintrag Varnhagens vom 17. Jan. 1850, in: ders., Tagebücher, Bd. 7, S. 25.

36 Der Kriegsminister lehnte freilich dankend ab. Fischer, Treubund, S. 124. Zum Folgenden: ebd., S. 97; Siemann, »Deutschlands Ruhe«, S. 358 ff.

Der Friedhof der Märzgefallenen

1 In: LAB, Rep. 000-02-01, Nr. 128.

2 Zitate und Angaben zur Zahl der Demonstrationsteilnehmer aus: VZ, NZ, SZ und BZH vom 6. Juni; NZ vom 9. Juni; »Gutenberg« (Zeitung der Buchdrucker) vom 10. Juni 1848; Flugblatt von Beta, in: LAB, F Rep. 310 Sammlung 1848 [Rep. 240, Acc. 685], Nr. 146; ZBSt, 1848 Flg., M. 13.

3 Zitate: VZ und NZ vom 20. März 1849.

4 VZ vom 22. März 1850, nach: Czihak, Kampf, S. 26.

5 SZ vom 9. Nov. 1856. Daraus auch die folgenden Zitate.

6 Nach: Czihak, Kampf, S. 28.

7 Zitate: VZ vom 5. Juni 1852, 17. April 1854 bzw. 15. Mai 1861. Vgl. außerdem Czihak, Kampf, S. 26 f.

8 Vgl. »Special-Rapport« der Berliner Polizei für den preuß. Innenminister vom 20. März 1873, in: LAB, A Pr.Br. Rep. 030 Polizeipräsidium Berlin, Tit. 94, Nr. 9795, Bl. 86–87, sowie Illustrierte Geschichte, S. 372.

9 Stenographische Berichte des Reichstags. IX. Legislaturperiode, V. Session, 1897/98, 2, S. 1581–1615, Zitate: S. 1600, 1602–1605.

10 Vgl. Angaben bei Groh, Negative Integration, S. 154, sowie z. B. Vorwärts vom 19. 3. 1908.

11 Berliner Märztage, in: Der Roland von Berlin, 8. Jg., Nr. 12, Berlin 1910, S. 378–383, hier: S. 378, nach: Hamann, (K)ein Denkmal, S. 218.

12 Zum Folgenden (inkl. Zitate): Holemans, Märzfeiern, S. 79–87.
13 Vgl. Gaida/Kitschun, Revolutionsopfer von 1918, S. 35
14 Ebert, Geist von 1848.
15 Vgl. Domarus, Hitler. Reden, I, 2, S. 841.
16 Grundstein der Demokratie, S. 34.
17 Klemm, Erinnert – umstritten – gefeiert, S. 585.

Literatur

Aufgeführt sind hier zitierte Titel sowie eine Auswahlbibliografie. Wer sich ausführlicher über das Revolutionsjahr in der preußischen Hauptstadt informieren will, sei verwiesen auf: Rüdiger Hachtmann, Berlin 1848. Eine Politik- und Gesellschaftsgeschichte, Bonn 1997. Vieles, was im vorliegenden Buch nur angerissen wird, sowie eine Reihe weiterer Aspekte, die hier unberücksichtigt bleiben mussten, sind dort ausführlich dargestellt.

Angerstein, Wilhelm, Die Berliner März-Ereignisse im Jahre 1848. Nebst einem vollständigen Revolutions-Kalender, mit und nach Actenstücken sowie Berichten von Augenzeugen, Leipzig 1864.

Bauer, Bruno, Die bürgerliche Revolution in Deutschland seit dem Anfange der deutsch-katholischen Bewegung, Berlin 1849.

Bauer, Roland, Berlin. Illustrierte Chronik bis 1870, Berlin 1988.

Behnen, Michael, Probleme des Frühantisemitismus in Deutschland (1815–1848), in: Blätter für deutsche Landesgeschichte 112. Jg./1976, S. 244–279.

Belting, Isabella, Mode und Revolution. Deutschland 1848/49, Hildesheim 1997.

Benda, Ernst, In Berlin ist Revolution – Erinnerungen eines Berliners an 1848, in: Der Bär von Berlin 37. Jg./1988, S. 23–36.

Bergmann, Jürgen, Das Berliner Handwerk in den Phasen der Frühindustrialisierung, Berlin 1973.

Berlin in der Bewegung von 1848, in: Die Gegenwart, Leipzig 1849, S. 538–597.

Bernstein, Aaron, Revolutions- und Reactions-Geschichte Preußens und Deutschlands von den Märztagen bis zur neuesten Zeit, Bd. 1: Die Märztage. – 1849 Kabinetts-Intriguen. – Bis nach Olmütz 1850, Berlin 1882.

Bettziech, Heinrich (Beta), Berlin und Potsdam. Ihre Vergangenheit, Gegenwart und Zukunft, München o. J. (ca 1845).

Boch, Rudolf, Grenzenloses Wachstum? Das rheinische Wirtschaftsbürgertum und eine Industrialisierungsdebatte 1814–1857, Göttingen 1991.

Boeckh, Jürgen, Predigt in Berlin. Das Beispiel der evangelischen Parochialkirche von 1830 bis 1900, in: Elm, Kaspar/Loock, Hans-Dietrich (Hg.), Seelsorge und Diakonie in Berlin. Beiträge zum Verhältnis von Kirche und Großstadt im 19. und beginnenden 20. Jahrhundert, Berlin/New York 1990, S. 307–328.

Börner, Karl-Heinz, Prinz Wilhelm von Preußen. Kartätschenprinz und Exekutor der Konterrevolution, in: Obermann u. a. (Hg.), Männer der Revolution, Bd. 2, S. 487–513

Boerner, Paul, Erinnerungen eines Revolutionärs. Skizzen aus dem Jahre 1848, 2 Bände, Leipzig 1920.

Botzenhart, Manfred, Deutscher Parlamentarismus in der Revolutionszeit 1848–1850, Düsseldorf 1977.

Brandenburg, Erich (Hg.), Friedrich Wilhelm IV. Briefwechsel mit Ludolf Camphausen 1848–1850, Berlin 1906.

Braß, August, Berlins Barrikaden. Ihre Entstehung, ihre Vertheidigung und ihre Folgen. Eine Geschichte der März-Revolution, Berlin 1848.

Büchsel, Karl, Erinnerungen aus dem Leben eines Landgeistlichen, Bd. 4: Erinnerungen aus meinem Berliner Amtsleben, Berlin 1886.

Burckhardt, Jacob, Briefe, in: Sammlung Dietrich, Bd. 6, hg. von Fritz Kaphahn, Leipzig 1940.

Czihak, Hans, Kampf um die Ausgestaltung des Friedhofes der Märzgefallenen im Berliner Friedrichshain, in: Berliner Geschichte 9/1988, S. 24–33.

Deutsche und Polen in der Revolution 1848–1849. Dokumente aus deutschen und polnischen Archiven, hg. für das Bundesarchiv von Hans Dooms und für die Generaldirektion der staatlichen Archive Polens von Marian Wojciechowski, Boppard a. Rh. 1991.

Dieterici, [Carl Friedrich Wilhelm] Wilhelm, Statistische Übersicht der Stadt Berlin, in: Berliner Kalender 1844, Berlin 1844, S. 161–260.

Domarus, Max, Hitler. Reden und Proklamationen, kommentiert von einem deutschen Zeitgenossen, Bd. I, 2.: 1935–1938, München 1965.

Dronke, Ernst, Berlin, Frankfurt a. M. 1846 (ND Berlin 1987).

Ebert, Friedrich, Der Geist von 1848. Zwei Reden bei der Gedenkfeier in Frankfurt am. 18. Mai 1923, in: ders., Schriften, Aufzeichnungen, Reden, Bd. 2, Dresden 1926.

Fischer, Hubertus, Der »Treubund für König und Vaterland«, in: JbGMO Bd. 24/1975, S. 60–126.

Frahm, Friedrich, Entstehungs- und Entwicklungsgeschichte der preußischen Verfassung, in: FBPG Bd. 41/1928, S. 248–301.

Frenzel, Karl, Die Berliner Märztage und andere Erinnerungen, Leipzig 1912.

Furrer, Johann Ulrich, Schweizerländli 1848. Das Tagebuch eines jungen Sternenbergers, hg. von Judit und Peter Ganther-Argay, Stäfa 1998.

Gaida, Oliver/Kitschun, Susanne, Die Revolutionsopfer von 1918 auf dem Friedhof der Märzgefallenen, in: dies. (Hg.), Revolution 1918/19, S. 22–55.

Dies. (Hg.), Die Revolution 1918/19 und der Friedhof der Märzgefallenen, Berlin 2021.

Gailus, Manfred, Straße und Brot. Sozialer Protest in den deutschen Staaten unter besonderer Berücksichtigung Preußens, 1847–1849, Göttingen 1990.

Geist, Johann Friedrich/Kürvers, Klaus, Das Berliner Mietshaus. Bd. I: 1740–1862. Eine dokumentarische Geschichte der ›von Wülknitzschen Familienhäuser‹ vor dem Hamburger Tor, der Proletarisierung des Berliner Nordens und der Stadt im Übergang von der Residenz zur Metropole, München 1980.

Genée, Rudolph, Zeiten und Menschen. Erlebnisse und Meinungen, Berlin 1899[2].

Gerlach, Ernst Ludwig von, Von der Revolution zum Norddeutschen Bund. Politik und Ideengut der preußischen Hochkonservativen 1848–1866. Aus dem Nachlaß von Ernst Ludwig von Gerlach, hg. von Hellmut Diwald, Teil 1: Tagebuch 1848–1866, Teil 2: Briefe, Denkschriften, Aufzeichnungen, Göttingen 1970.

Gerlach, Leopold von, Denkwürdigkeiten aus dem Leben von Leopold v. Gerlach. Nach seinen Aufzeichnungen hg. von seiner Tochter, Bd. 1, Berlin 1891.

Gneist, Rudolf, Berliner Zustände. Politische Skizzen aus der Zeit vom 18. März 1848 bis 18. März 1849, Berlin 1849.

Goldammer, Peter (Hg.), »1848«. Augenzeugen der Revolution, Berlin 1973.

Grabau, Leonie, Eine gut vernetzte Konstante. Der Friedhof der Märzgefallenen und sein urbanes Umfeld, in: Hanno Hochmuth/Susanne Kitschun (Hg.), Friedhof der Märzgefallenen. Zum Ort der Revolution von 1848 in der DDR, erscheint 2023.

Groh, Dieter, Negative Integration und revolutionärer Attentismus. Die deutsche Sozialdemokratie am Vorabend des ersten Weltkrieges, Frankfurt a. M. usw. 1973.

Grünthal, Günther, Zwischen König, Kabinett und Kamarilla. Der Verfassungsoktroi in Preußen vom 5. 12. 1848, in: JbGMO Bd. 32/1983, S. 119–174.
Am Grundstein der Demokratie. Die Revolution 1848 und der Friedhof der Märzgefallenen (Broschüre zur Ausstellung), Berlin 2011.
Grunholzer, Heinrich, Erfahrungen eines jungen Schweizers im Voigtlande (Sozialreportage), Anhang zu: Bettina v. Arnim, Dies Buch gehört dem König, in: dies., Werke und Briefe, Bd. 3, hg. von Gustav Konrad, Darmstadt 1963, S. 227–254.
Gutzkow, Karl, Unter dem schwarzen Bären. Erlebtes 1811–1848 (1848), Berlin 1971.

Hachtmann, Rüdiger, Artikel »Revolution«, in: Staatslexikon der Görres-Gesellschaft, 8. Aufl., Bd. 4, Freiburg i. Br. 2020, Sp. 1853–1858.
Ders., Zwischen bürgerlichem Bildungsverein und moderner Arbeiterbewegung – der Berliner Handwerkerverein in den Jahren 1843 bis 1847, in: Eva Schöck-Quinteros/Hans Kloft/Franklin Kopitzsch/Hans-Josef Steinberg (Hg.), Bürgerliche Gesellschaft. Idee und Wirklichkeit. Festschrift für Manfred Hahn zum 65. Geburtstag, Berlin 2004, S. 143–178. (URL: https://zeitgeschichte-digital.de/doks/frontdoor/deliver/index/docId/848/file/hachtmann_bildungsverein_arbeiterbewegung_2004_de.pdf).
Ders., Epochenschwelle zur Moderne. Einführung in die Geschichte der Revolution von 1848/49, Tübingen 2002.
Ders., »… mißverstandene politische Freiheit« – das Berliner Arbeitshaus im Jahre 1848, in: Berlin in Geschichte und Gegenwart, 11. Jg./1992, S. 63–82. (URL: https://zeitgeschichte-digital.de/doks/frontdoor/deliver/index/docId/814/file/hachtmann_berliner_arbeitshaus_1992_de.pdf).
Ders., »… ein gerechtes Gericht Gottes« – Protestantismus und die Revolution von 1848: das Beispiel Berlin, in: AfS Bd. XXXVI/1996, S. 205–256.
Ders., »Rote Hauptstadt« und »schwarze Provinz«: zum spannungsgeladenen Verhältnis zwischen dem demokratischen Berlin und seinen »Vororten« Charlottenburg, Spandau und Potsdam im Revolutionsjahr, in: Walter Schmidt (Hg.), Demokratie, Liberalismus und Konterrevolution. Studien zur deutschen Revolution von 1848/49, Berlin 1998, S. 159–196 (URL: https://zeitgeschichte-digital.de/doks/frontdoor/deliver/index/docId/884/file/hachtmann_rote_hauptstadt_schwarze_provinz_1998_de.pdf).
Ders., Die Hauptstädte in der europäischen Revolution von 1848, in: Dieter Dowe/Heinz-Gerhard Haupt/Dieter Langewiesche (Hg.), Europa 1848, Revolution und Reform, Bonn 1998, S. 455–491. (URL: https://zeitgeschichte-digital.de/doks/frontdoor/deliver/index/docId/863/file/hachtmann_europ%c3%a4ische_haupts t%c3%a4dte_revolution_1848_1998_de.pdf).
Ders., Johann Jacoby (1805–1877). Bürgermut vorm Königsthron, in: Frank-Walter Steinmeier (Hg.), Wegbereiter der Demokratie. 30 mutige Männer und Frauen 1789–1918, München 2021, S. 214–224.
Ders., Berliner Juden und die Revolution von 1848, in: Reinhard Rürup (Hg.), Jüdische Geschichte in Berlin. Essays und Studien, Berlin 1995, S. 53–84. (URL: https://zeitgeschichte-digital.de/doks/frontdoor/deliver/index/docId/860/file/hachtmann_berliner_juden_revolution_1995_de.pdf).
Ders., Die Macht des Gerüchts in der Revolution von 1848, in: Michael Grüttner/Rüdiger Hachtmann/Heinz-Gerhard Haupt (Hg.), Geschichte und Emanzipation. Festschrift für Reinhard

Rürup zum 65. Geburtstag, Frankfurt a. M./New York 1999, S. 189–216. (URL: https://zeitgeschichte-digital.de/doks/frontdoor/deliver/index/docId/864/file/hachtmann_ger%c3%bccht_revolution_1848_1999_de.pdf).

Ders., »… ein Magnet, der die Armut anzieht«. Bevölkerungsexplosion und soziale Polarisierung in Berlin 1830 bis 1860, in: Ralph Pröve/Bernd Kölling (Hg.), Leben und Arbeiten auf märkischem Sand. Wege in die Gesellschaftsgeschichte Brandenburgs, 1700–1914, Bielefeld 1999, S. 149–190. (URL: https://zeitgeschichte-digital.de/doks/frontdoor/deliver/index/docId/816/file/hachtmann_bev%c3%b6lkerungsexplosion_berlin_1999_de.pdf).

Ders., Die Potsdamer Militärrevolte vom 12. September 1848: Warum die preußische Armee dennoch ein zuverlässiges Herrschaftsinstrument der Hohenzollern blieb, in: Militärgeschichtliche Mitteilungen 57/1998, Heft 2, S. 333–369.

Ders., Auch ein Pionier des modernen Parlamentarismus: Die Preußische Nationalversammlung von 1848, in: Franz-Josef Düwell, Thomas Vormbaum (Hg.), Recht und Juristen in der deutschen Revolution 1848/49, Baden-Baden 1998, S. 200–235. (URL: https://zeitgeschichte-digital.de/doks/frontdoor/deliver/index/docId/805/file/hachtmann_pionier_parlamentarismus_preu%c3%9fen_1998_de.pdf).

Ders., Ein Prediger wider alle demokratischen Teufel: Ernst Wilhelm Hengstenberg (1802–1869), Preußens einflussreichster Theologe, in: Walter Schmidt (Hg.), Akteure eines Umbruchs. Männer und Frauen der Revolution von 1848/49, Bd. 5, Berlin 2016, S. 130–179.

Ders., Die Revolution von 1848 – eine Jugendrebellion? In: Rüdiger Hachtmann/Susanne Kitschun/Rejane Herwig, (Hg.) 1848. Akteure und Schauplätze der Berliner Revolution, Berlin 2013, S. 21–40.

Ders., Die Revolutionen von 1848/49 und 1918/19 im Vergleich, in: Oliver Gaida/Susanne Kitschun (Hg.), 1918. Die Revolution und der Friedhof der Märzgefallenen, Berlin 2021, S. 90–144.

Ders., Im Schatten des übermächtigen Nachbarn Preußen: Anhalt in der Revolution von 1848 bis 1850, in: Forschungen zur Brandenburgischen und Preußischen Geschichte, Neue Folge, Bd. 8/1998, H. 1, S. 53–91. (URL: https://zeitgeschichte-digital.de/doks/frontdoor/deliver/index/docId/819/file/hachtmann_schatten_preussen_anhalt_revolution_1998_de.pdf).

Ders., Adolf Streckfuß (1823–1895). Ein Demokrat im Visier der Terrorismusfahnder, in: Walter Schmidt (Hg.), Akteure eines Umbruchs. Männer und Frauen der Revolution von 1848/49, Bd. 3, Berlin 2009, S. 619–665.

Ders., »… nicht die Volksherrschaft auch noch durch Weiberherrschaft trüben« – der männliche Blick auf die Frauen in der Revolution von 1848, in: Werkstatt Geschichte, 20 (1998), S. 5–30. (URL: https://werkstattgeschichte.de/wp-content/uploads/2017/01/WG20_005-030_HACHTMANN_WEIBERHERRSCHAFT.pdf).

Ders., Wandel und Kontinuität. Zum Revolutionsbegriff in der europäischen Revolution von 1848/49, in: Bernd Rill (Hg.), 1848. Epochenjahr für Demokratie und Rechtsstaat in Deutschland, München 1998, S. 91–117. (URL: https://zeitgeschichte-digital.de/doks/frontdoor/deliver/index/docId/889/file/hachtmann_revolutionsbegriff_1998_de.pdf).

Haenchen, Karl, Neue Briefe und Berichte aus den Berliner Märztagen 1848, in: FBPG Bd 49/1937, S 254–288.

Ders., Flucht und Rückkehr des Prinzen von Preußen im Jahre 1848, in: HZ Bd. 154/1936, S. 32–95.

Ders. (Hg.), Revolutionsbriefe 1848. Ungedrucktes aus dem Nachlaß König Friedrich Wilhelms IV. von Preußen, Leipzig 1930.

Hamann, Christoph, (K)ein Denkmal für die 1848er, in: Geschichte, Erziehung, Politik 8/1997, H. 4, S. 213–221.

Hausen, Karin, Die Polarisierung der »Geschlechtscharaktere«. Eine Spiegelung der Dissoziation von Erwerbs- und Familienleben (mehrfach veröffentlich, zuletzt) in: dies., Geschlechtergeschichte als Gesellschaftsgeschichte, Göttingen 2012, S. 19–49.

Häusler, Wolfgang, Von der Massenarmut zur Arbeiterbewegung. Demokratie und soziale Frage in der Wiener Revolution von 1848, München 1979.

Hansen, Joseph (Hg.), Rheinische Briefe und Akten zur politischen Bewegung, Bd. 2 2: April–Dezember 1848, bearb. von Heinz Boberach, Köln/Bonn 1976.

Hauch, Gabriella, Frau Biedermann auf den Barrikaden. Frauenleben in der Wiener Revolution 1848, Wien 1990.

Heine, Heinrich, Reise von München nach Genua, in: Heinrich Heine's Gesammelte Werke. Kritische Gesammtausgabe, hg. von Gustav Karpeles, Berlin 1887, Bd. III, S. 179–256.

Hettling, Manfred, »Ein früchtereiches Samenkorn«. Das Begräbnis der Märzgefallenen in Berlin, in: ders., Totenkult statt Revolution. 1848 und seine Opfer, Frankfurt a.M. 1998, S. 17–51.

Hofmann, Jürgen, Das Ministerium Camphausen-Hansemann. Zur Politik der preußischen Bourgeoisie in der Revolution 1848/49, Berlin 1981.

Ders., Ludolf Camphausen. Erster bürgerlicher Ministerpräsident in Preußen, in: Obermann (Hg.), Männer der Revolution, Bd. 2, S. 442–448.

Ders./Lange, Dietmar, Bestattungen und Erinnerungen an die Revolutionskämpfe im Frühjahr 1919, in: Gaida/Kitschun (Hg.), Revolution 1918/19, S. 217–259.

Holemans, Nele, Die Märzfeiern auf dem Friedhof der Märzgefallenen während des Ersten Weltkriegs, in: Gaida/Kitschun (Hg.), Revolution 1918/19, S. 62–89.

Holmsten, Georg (Hg.), Berlin in alten und neuen Reisebeschreibungen, Düsseldorf 1989.

Huber, Ernst Rudolf, (Hg.), Dokumente zur deutschen Verfassungsgeschichte, Bd. 1, Stuttgart usw. 1978[3].

Hummel-Haasis, Gerlinde (Hg.), ›Schwestern, zerreißt eure Ketten‹. Zeugnisse zur Geschichte der Frauen in der Revolution von 1848/49, München 1982.

Illustrierte Geschichte der deutschen Revolution 1848/49, von einem Autorenkollektiv unter der Leitung von Walter Schmidt, Berlin 1988[3].

Jacoby, Johann, Briefwechsel 1816–1849, hg. von Edmund Silberner, Hannover 1978.

Klemm, Claudia, Erinnert – umstritten – gefeiert. Die Revolution von 1848/49 in der deutschen Geschichtskultur, Göttingen 2007.

Kochhann, Heinrich Eduard, Mitteilungen, Bd. III: Aus den Jahren 1839–1848, Bd. IV: Aus den Jahren 1848–1863, Berlin 1906.

Krummacher, Friedrich Wilhelm, Eine Selbstbiographie, Berlin 1869.

Kügelgen, Wilhelm von, Lebenserinnerungen eines alten Mannes in Briefen an seinen Bruder Gerhard 1847–1867, Leipzig 1925.

Kuhr, Julius, Denkwürdigkeiten aus dem Revolutionsjahr 1848 mit seinen Folgen bis 1874 nach den Tagebuchblättern eigener Erlebnisse wahrheitsgemäß zusammengestellt, 2 Bände, Berlin 1877.

Lewald, Fanny, Erinnerungen aus dem Jahre 1848, 2 Bände, Braunschweig 1850.

Löhken, Wilfried, Die Revolution 1848. Berlinerinnen und Berliner auf den Barrikaden, Berlin 1991.

Die Berliner Maerz-Revolution. Eine genaue und zusammenhängende Darstellung derselben von ihrem ersten Ursprung an, hg. von Mitkämpfern und Augenzeugen, Berlin 1848.

Manteuffel, Otto von, Unter Friedrich Wilhelm IV. Denkwürdigkeiten des Freiherrn Otto v. Manteuffel, Bd. 1: 1848–1851, hg. von Heinrich von Poschinger, Berlin 1901.

Marx, Karl/Engels, Friedrich, Werke (MEW), Bd. 6 und 24, Berlin 1970.

Meisner, Heinrich Otto (Hg.) Kaiser Friedrich III. Tagebücher von 1848–1866, Leipzig 1929.

Meyer, Dora, Das öffentliche Leben in Berlin im Jahr vor der Märzrevolution, Berlin 1912.

Meyerinck, Hubert von, Die Straßenkämpfe in Berlin während der Berliner Märztage 1848 (Militärwochenblatt 1891, Beih 4/5), Berlin 1891.

Müller, Hans-Heinrich/Müller, Harald, Brandenburg als preußische Provinz. Das 19. Jahrhundert bis 1871, in: Ingo Materna/Wolfgang Ribbe (Hg.), Brandenburgische Geschichte, Berlin 1995, S. 395–502.

Muzio, Die Physiognomie Berlins im Februar und März 1848, in: Jahrbücher der Gegenwart, 6. Jg. (1848), Heft Nr. 27 (April), S. 106 f.

Nobiling, Carl Philipp, Die Berliner Bürgerwehr in den Tagen vom 19. März bis 7. April 1848. Ein unfreiwilliger Beitrag zur Geschichte der Märzereignisse, Berlin 1852.

Obermann, Karl (Hg.), Einheit und Freiheit. Die deutsche Geschichte von 1815 bis 1849 in zeitgenössischen Dokumenten, Berlin 1950.

Ders. (Hg.), Flugblätter der Revolution. Eine Flugblattsammlung zur Geschichte der Revolution von 1848/49 in Deutschland, Berlin 1970.

Ders. u. a. (Hg.), Männer der Revolution, 2 Bände, Berlin 1987/88.

Ders., Gustav Adolf Schlöffel, in: ders. (Hg.), Männer der Revolution, Bd. 1, S. 191–215.

Personen und Zustände Berlins seit dem 18. März 1848. Ein Beitrag zur künftigen Geschichte Preußens, 1. Heft, Leipzig 1849.

Petersen, Hans-Christian, Deutsche Antworten auf die »slavische Frage«. Das östliche Europa als kolonialer Raum in den Debatten der Frankfurter Paulskirche, in: Michael Fahlbuch u. a. (Hg.), Völkische Wissenschaften: Ursprünge, Ideologien, Nachwirkungen, Berlin/Boston 2020, S. 54–76.

Prittwitz, Karl Ludwig von, Berlin 1848. Das Erinnerungswerk des Generalleutnants Karl Ludwig v. Prittwitz und andere Quellen zur Berliner Märzrevolution und zur Geschichte Preußens um die Mitte des 19. Jahrhunderts, bearb. und hg. von Gerhard Heinrich, Berlin 1985.

Rachfahl, Felix, König Friedrich Wilhelm IV. und die Berliner Märzrevolution im Lichte neuer Quellen, in: Preußische Jahrbücher, Bd. 110/1902, Teil II, S. 264–309, 413–462.

Ranke, Leopold von (Hg.), Aus dem Briefwechsel Friedrich Wilhelms IV. mit Bunsen, Leipzig 1873.

Reichensperger, Peter, Erlebnisse eines alten Parlamentariers im Revolutionsjahr 1848, Berlin 1882.

Rimpler, Otto, Die Berliner Bürgerwehr im Jahre 1848, von ihrer Organisation am 19. März bis zu ihrer Auflösung am 11. November, bearb. von H. Schaffert, Brandenburg a. H. 1883.

Roerdansz, Albert, Gefangene Berliner auf dem Transport nach Spandau am Morgen des 19. März 1848. Protocollarische Aussagen und eigene Berichte von 91 Betheiligten als Beitrag zur Geschichte der Berliner Märzkämpfer, Berlin 1848.

Roon, Waldemar Graf von, Denkwürdigkeiten aus dem Leben des Generalfeldmarschalls Kriegsministers Graf v. Roon. Sammlung von Briefen, Schriftstücken und Erinnerungen, Bd. 1, Breslau 1892[3].

Ross, Anna, Beyond the barricades. Gouvernment and State-Building in Post-Revolutionary Prussia 1848–1858, Oxford 2019.

Sass, Friedrich, Berlin in seiner neuesten Zeit und Entwicklung, Leipzig 1846 (ND Berlin 1983).

Schmidt, Walter, u. a. (Hg.), Akteure eines Umbruchs. Männer und Frauen der Revolution von 1848/49, Bde. 1 bis 5, Berlin 2003–2016.

Schubert, Ernst, Die evangelische Predigt im Revolutionsjahr 1848. Ein Beitrag zur Geschichte der Predigt wie zum Problem der Zeitpredigt, Gießen 1913.

(Schulz, Karl Gustav), Die Berliner Märztage. Vom militärischen Standpunkt aus geschildert, Berlin 1850[2].

Schwarz, Klaus, Die Verluste der preußischen Armee in der Berliner Märzrevolution 1848. Eine Bestandsaufnahme, in: Der Bär von Berlin, 13. Jg./1964, S. 50–67.

Schwentker, Wolfgang, Konservative Vereine und Revolution in Preußen 1848/49. Die Konstituierung des Konservativismus als Partei, Düsseldorf 1988.

Siemann, Wolfram, »Deutschlands Ruhe, Sicherheit und Ordnung«. Die Anfänge der politischen Polizei 1806–1866, Tübingen 1985.

Springer, Robert, Berlins Straßen, Kneipen und Clubs im Jahre 1848, Berlin 1850 (ND Leipzig 1985).

Stahr, Adolf, Die preußische Revolution, Oldenburg 1851[2].

Stenographische Berichte über die Verhandlungen des Reichstags. IX. Legislaturperiode, V. Session, 1897/98, Bd. 2, Berlin 1898.

Stern, Alfred, Geschichte Europas seit den Verträgen von 1815 bis zum Frankfurter Frieden 1871, Bd. VII, Stuttgart/Berlin 1916.

Stern, Sigismund, Die Geschichte des deutschen Volkes in den Jahren 1848 und 1849, Berlin 1850.

Streckfuß, Adolph, Die Organisation der Volkspartei in Berlin, Berlin 1849.

Ders., 500 Jahre Berliner Geschichte. Vom Fischerdorf zur Weltstadt, Berlin 1879[2].

Ders. (unter dem Pseudonym: Adolf Carl), Das freie Preußen. Geschichte des Berliner Freiheitskampfes vom 18. März 1848 und seine Folgen, Bd. 1: Vom 18. März bis 22. Mai, Bd. 2: Vom 22. Mai bis 5. Dezember, Berlin 1849.

Struve, Gustav/Rasch, Gustav, Zwölf Streiter der Revolution, Berlin 1867.

Unruh, Victor von, Erfahrungen aus den letzten drei Jahren. Ein Beitrag zur Kritik der politischen Mittelpartei, Magdeburg 1851.

Valentin, Veit, Geschichte der deutschen Revolution 1848–49, 2 Bände, Berlin 1930/31.

Varchmin, Friedrich Wilhelm von, Mehr Licht. Beiträge zur Geschichte des Berliner Straßenkampfes am 18. März 1848, Köstritz 1889.

Varnhagen von Ense, Karl August, Tagebücher, Bde. 3 bis 7, hg. von Ludmilla Assing, Leipzig 1862/63[2].

Verhandlungen des Ersten Vereinigten Landtags, Teil I, bearb. von E. Bleich, Berlin 1847.

Verhandlungen der Versammlung zur Vereinbarung der Preußischen Staats-Verfassung, 3 Bände, Berlin 1848.

Verhandlungen der deutschen constituirenden Versammlung zu Frankfurt am Main, hg. von Franz Wigard, Bde. 1 bis 4, Frankfurt a. M. 1848/49.
Virchow, Rudolf, Briefe an seine Eltern 1839–1864, hg. von Marie Rabl, geb. Virchow, Leipzig 1906.

Waldersee, Eduard Graf von, Aus den Berliner Märztagen. Aufzeichnungen des Grafen Eduard v. Waldersee, hg. von Hermann v. Caemmerer, Berlin 1909.
Weber, Rolf (Hg.), Revolutionsbriefe 1848/49, Frankfurt a. M. 1973.
Wegge, Hans, Die Stellung der Öffentlichkeit zur oktroyierten Verfassung und die preußische Parteibildung 1848/49, Berlin 1932.
Wernicke, Kurt, Vormärz – März – Nachmärz. Studien zur Berliner Politik- und Sozialgeschichte 1843–1853, Berlin 1999.
Willms, Johannes, Paris. Hauptstadt Europas 1789–1914, Frankfurt a. M. 1988.
Wolff, Adolf, Berliner Revolutionschronik. Darstellung der Berliner Bewegungen im Jahre 1848 nach politischen, socialen und literarischen Beziehungen, 3 Bände, Berlin 1851–1854 (ND Leipzig 1979).
Wollstein Günther, Das »Großdeutschland« der Paulskirche. Nationale Ziele in der bürgerlichen Revolution 1848/49, Düsseldorf 1977.

Zewell, Rudolf (Hg.), Akteure eines Umbruchs. Männer und Frauen der Revolution von 1848/49, Bd. 6, Berlin 2020.

Bildnachweis

akg-images: 13, 21, 30, 38, 39, 40, 43, 51, 55, 57, 65, 76, 109, 127, 137, 142, 151, 155, 164, 173, 178, 186, 196, 203, 210, 215, 218
akg-images / Heritage Images / Fine Art Images: 27
Archiv des Autors: 100, 188
Berlin-Sammlungen der Zentral- und Landesbibliothek Berlin: 161
Sammlung Stiftung Stadtmuseum Berlin: 53, 71, 86, 89

Über den Autor

Rüdiger Hachtmann, Jahrgang 1953, ist Senior Fellow am Zentrum für Zeithistorische Forschung Potsdam und außerplanmäßiger Professor an der TU Berlin. Zu seinen Forschungsschwerpunkten gehören die Wirtschafts-, Sozial- und Demokratiegeschichte des 19. und 20. Jahrhunderts. 1997 erschien seine viel beachtete Habilitationsschrift »Berlin 1848. Eine Politik- und Gesellschaftsgeschichte der Revolution«.